《资治通鉴》中的管理学

刘　好　管华宇　刘　东　编著

中国宇航出版社
·北京·

图书在版编目（CIP）数据

《资治通鉴》中的管理学 / 刘好，管华宇，刘东编著. -- 北京 : 中国宇航出版社，2019.10
ISBN 978-7-5159-1699-6

Ⅰ. ①资… Ⅱ. ①刘… ②管… ③刘… Ⅲ. ①《资治通鉴》—管理学—研究 Ⅳ. ①K204.3②C93

中国版本图书馆CIP数据核字(2019)第209458号

责任编辑　白希国　　装帧设计　宇星文化

出版发行	中国宇航出版社		
社址	北京市阜成路8号	邮编	100830
	(010)60286808		(010)68768548
网址	www.caphbook.com		
经销	新华书店		
发行部	(010)60286888		(010)68371900
	(010)60286887		(010)60286804(传真)
零售店	读者服务部		
	(010)68371105		
承印	三河市君旺印务有限公司		
版次	2019年10月第1版		2019年10月第1次印刷
规格	787×960	开本	1/16
印张	16	字数	269千字
书号	ISBN 978-7-5159-1699-6		
定价	68.00元		

本书如有印装质量问题，可与发行部联系调换

引　言

《资治通鉴》是由北宋著名历史学家、政治家司马光历时19年主持编纂的一部多卷本编年体通史，记事上起周威烈王二十三年（公元前403年），下迄五代后周世宗显德六年（公元959年），涵盖16朝1362年的历史。全书约300多万字，按朝代分为十六纪，即《周纪》五卷、《秦纪》三卷、《汉纪》六十卷、《魏纪》十卷、《晋纪》四十卷、《宋纪》十六卷、《齐纪》十卷、《梁纪》二十二卷、《陈纪》十卷、《隋纪》八卷、《唐纪》八十一卷、《后梁纪》六卷、《后唐纪》八卷、《后晋纪》六卷、《后汉纪》四卷、《后周纪》五卷。《资治通鉴》的内容以政治、军事和民族关系为主，兼及经济、文化和历史人物评价，目的是通过对事关国家盛衰、民族兴亡的统治阶级政策的描述警示后人。

管理学是一门研究人类管理活动规律及其应用的综合性交叉学科，通过整合组织的各项资源，实现组织既定目标。管理学注重用运筹学、统计学等工具和方法来解决管理上的问题。管理学应用很广，管理者要学习其中的各项管理技能，比如决策、计划、组织、领导、控制、创新等。如今，随着社会经济的发展和时代的进步，各行各业的管理问题越来越多，对管理的要求也越来越高。

《资治通鉴》作为一部历史名著，记述了上千年的历史事件，其实就是各朝各代的政府、组织和个人践行管理职能的最好体现。在这些历史事件中，有的案例是管理学上的经典成功案例，比如商鞅变法，有的则是非常失败的案例。有的体现的是管理学上的计划，有的体现的是管理学上的控制，等等。这些经典的正反案例由司马光及其编纂团队收集整理成书，为后世所用，提供了非常宝贵的素材。

笔者通过潜心研究《资治通鉴》，重点从中挖掘与管理学相关的经典案例，取其精华，去其糟粕，并结合管理学相关知识，编成《〈资治通鉴〉中的管理学》一书，以飨读者。希望通过本书的出版，使读者更加通俗地理解《资治通鉴》，从中领悟一些管理学方面的道理。

本书由刘好、管华宇、刘东三位老师编著。其中，刘好老师撰写了第二章、第三章和第四章，管华宇老师撰写了第一章、第五章和第六章，刘东老师撰写了第七章、第八章和第九章。

本书在编写过程中参考的著述和资料，有的未能注明出处，在此对相关作者深表谢意和歉意。由于水平有限，书中难免有疏漏之处，敬请专家和读者批评指正！

目 录

第一章　《资治通鉴》中的决策

决策在管理中具有举足轻重的地位和作用。所谓决策，指的是按照组织目标的要求，在组织内外部条件的约束下，对多个可行的行动方案进行权衡，并执行最终方案的管理活动。我国古人很早就使用了决策的概念和方法，朱元璋采纳“广积粮、高筑墙、缓称王”的建议建立了大明王朝，田忌接受孙膑献策，赛马胜了齐王，都是依靠战略决策获得胜利的典型案例。

三国时期，刘备在荆州向襄阳人司马徽询访人才。听说诸葛亮是俊杰之士，能认清时务，被称为卧龙，于是三顾茅庐，第三次才见到诸葛亮。

刘备问道：“汉朝王室已经衰败，奸臣窃据朝政大权，我不度德量力，打算伸张正义于天下，但智谋短浅，以致遭受挫折，到了今天这个地步。但我的雄心壮志仍然未息，你认为应当如何去做？”

诸葛亮回答说：“如今，曹操已经拥有百万大军，挟持天子以号令天下，此人你确实不可与他争锋。孙权占据江东，已经历三代，地势险要，民心归附，贤能人才都为他尽力，此人你可以与他联盟，却不可算计他。荆州地区，北方以汉水、沔水为屏障，南方直通南海，东边连接吴郡、会稽，西边可通巴郡、蜀郡，正是用武之地，但主人刘表不能守，这恐怕是上天用来资助将军的。益州四边地势险要，中有沃野千里，是天府之地，而益州牧刘璋昏庸懦弱，北边还有张鲁相邻，虽然百姓富庶，官府财力充足，却不知道珍惜，智士贤才都希望有一个圣明的君主。将军既是汉朝王室的后裔，信义闻名天下，如果能占有荆州与益州，据守险要，安抚戎、越等族，与孙权结盟，对内修明政治，对外观察时局变化，这样就能建成霸业，复兴汉朝王室了。”

刘备按照诸葛亮的战略决策行事，建立了西蜀霸业，并逐步发展壮大起来。

由此可见，决策在组织管理中具有重要作用，正确的决策对组织的顺利发展意义重大。

第一节 《资治通鉴》中的决策原理

一、决策的特点

一般认为，决策是指在两个或多个方案中做出选择的行为，这是比较狭义的理解。从广义上看，决策是以实现目标为最终目的，通过分析诊断问题、创意和评估方案、选择和实施方案以及反馈跟踪、修正决策等，从两个或多个可行方案中选择一个合理方案并加以实施的过程。

决策具有如下两个特点。

（一）目标性

决策是为实现组织的某一目标开展的管理活动，只有明确了目标，管理者才能把握住决策方向。没有目标或者目标不明确，就难以做出正确的决策。

汉王朝建立350多年后，到了汉顺帝（公元125—144年在位）时期，政令已经严重荒废，上下松懈怠惰，百姓怨声载道，都盼望汉王朝得到中兴，以挽救目前的危局。拯救时世的办法，在于把裂缝补好，把倾柱支住，根据实际情况采取必要的措施，以实现天下安宁。圣人掌权，会根据当时面临的形势，制订相应的制度和措施。虽然采取的步骤存在差异，建立的制度和采取的措施也各不相同，但不会强迫人们去做根本做不到的事情，也不会忽视当前急需的要务，只追求遥远空洞的思想。

孔子回答叶公说，为政在于使远处的人都来归服；回答鲁哀公说，为政在于选用贤才；回答齐景公说，为政在于节约财富。

（二）动态性

决策不仅是一个过程，更是一个不断循环的动态过程。决策的主要目的之一，是使组织活动的内容适应不断变化的外部环境。在进行决策时，决策者必须观察并感知这种变化，选择合适的时机来调整组织的活动，实现组织与环境的动态平衡。

公元211年，将领们不解地问曹操说："开始，敌军主力据守潼关，渭水以北的道路空虚无备。但您不从河东进攻冯翊，反而屯兵在潼关之下，过了些日子才北渡黄河，这是为什么？"曹操回答道："敌军据守潼关，如果我军进入河东，敌军就会分兵把守各处渡口，我们便不能渡过西河。我故意以重兵集中在潼关，敌军就会集中力量防守潼关。西河戒备空虚，所以徐晃、朱灵两位将军能轻易取得西河，我也可以轻松地率大军北渡黄河。敌军无法与我争夺西河的原因，就在于两位将军已经先驻军在那里了。我用车辆和树木等向南修建甬道，既是为了安全，也是向敌军示弱。渡过渭水后修筑营垒，面对敌人挑战，坚守不出，是为了让敌军骄傲自大。因此，敌军没有修筑营垒，而是请求割地。我答应了他们的要求，顺从他们的意思，是为了使他们自以为安全而不加防备。同时，我们养精蓄锐，一旦发起攻击，可以达到迅雷不及掩耳之势。用兵变化莫测，不能执着于一种方法。"[1]

二、决策的类型

（一）按性质分类

按照决策的性质，可分为程序性决策和非程序性决策。

程序性决策又称常规决策，是指可按既定的程序、模式和标准进行的决策。在实际生活中，无论是个人活动还是组织活动，有相当一部分活动通常反复出现，人们通过反复实践积累起经验，形成了一套解决一般性问题的方法、程序和标准，形成了具有既定原则和步骤的程序性活动。

程序性决策的关键是日常活动程序化，其优点主要表现在两个方面：一方面是使控制活动更加高效；另一方面，程序化可以增强组织的协调性，对提高组织专业化水平产生积极影响。同时，程序化能够明确组织内部的分工，提升整体工作的标准化，避免出现各部门为了保证自己的活动顺利展开而建立"小而全"的独立组织。程序化决策通常用于解决一般性问题，其决策权多由组织的基层管理人员掌握。

非程序性决策又称非常规决策，是不能按照程序化的模式做出的决策。这种决策方式一般用于解决组织遇到的重大且不经常出现的问题，需要决策者发挥创造性。非程序化的决策权一般由组织高层管理人员掌握。

公元前66年，勃海周围各郡遇到荒年，百姓饥馑，盗贼并起，二千石官员不

---

1 《资治通鉴》编委会．资治通鉴（文白对照）[M]．北京：线装书局，2014：2706.

能擒获制止。汉宣帝下令征选有治理能力的官员，丞相、御史举荐前昌邑国郎中令龚遂，于是汉宣帝任命龚遂为勃海太守。召见龚遂时，汉宣帝问："你用什么办法来治理勃海郡，平息那里的盗贼呢？"龚遂说："勃海郡地处海滨，远离京师，得不到圣明君主的教化。当地百姓为饥寒所困，地方官吏却不加体恤，所以才使陛下的子民盗取陛下的兵器，在小池塘中要弄罢了。如今陛下是打算派我镇压他们，还是安抚他们呢？"汉宣帝说："我征选贤良人才，当然是要安抚他们。"龚遂说："我听说，治理作乱的百姓，就如同整理一团乱绳一般，不能操之过急，只有先将紧张的局势缓和下来，才能徐加治理。我希望丞相、御史不要用严格的法令约束我的行动，准许我相机行事。"

汉宣帝批准了龚遂的请求，并加赏黄金，派他前往勃海郡赴任。龚遂乘坐国家的驿车，来到勃海郡界。郡中官员听说新太守来到，派军队前往迎接。龚遂将军队全部遣还，并下达文书给所属各县，命令："将所有负责缉捕盗贼的官吏一律撤销，凡是手持锄头、镰刀和其他农具的，一律视为良民百姓，地方官吏不得刁难，只有手持兵器的才算是盗贼。"然后，龚遂单人独车前往郡衙门就职。

盗贼听说新太守的命令后，立即解散，抛弃兵器弓弩，拿起镰刀、锄头，盗贼全部平息，百姓安居乐业。龚遂到任后，下令打开官仓，赈济贫苦百姓，选派品行优良的官吏对百姓们进行安抚。龚遂发现齐地风俗奢侈，人们喜欢经营工商业，不愿在田间劳作，便以身作则，提倡勤俭节约，劝导百姓从事农业生产，按各家人口的多少，规定必须种树若干，养家畜若干。凡百姓带刀持剑的，龚遂就劝解他们说："为什么把壮牛和牛犊佩带在身上！"说服大家卖剑买耕牛，卖刀买牛犊，经过龚遂的辛勤劝勉，往来巡查，勃海郡内各家各户终于都有了积蓄，刑狱讼案也大为减少。[2]

通过非程序性决策，龚遂创造性地圆满解决了饥荒之年盗贼四起的问题，百姓开始安居乐业。

（二）按决策者所处的管理层次分类

按照决策者所处的管理层次，可分为高层决策、中层决策和基层决策。

高层决策是由组织的最高管理层做出的决策。其决策内容一般涉及组织中的战略性事务，事关组织全局发展，因此又称为战略性决策。其决策形式也多是非

2 《资治通鉴》编委会．资治通鉴（文白对照）[M]．北京：线装书局，2014：991.

程序化的，决策的正确与否对组织具有重大的影响。

中层决策是由组织的中间管理层或各职能部门的管理者做出的决策。在组织的决策链条中，中层决策起着承上启下的作用。

基层决策一般是由组织的基层管理者做出的决策。基层决策一般是执行性决策，具有程序化的特征。

高层决策、中层决策、基层决策共同构成组织的决策体系，在纵向层次上建立起组织的决策链。其中，高层决策占主导地位，中层决策和基层决策是高层决策的具体化。

隋朝时，治书侍御史柳彧见隋文帝勤于听政理事，百官大臣奏请过于烦琐，于是上疏谏道："我听说古代的圣明帝王，没有比得上唐尧、虞舜的。唐尧、虞舜不过问细小的事务，所以被称作圣明君主。虞舜委任禹、稷、契、皋陶、伯益五位大臣处理政务，唐尧则经常向掌管四方的诸侯询问治国方针，垂衣拱手，无为而天下大治，这就是所谓'劳于求贤，逸于任使'。近来见陛下留心治国安民之道，不惮辛苦疲劳，这也是由于百官大臣惧怕获罪，遇事不敢自己决定，只好禀承陛下裁决，因此奏请过多。像营造等细小事情，支出少量财物等琐碎杂务，也都禀奏陛下。一日之内，陛下须回复众多大臣的奏请，以致常常天晚忘食，夜半未寝，整日为公文表章操心受累。请求陛下体察我的诚挚之言，稍微减少一些琐碎事务。如果是经国安邦的大事，不是百官大臣所能裁决的，自然要由陛下详察明断；其余细务琐事，则责成有关职掌部门长官裁决处理。如此，则陛下劳逸有节，安享无疆之寿；百官大臣亲职任事，蒙受陛下养护之恩。"隋文帝看了他的奏疏后非常称赞，说："柳彧这样的正直士大夫，乃是国家的宝贵财富。"[3]

决策者应根据自己所处的管理层级做出相应的决策，这样既能提升效率，又能调动各个级别决策者的积极性。

（三）按决策的环境约束条件分类

按照决策的环境约束条件，可分为确定性决策、不确定性决策和风险性决策。

确定性决策是指决策的主要约束条件已经十分明确和肯定，每个备选方案的预期结果也比较确定，只要对不同的方案进行比较，从中选优就可以做出决策了。

公元 488 年，北魏孝文帝向文武百官询问安民的办法。秘书丞李彪呈上密奏，

3 《资治通鉴》编委会．资治通鉴（文白对照）[M]．北京：线装书局，2014：7555.

认为：汉朝曾经在平时设置常平仓，遇到灾荒年月，就用仓中的粮食救济灾民。去年，京城农作物歉收，如果把老百姓都迁移到丰收和富裕的地区，这样既荒废了他们正常的生活劳作，又要使他们经受艰难困苦，千里流离，才能到达目的地。对于国家来说，损耗也很大。为什么不事先把粮食储存起来，建立粮仓，遇到灾年把储粮发放给灾民？这难道不比把老老少少驱赶到千里之外乞讨糊口更好吗？朝廷应该在州郡正常的税收中抽出九分之二，将京城全年开支剩余的费用全部拿出来，分别建立管理机构，在丰收时买进粮食，全部储存在仓库里；遇上歉收年月，可以加两分利卖给老百姓。这样一来，老百姓一定会努力种田，用于购买官府的绢帛；积蓄钱财，用来购买官府的粮食。丰收年月可以一直储存，等到灾年，就直接出售给老百姓。几年之内，我们就会储存大量的粮食，老百姓人人充足，即使有什么灾荒，也不会造成多大的灾难。[4]

不确定性决策是指存在两种以上影响决策的因素，使决策者无法确定将来会出现什么样的情形，致使决策难以确定。

风险性决策与不确定性决策类似，只是相比不确定性决策，风险性决策需对未来可能出现的各种情况的概率进行一个大致估计，决策结果受概率估值的影响，因而方案的取舍有一个较确切的标准，但又带有一定的风险性。

（四）按决策准备的充分程度分类

按照决策准备的充分程度，可分为准备决策和临时决策。

准备决策是指经过较充分的讨论和周密的思考做出的决策。这类决策是针对预先明确的问题做出的。

临时决策强调针对突发性、例外性的事件，由决策人根据当时的情形做出非程序性决策。临时决策不等于非程序性决策。非程序性决策是指针对过去没有发生过的重大事件做出决策，这一决策可能经过了充分、周密的讨论和思考。临时决策则更强调突发性，这类决策一般时间要求紧，容不得决策人过多地思考讨论。如针对巨大的天灾人祸的决策，战场上预测不到的环境变化的决策。因此，临时决策对决策人的决策能力要求相当高。

公元 431 年，刘宋名将檀道济的大军因为粮尽，只好从历城撤军。军中有逃走投降北魏军的士卒，把刘宋军的困难境遇，一一报告给北魏军。北魏军追击刘

4 《资治通鉴》编委会．资治通鉴（文白对照）[M]．北京：线装书局，2014：7556.

宋军，刘宋军军心涣散，人人自危，马上就要溃散。檀道济利用夜色的掩护，命士卒把沙子当作粮食，一斗一斗地量，而且边量边唱出数字，然后用军中仅剩下的一点谷米覆在沙子上。第二天早晨，北魏看到这种情况，以为檀道济军中的粮食还很充裕，就给那个降卒定了欺军之罪杀掉了。当时，檀道济兵员很少，而北魏兵人多势众，骑兵部队从四面八方包围了檀道济军。檀道济命令军士们都披上铠甲，自己则穿着白色的便服，率领军队缓缓出城。北魏军以为檀道济有伏兵，不但不敢逼近，而且还稍稍撤退，这样，檀道济保全了军队，安全撤军。[5]

檀道济深处困境时灵活应变，正是他充满智慧的临时决策，挽救了军心涣散的刘宋军队。

三、决策的作用

因为决策是组织行动前必不可少的管理活动，决策正确与否决定了组织行动的成败。决策的实质是对未来行动的方向、路线和措施等做出选择。正确的决策能够引导组织沿着正确的方向、合理的路线前进，遇到问题时可以采取有效的措施予以解决。错误的决策会使组织走上错误的道路，发展下去可能导致组织失败、消亡。因此有人说，“决策正确，行动就成功了一半”。

公元 199 年，袁绍派使者去拉拢张绣，并给张绣的谋士贾诩写信，表示愿与贾诩结交。张绣打算答应袁绍。贾诩在张绣招待袁绍的使者时，高声对使者说：“请回去为我们谢谢袁绍的好意，他与兄弟袁术不能相容，而能容天下的英雄豪杰吗！”张绣听后又惊又怕，说：“怎么至于这样！”他悄悄地问贾诩：“像现在这样，咱们应当依靠谁？”贾诩说：“不如依靠曹操。”张绣说：“袁绍势力雄厚，曹操势单力孤，我们以前又与曹操结过怨仇，怎么能归附他呢？”

贾诩说：“正因如此，才应当归附曹操。曹操尊奉天子以号令天下，名正言顺，这是应该归附他的第一条理由。袁绍强盛，我们以不多的人马去投靠他，必定不会受到重视。曹操势单力薄，得到我们必然十分高兴，这是应该归附他的第二条理由。抱有称霸天下大志的人，一定会抛弃私怨，向四方表明他的恩德，这是应该归附他的第三条理由。希望将军不要疑虑。”

冬十一月，张绣率部投降曹操。曹操握着张绣的手，与他一起欢宴，并让儿子曹均娶张绣的女儿为妻。同时任命张绣为扬武将军，上表推荐贾诩担任执金吾，

5 《资治通鉴》编委会．资治通鉴（文白对照）[M]．北京：线装书局，2014：5202.

封都亭侯。正是在贾诩的劝说下，张绣做出了投靠曹操的决策。[6]

四、决策的基本原则

（一）科学性原则

决策的科学性原则是指决策必须尊重客观规律，尊重科学，从实际出发，实事求是。决策是管理的首要职能，关系行动的成败。决策者应尽可能避免、减少决策中的失误。若想做到这一点，就要按照科学的原则办事，将决策建立在科学的基础上。

科学性原则要求决策者在决策意识和决策方法上都要保持科学性，决不允许弄虚作假，哗众取宠。决策者只有树立科学决策的意识，才能尊重事实，尊重客观规律，按照科学的决策程序办事。一切决策都要遵循科学的决策程序。科学的决策程序是人们在管理决策实践中总结出来的，为了保证决策的正确性，做出的工作安排。决策者应结合管理实践的要求，建立符合客观实际的决策程序。一旦建立决策程序，决策者就不能靠想象、凭主观愿望办事，而应当按程序办事。决策者只有尽可能深入、全面、准确地分析事物，才能保证决策正确。在进行决策活动时，决策者切忌凭借长官意志独断专行，我行我素。

公元87年，班超征调于阗等各国军队共二万五千人进攻莎车，龟兹王则征调温宿、姑墨、尉头三国军队共五万人前往救援。班超召集部下将校和于阗王商议道："如今我方兵少，打不过敌人，不如各自分散撤离。于阗军队由此向东，长史也同时动身，从这里西行返回疏勒，等到夜间鼓声起时出发。"然后假意放松戒备，让俘虏逃跑。

龟兹王得知消息后大喜，亲自率领一万骑兵，到西面拦截班超。温宿王则率领八千骑兵，到东面拦截于阗军队。班超听说龟兹、温宿两国军队已经出动，就秘密集结部队备战，急速奔袭莎车军营。莎车人大为惊慌，乱作一团，四处奔逃，班超等追击斩杀五千余人，于是莎车投降。龟兹等国军队只好各自撤退散去，从此班超的威名震动西域。[7]

班超以少胜多的成功案例，说明决策者只有充分考虑客观条件，全面分析面临的形势，才能做出正确的决策。

---

6 《资治通鉴》编委会．资治通鉴（文白对照）[M]．北京：线装书局，2014：2576~2580.

7 《资治通鉴》编委会．资治通鉴（文白对照）[M]．北京：线装书局，2014：1866.

（二）经济性原则

经济性原则，通俗地讲就是节约原则。节约原则包含两层含义：一是应使决策过程本身所花的费用最少，二是决策内容应坚持经济效益标准。

同其他管理活动一样，决策需要费用和成本，决策者必须考虑决策过程中的费用和成本。人们很难按照最优标准进行决策，因为列出所有备选方案的成本太高了，常常会得不偿失。决策过程本身的费用和成本，跟采用的决策程序、决策方式、决策标准等直接相关。在保证决策科学性、合理性的前提下，应选择成本最低的决策程序、决策方式和决策标准。

组织中的决策是多种多样的，其中经济活动的决策必须讲究经济效益。一个组织从事的社会、文化、政治等活动，虽然并不追求经济利润，但这些活动同样有成本。不同的方案，可能效果相同，但成本存在差异。决策就应选择花费最少、效果最佳的方案。用通俗的话讲就是要“少花钱，多办事，办好事”。决策不讲经济原则，不计成本和费用，这种观念和做法是绝对错误的。

公元272年，吴国末代皇帝孙皓采用诸将的策略，多次侵犯掠夺晋国边境。陆抗上疏说：“从前，夏朝多行罪恶，商汤用兵；商纣王邪恶残暴，周武王举起讨伐大斧。假如不到时机，即使至圣之人，也应当积蓄威势自保，不可以轻举妄动。现在，不致力于兴农事以富国，不审查官吏，任用贤能，不明确进退、升降的标准，不谨慎地使用刑罚奖赏，不以道德教诲各部门，不以仁爱安抚百姓，却听任诸将追求功名，穷兵黩武，动不动就耗费数以万计的钱财，士卒凋伤憔悴，敌军还没有削弱，我们就已经很劳累了。现在，以争夺天下帝王霸业的资本，去贪图几十几百元钱的小便宜，这是臣下邪恶的便利，并不是国家的良策。从前，齐、鲁打了三次仗，鲁人两次克敌制胜，但是不及转足之间鲁国就灭亡，这是什么原因？势力大小有差别，何况如今军队战胜得到的还不能弥补他的丧失呢！”[8]

陆抗的上疏建议，充分体现了“决策要坚持经济效益标准，遵循经济性”的原则。

（三）谁决策谁负责

谁决策谁负责具有如下两层含义。

一是决策的制定者与执行者相统一。做出决策是以实施为目的，决策的贯彻执行是决策全过程中不可缺少的一个阶段。在管理中，之所以谁做出决策就应由

8 《资治通鉴》编委会．资治通鉴（文白对照）[M]. 北京：线装书局，2014：3272~3273.

谁负责贯彻实施，是因为决策者最了解方案的优缺点以及实施的路线、方法，只有决策者能够较好地把控决策实施过程。此外，谁决策谁实施是执行“谁决策谁对决策后果负责”原则的要求。如果决策者不负责贯彻实施，一旦决策目标没有实现，或决策与实际不符，就可能发生决策者推卸责任的情况。

二是决策的制定者与决策后果的承担者相统一。决策具有风险，决策失误，组织不可避免地会遭受损失。为了减少决策失误，避免损失，防止滥用决策权、盲目决策，决策者必须对决策的后果负责。这是尽最大可能保证决策科学、正确、可行的基本前提，也是一个制度保障。

公元617年，李密劝说翟让：“现在东都空虚，军队平时又没有训练，越王杨侗崛年幼，留守的诸位官员政令不一，士民离心。段达、元文都愚昧且无谋略，以我来看，他们不是将军的对手。要是将军能用我的计策，天下可以挥手而定。”于是，李密派他的亲信裴叔方去侦探东都的虚实。留守东都的官员觉察到了这一情况，开始做防卫准备，并且驰马送奏表去江都报告炀帝。

李密对翟让说：“事情已经到了这个地步，我军不能不行动了。兵法云：‘先动手则争取主动，后动手则受人挟制。’如今百姓饥馑，洛口仓（又名兴洛仓）有很多积存的粮食，离东都有百余里。将军要是亲率大军，轻装前进，掩杀袭击，他们因路远无法救援，事先又无防备，取洛口仓就像拾丢在地上的东西一样容易。等对方知道消息，我们已经得手了。发放粮食以赈济贫苦的百姓，远近之人谁不归附我们呢？百万之众，一个早晨就可以召集到。我们依恃所得的威风，养精蓄锐，以逸待劳，纵然东都派军队来，我们也有防备了。然后，我们就传布檄文，号召四方响应，任用豪杰贤士，听取他们的谋略，挑选骁勇强悍之将才，授以兵权，推翻隋朝，颁布将军的政令，难道这不是一件盛举吗？”

翟让说：“这是英雄的韬略，不是我所能承担的，我只是听命于您，尽力办事，请您先行进发，我作殿后。”庚寅（初九），李密、翟让率领精兵七千人出阳城北，越过方山，从罗口袭击并攻破了洛口仓，打开粮仓，听任百姓取粮。取粮的老弱妇孺，在路上接连不断。[9]

（四）时效原则

决策必须具有较强的时间观念，正所谓“机不可失，时不再来”。决策正确与否，总是与时间概念密切相关，决策者“马后炮”和“事后诸葛亮”的说辞对实现组

9 《资治通鉴》编委会．资治通鉴（文白对照）[M]．北京：线装书局，2014：7901~7905.

织目标毫无意义。能否抓住恰当的时机做出决策，实施决策，反映了一个决策者决策能力的高低。

时效原则要求决策必须果断，不能犹豫不决，贻误战机。一个决策者能否做到当机立断，果断决策，取决于决策者对环境和条件的分析。“前怕狼，后怕虎”，当断不断，只能看着机会溜走。之所以出现这种情况，主要是因为决策者对决策条件缺乏深入研究，对决策实施的结果没有把握。

公元前74年，癸巳（二十八日），霍光召集丞相、御史、将军、列侯、中二千石、大夫、博士在未央宫开会。霍光说：“昌邑王行为昏乱，恐怕会危害国家，怎么办？”群臣闻言全都大惊失色，谁也不敢发言，只有唯唯诺诺而已。大司农田延年离开席位，走到群臣前面，手按剑柄说道：“先帝将幼弱孤儿托付将军，并把国家大事交与将军做主，是因为相信将军忠义贤明，能够保全刘氏的江山。如今朝廷被一群奸佞小人搞得乌烟瘴气，国家危亡；况且我大汉历代皇帝的谥号都有一个‘孝’字，为的就是江山永存，使宗庙祭祀不断。如果汉家祭祀断绝，将军即使死去，又有何脸面见先帝于地下呢？今日的会议，必须立即做出决断，群臣中最后响应的，我请求用剑将他斩首！”霍光点头认错，说道：“大司农对我的责备很对！国家不安宁，我应当受处罚。”于是，参加会议的人都叩头说道：“万民的命运，都掌握在将军手中，一切听从大将军的命令！”霍光随即与群臣一同晋见太后，向太后禀告，陈述昌邑王刘贺不能继承皇位的情状。[10]

再如，公元257年，姜维屡次出兵征战，蜀人愁苦不堪，中散大夫谯周作《仇国论》讽谏说：“有人问古代能以弱胜强者，他们的方法如何？曰：我听说，处于大国地位而无祸患者常常多有轻慢，处于小国地位而有忧虑者常常想着向善；怠慢之事多就会出现内乱，想着向善就能使国家安定，这是普遍的道理。周文王善于养民，就能以少取多；勾践能够抚恤众人，就能以弱胜强，这是他们的方法。有人说：以前，项羽强而汉高祖弱，互相交战，后来项羽与汉高祖约定中分天下，以鸿沟为界，各归本土生息养民。张良认为民心一旦安定，就难以再发动，于是率兵追击项羽，终于消灭了他。难道一定要像文王那样行事吗？回答说：在商、周之际，王侯世代尊贵，君臣之分久已稳固，人民已习惯于专心事其君上。深深扎根的东西难以拔除，依托稳固的东西难以迁移。在那个时代，即使是汉高祖，又怎能靠持剑策马夺取天下呢？到秦朝废弃分封诸侯国设置郡守之后，百姓被秦

10 《资治通鉴》编委会．资治通鉴（文白对照）[M]．北京：线装书局，2014：940.

朝的苦役搞得疲惫不堪，天下已经土崩瓦解，或者每年换个君主，或者每月换个主公，如同鸟兽般惊恐不安，不知所从。于是豪强们并力争夺天下，如狼似虎地撕裂分割，迅速搏杀者所获就多，行动迟缓者就被吞并。如今我们与古代都是经历改朝换代而流传的国家，已不是秦朝末年天下鼎沸纷争的时代，实际上却有六国并立称雄的形势，因此可以行文王之事，难以有汉高祖的作为。百姓疲劳就是产生骚动不安的前兆；在上位的骄慢而在下位的残暴，就会出现土崩瓦解的形势。谚语说：'射箭如果屡次不中，不如慎重瞄准之后再发射。'有智谋的人不为蝇头小利动心，不为似是而非的情况改变常态，时机成熟以后再行动，形势适宜以后再举兵。商汤、周武的军队不用再次战斗就能取胜，实在是因为重视人民的劳苦状况而能审时度势。如果竭尽武力滥用征伐，出现了土崩瓦解的形势，又不幸遭遇危难，那么即使有具备智谋的人，也不会有挽回局势的谋略了。"

当然，执行时效原则并不等于搞盲动主义。问题没有摸透，措施不完善，就仓促决策，盲目上马，肯定会以失败告终。科学、合理是时效原则的前提。

（五）充分发挥集体智慧原则

决策是一项对能力要求很高的管理活动，战略性决策尤其如此。为了保证决策的正确性，决策者往往需要依靠团队的支持合作。充分发挥集体智慧，是实现科学决策的重要方法之一。

公元91年，北匈奴单于不知去向以后，他的弟弟右谷蠡王于除鞬便自称单于，率领数千部众驻扎在蒲类海一带，派使者到汉朝边塞请求归附。窦宪建议派使者将于除鞬立为单于，设置中郎将进行监护，如同对待南匈奴单于的先例。此事交付公卿进行商议，宋由等人认为可以批准窦宪的建议。袁安、任隗上奏表示反对。他们认为："光武皇帝招抚南匈奴，并不是说可以让他们永远安居内地，而是一种权宜之计，为的是能利用他们去抵御北匈奴。如今北方大漠已经平定，应当命令南匈奴单于返回他的北方王庭，统领归降部众。没有理由再另封于除鞬做单于来增加国家的经费开支。"两种意见奏报后，一时决定不下。袁安担心窦宪的主张会被批准实行，便独自呈递密封奏书。

奏书写道："南匈奴单于屯屠何的先人曾率领部众归降，蒙受汉朝的大恩，至今已四十余年，历经三位汉帝经营而交到陛下手中。陛下应当深切追思，继承先帝遗愿，完成他们的事业。况且屯屠何是首先提出北征重大方案的人，消灭北匈奴以后，我们停下来不再进取，却要另立一个新降服的北单于。为了一时的打算，违背三世以来的规划，失信于我们养护的南匈奴单于，而去扶植无功的北匈奴单于。《论语》说：‘言辞忠诚而守信，行为敦厚而恭敬，即便在荒蛮之地也通行无阻。’如今要是失信于一个屯屠何，那么将有一百个蛮族不敢再相信汉朝的承诺了。再说，乌桓、鲜卑新近斩杀了北匈奴优留单于。凡人之常情，全都忌惮仇人，现在扶植优留单于的弟弟，那么乌桓、鲜卑就会心怀怨恨。况且依照汉朝旧制，供给南匈奴单于的费用，每年达一亿零九十余万；供给西域的费用，每年七千四百八十万；如今北匈奴距离更远，费用超过一倍，这将耗尽国家的财富，不是制定政策的正确原则。”

汉和帝阅后下诏，命令将此奏章交付群臣讨论。袁安与窦宪又起争执，互相诘难。窦宪仗势凌人，言辞骄横，甚至诋毁袁安，提出光武帝诛杀韩歆、戴涉的旧事进行威胁，但袁安始终不动摇，然而和帝终于听从了窦宪的建议。[11]

（六）创新性原则

决策与组织的生存与发展关系密切。某些情况下，决策者在制定决策时涉及诸多不同寻常的情况和问题，这就要求决策者既要依据个人经验和能力认真分析，又不被其经验束缚，结合现实情况对决策过程加以创新，敢于不断探索，勇于开拓，这样才能制定和选出合理的方案。

公元196年，孙策几次渡水作战，都未能取胜。他的叔父孙静对他说：“王朗据守坚城，很难一下攻破。从这里向南数十里是查渎，应从那里进入王朗的后方，这正是兵法上讲的——攻其无备，出其不意。”孙策采纳这个建议，夜里点燃许多火把，作为疑兵，然后派出一支部队从查渎道进袭高迁屯。王朗大惊，派前丹阳郡太守周昕等率军迎战，孙策打败周昕等人，斩周昕。王朗逃走，虞翻追随，掩护王朗乘船渡海逃到东冶。孙策追击他们，大破王朗军，王朗只好向孙策投降。[12]

公元860年，王式率唐军攻克大兰山。官军诸将回到越州，王式大摆酒宴庆功。诸将向王式请教说：“我们这些人生长在军队行伍之中，久经战阵，今年能够随您攻破裘甫贼党，实在是荣幸，但我们有些事仍没有明白过来。请问，您刚到越州上任时，军粮正紧张，而您立即将官府仓库的屯粮散给老百姓，赈救贫困乏粮者，其用意是什么？”

王式回答说：“这个道理容易理解。裘甫贼众屯聚谷米来引诱饥饿的人民，

11 《资治通鉴》编委会．资治通鉴（文白对照）[M]．北京：线装书局，2014：1887~1891.
12 《资治通鉴》编委会．资治通鉴（文白对照）[M]．北京：线装书局，2014：2533~2535.

我分发粮食，饥民就不会被裘甫引诱入伙为盗贼。况且诸县没有守兵，裘甫贼军赶到，官府仓库的谷米正好成为贼寇的资粮，为贼所用。”诸将又问道：“您不设置烽火台，这又是为什么？”王式说：“设烽火台是为了求取救兵，我手下的军队都已安排了任务，越州城中没有军队可用作援兵，设烽火台不过是徒费功夫，惊扰士民，使我军自乱溃散而已。”诸部将领又问：“您派懦弱的士兵充当侦察骑兵，而且给他们配备很少的武器，这是什么道理呢？”王式回答说：“如果侦察骑兵选派勇武敢斗的士兵，并配给锋利的兵器，遇到敌军可能会不自量力上前搏斗。搏斗战死，就没有人回来报告，我们就不知道贼军来了，这样的侦察兵有什么用呢。”众部将听完后，都十分佩服，说：“这都不是我们的智力所能达到的啊！”[13]

（七）可行性原则

组织决策必须从实际出发，因为制定决策的终极目标是将其落实到实践中。决策者只有认真研究方案的可行性，采用定性和定量结合的方法，对每个方案进行可行性分析，才能保证决策方案付诸实践，行之有效。

公元前 57 年，汉朝群臣议论匈奴的形势，多数人认为：“匈奴为害多年，可乘其衰败内乱的机会兴兵将其灭亡。”汉宣帝下诏向御史大夫萧望之询问，萧望之回答说：“《春秋》上记载，晋国士匄（春秋时晋大夫范宣子）率兵征伐齐国，听说齐侯去世的消息，便率兵撤回。君子不乘敌国丧乱的机会去进攻，认为恩足以使孝子心服，义足以使诸侯感动。匈奴前任单于仰慕汉朝的礼仪教化，一心向善，自称是汉的小弟弟，派使臣请求和亲，天下人感到欣慰，四方夷狄外族无不知晓。不幸的是，尚未最后缔约，他已被奸臣所杀。如今若去征伐匈奴，是乘人之危，幸灾乐祸，他们肯定要向远方逃遁。我们兴此不义之师，恐怕会劳而无功。应派使者前去吊丧慰问，并扶助他们于衰弱之中，为之解救灾患。四方外夷听说后，都会尊敬中国的仁义。假如能使匈奴人因汉的恩德复位，必定会对我朝称臣服从，这才称得上是天子的盛德。”汉宣帝于是听从了萧望之的建议。[14]

---

13 《资治通鉴》编委会．资治通鉴（文白对照）[M]．北京：线装书局，2014：11113.
14 《资治通鉴》编委会．资治通鉴（文白对照）[M]．北京：线装书局，2014：1051.

第二节 《资治通鉴》中的决策程序

一、提出问题，分析问题，确定决策层次

决策是为了解决一定问题所进行的管理活动，所以决策必须围绕一定的问题来展开。现实中，一个组织往往要面对各式各样的问题。尤其是在结构层次较为复杂的组织中，仅仅将问题提出来是不够的，决策者还必须对这些问题进行深入分析，明确各个问题的性质之后，判断这些问题是涉及组织全局的战略性问题，还是只涉及局部的程序性问题。其目的是为了理清解决问题的决策层次，避免高层决策者陷入众多一般性问题的漩涡，影响其对重大问题的决策。

提出问题，并不是说决策者坐等问题发生。尤其对于高层决策者来说，更重要的是清楚地认识到潜在的有可能发生的问题，对事物的发展有一个超前的判断和合理的预期。想要保持这种预见性，就要求决策者主动深入进行调查研究，及时发现问题，提出问题，解决问题，以保证组织的健康发展。

公元138年，侍御史贾昌和州郡官府合力讨伐区怜，没有取胜，反而受到区怜的围攻。过了一年多，援兵和粮秣都无法接济。顺帝召集三公、九卿、百官以及四府掾属询问对策。大家都主张派遣大将，征发荆州、扬州、兖州、豫州等四州士兵共四万人，前往交趾增援。李固反驳说："如果荆州和扬州太平无事，便可以征发二州的士兵。如今两州的盗贼，犹如磐石一样结合在一起，不肯离散；武陵郡和南郡的蛮族反叛，还没有安定。长沙郡和桂阳郡的士兵，已被征发多次。如果再次征发，骚扰人民，必然发生新的变乱，这是不可征发的第一个理由。再者，兖州和豫州的人民，突然被征入伍，远征万里之外，没有归期，而诏书逼迫和催促急如星火，必然导致叛乱和逃亡，这是不可征发的第二个理由。南方州郡，水土潮湿，气候炎热，再加上瘴气，因此死亡的人必占十分之四五，这是不可征发的第三个理由。长途跋涉，行军万里，士卒疲劳不堪，等军队到达岭南，士卒已经没有战斗能力，这是不可征发的第四个理由。按照规定的正常速度，每天行军三十里，离日南郡有九千余里，需要行军三百天才可到达。按每人每天口粮五

升计算，需要用米六十万斛，还不包括将领、军吏的口粮和驴、马的饲料，仅士兵自己携带，费用就如此巨大，这是不可征发的第五个理由。军队战斗的地方，死亡的人一定很多，既然抵御不了敌人的进攻，就将再次征调援兵，这就犹如挖割心腹去补四肢，这是不可征发的第六个理由。九真和日南，两郡相隔仅一千里，征发当地的吏民，尚且不堪忍受，更何况征发四州的士兵，让他们忍受万里远征的痛苦？这是不可征发的第七个理由。从前，朝廷派中郎将尹就去讨伐益州的叛羌。益州有谚语说：'叛羌来了，还可；尹就来了，杀我。'其后，将尹就调回京都，把军队交付给益州刺史张乔。张乔依靠原有军队的将领和军吏，一个月之内，便将叛羌击破歼灭。这证明由朝廷派遣大将没有益处，而州郡地方官吏足以胜任。应该重新选派既勇敢又有谋略，既仁惠又可胜任将帅的人担任州刺史和郡太守，命他们都驻守在交趾郡。如今日南郡兵力单薄，又无粮秣，守既守不住，战又不能战，可以暂时放弃它，先把官吏和人民迁徙到北方的交趾郡，等到乱事平定之后，再命他们返回日南郡。另外，招募和收买蛮夷，让他们互相攻杀，朝廷则供给金帛资助他们。如果有人能够使用反间计，离间敌人内部，斩杀蛮夷首领，朝廷则许以封侯，赐以食邑。前任并州刺史、长沙人祝良，勇敢果断；南阳人张乔，从前在益州建立过平定叛羌的功勋，他们都可以受到信任和重用。过去，汉文帝就在原地任命魏尚为云中郡太守，哀帝命使者到楚地拜授龚舍为泰山郡太守。应该就在原地拜授祝良等人，命他们直接前往交趾郡任职。"四府完全同意李固的意见。于是顺帝在原地任命祝良为九真郡太守，张乔为交趾州刺史。张乔到任以后，对叛蛮开诚布公地进行安抚和诱劝，叛军全部投降或解散。祝良到九真郡之后，单独乘车进入叛军大营，给他们指出生路，用威力和信誉进行招抚，叛军投降的有数万人。降卒一同为祝良修筑郡太守的官舍，从此五岭以外地区恢复和平。[15]

再如，公元110年，邓骘因放弃凉州的计划未被采纳，从此怀恨虞诩，打算用吏法进行陷害。恰好朝歌县叛匪宁季等数千人造反，杀死官吏，聚众连年作乱，州郡官府无法镇压。于是，邓骘便任命虞诩为朝歌县长。虞诩的故人旧友都为他深感忧虑，虞诩却笑着说："做事不避艰难，乃是臣子的职责。不遇到盘根错节，就无法识别锋利的刀斧，这正是我建功立业的时机！"

他一到任，便去拜见河内太守马棱。马棱说："您是一位儒家学者，应当在朝廷做谋士。如今却到了朝歌，我很是为您担忧！"虞诩说："朝歌的这群叛匪，

15 《资治通鉴》编委会．资治通鉴（文白对照）[M]．北京：线装书局，2014：2091.

只是像狗群羊群那样聚在一起，试图寻求温饱罢了，请阁下不要担忧！”马棱问：“为什么这样讲？”虞诩说：“朝歌位于古代韩国与魏国的交界处，背靠太行山，面临黄河，离敖仓不过百里。青州、冀州逃亡的难民数以万计，叛匪不懂得打开敖仓，用粮食招揽民众，却抢劫武库中的兵器，据守成皋，斩断天下的右臂，这说明对他们不值得忧虑。如今他们的势力正在高涨，我们难以强力取胜。兵不厌诈，请允许我放开手脚去对付他们，只要没有约束阻碍即可。”

上任以后，虞诩制定了三个等级，用来招募勇士，命掾史及以下官员各自就所了解的情况进行保举：行凶抢劫的，属上等；打架伤人、偷盗财物的，属中等；不经营家业、不从事生产的，属下等。共收罗了一百多人。虞诩设宴招待他们，将他们的罪行一律赦免，命混入匪帮，诱使叛匪进行抢劫，官府则设下伏兵等候，于是杀死叛匪数百人。虞诩还秘密派遣会缝纫的贫民为叛匪制作服装，这些人用彩线缝制裙衣，叛匪穿上后，在集市街巷一露面，就被官吏抓获。叛匪因此惊骇四散，都说有神灵在帮助官府。于是朝歌县境内全部平定。[16]

二、明确目标

发现问题，提出问题，对问题进行定性，只是决策的第一步。在这一过程中，决策者弄清了组织中有待解决的问题以及这些问题应该由谁来解决，但对问题应解决到什么程度尚不明确。决策的第二步就是要明确决策目标，它既是制定决策方案的依据，又是执行决策、评价决策执行效果的标准。因此，决策必须制定合理的目标。

如何判断一项决策目标定得是否合理呢？首先，应当保证这一目标是组织能够实现的；其次，实现该目标必须经过努力才能达到。如果目标定得太高，脱离实际，往往会使人望而却步，失去为之奋斗的信心与勇气，最终使决策失去意义。相反，若目标定得太低，不需要付出任何努力即可实现，唾手可得的成果会导致决策者丧失应有的压力和积极性。管理实践经验证明，保持一定的工作压力是必要的，形成工作压力的主要途径，就是制定合理的决策目标和计划指标。

公元356年，十月，前燕大司马慕容恪在广固包围了段龛。众将领请求马上攻打，慕容恪说：“用兵的方法，有应该缓慢的时候，也有应该急速的时候，不能不仔细审度。如果敌我力量相当，敌人在外边又有强大的援军，这时恐怕有腹背受敌

16 《资治通鉴》编委会．资治通鉴（文白对照）[M]．北京：线装书局，2014：1964.

的危险，则攻打不能不急。如果我强敌弱，敌人在外边又无援军，我们的力量足以制服他的时候，就应该包围并守住他，等敌人坐以待毙。兵法中的十围五攻，说的正是这个道理。眼下段龛的兵力尚多，还没有出现离心倾向。济南之战时，段龛的军队不是不精锐，只是因为他用兵无术，所以才自取失败。如今，他凭借险阻坚守城池，上下齐心合力，我动用全部精锐部队去攻打他，大约几天也可以攻下来，然而我们士兵的伤亡也一定很多。自从中原发生战争以来，士卒们连短暂的休整也没有，每念及此，我便夜不能寐，怎么能轻易地使用让士卒献身的战术呢！重要的是把城池攻下来，不必要求迅速成功！”

众将领都说：“这些不是我们所能想到的。”军中士兵听说后，人人感动喜悦，于是他们就筑高墙，挖深壕，坚守包围圈。齐地的人争先恐后地运来粮食送给前燕的军队。段龛环城自守，连砍柴的小路也被切断，城里人相互残食。段龛调动全部兵力出城战斗，被慕容恪在包围圈里打败。慕容恪事先就分派骑兵控制了各个城门，段龛经过只身拼搏，仅得以逃回城内，其余的士兵全部覆没。从此城里的兵众情绪沮丧，没有再固守的斗志了。十一月丙子（十四日），段龛将两手反绑于身后出城投降，他和朱秃一起被押解送往蓟城。慕容恪抚慰安定新近归附的民众，全部平定齐地。[17]

决策目标必须正确，这是决策正确的航标。同时，决策目标还必须具有可行性。

三、制定备选方案

实现同一个决策目标的途径或方式有很多种。采用的途径和方式不同，实现目标的效率也不一样。从上文可知，决策活动要兼顾成本与效益原则。想要制定最优决策，就要对多种决策途径和方式进行比较，并从中做出选择。决策的第三个程序就是在许可的情况下，将所有可能的备选方案都制定出来。

制定备选方案是组织中一项技术性很强的管理活动。无论哪一种备选方案，都必须建立在科学的基础之上，将定性与定量方法相结合，使各个方案尽可能客观，从而减少主观假设带来的误差。

公元 396 年，后燕范阳王慕容德派遣南安王慕容青等人趁夜色的掩护在邺下袭击魏军，把魏军打败，北魏军队退到新城驻守。慕容青等人请求继续追击敌军，别驾韩潭说：“古代的人先计划好了如何用兵，然后才按计划作战。这次魏军不

---

17 《资治通鉴》编委会．资治通鉴（文白对照）[M]. 北京：线装书局，2014：4167.

可追打的原因有四点：第一，对方远路而来，缺乏根基，在原野上作战对他们有利。第二，敌军孤军深入，已经毫无退路可走，此时再打，恐怕要逼迫他们拼命。第三，敌人的前锋部队虽然已经遭到失败，但是他们的后队仍然很整齐精壮。第四，敌众我寡。我们的部队不应该轻易出动的原因也有三点：第一，我们是在自己的土地上作战，稍有挫折，兵士便易于溃散。第二，如果轻易出战却不能取胜，容易动摇军心。第三，我们的城池还没有来得及修整加固，敌兵冲来，我们缺少必要的防备和依托。现在魏军中缺乏物资粮草，我们不如深挖战壕，高筑壁垒，稳住阵脚，安定军心，把敌人拖垮。”[18]

四、评选、确定满意方案

对决策的备选方案进行比较评价，确定满意的方案，是抉择的关键环节。为保证这一关键环节的正确性，应着重考虑以下三个方面。

首先，需要建立一个由各方面专业人员组成的方案评选小组，以便对方案的合理性与科学性做出正确评价。

其次，要明确方案选择标准。经济组织决策中，评选方案一般是以利润、成本、投资回收期等反映经济效益的指标为最基本的标准。需要注意的是，在确定标准时要全面考虑。比如经济活动，除了经济效果之外，还必须将环境效益、社会效益纳入考虑范围。

再次，评价方案工作一定要深入、认真、细致。评价方案，除了依据评价指标外，还必须考虑方案有多大的可行性。如果忽视了方案的可行性，制定决策的过程就成了“纸上谈兵”，制定的方案也就成了“空中楼阁”。如果最终没有可选的可行方案，决策者决不能草率抉择，应该选择一些方案进行修改，或增补备选方案，然后再进行评价选择。

公元前 342 年，魏国派庞涓率兵攻打韩国。韩国派人向齐国求救。齐威王召集大臣商议说：“是早救好，还是晚救好呢？”成侯邹忌建议：“不如不救。”田忌不同意，说：“我们坐视不管，韩国就会灭亡，被魏国吞并，还是早些出兵救援为好。”孙膑却说：“现在韩国、魏国的军队士气正盛，我们前去救援，是代替韩国承受魏国的打击，反而听命于韩国了。这次魏国有吞并韩国的野心，待到韩国亡国迫在眉睫时，一定会向东再来恳求齐国，那时我们再出兵，既可以加

18 《资治通鉴》编委会．资治通鉴（文白对照）[M]．北京：线装书局，2014：4576.

深与韩国的亲密关系，又可以乘魏国军队疲惫之时给以痛击，是一举两得，名利双收。”齐威王采纳了孙膑的建议，暗中答应韩国使臣的请求，让他先回去，却迟迟不出兵。

韩国以为有齐国的支持，便奋力抵抗，但五次大战都大败而归，只好把国家的命运寄托在东方齐国身上。齐国这时才出兵，派田忌、田婴、田肦为将军，孙膑为军师，前去援救韩国，仍用老办法，直袭魏国都城。庞涓听说后，急忙放弃攻打韩国，回兵援救国都。魏国集中了全部兵力，派太子申为将军，抵御齐国军队。孙膑对田忌说：“魏、赵、韩那些地方的士兵向来彪悍勇猛，看不起齐国；齐国士兵的名声也确实不佳。善于指挥作战的将军必须因势利导，扬长避短。《孙武兵法》说：‘从一百里外去奔袭会损失上将军，从五十里外去奔袭只有一半军队能到达。’”于是，命令齐国军队进入魏国地界后修造十万个灶，第二天减为五万个灶，第三天再减为二万个灶。

庞涓率兵追击齐军三天，见此情况，大笑着说：“我早就知道齐兵胆小，进入我国三天，士兵已逃散一多半了。”于是庞涓丢掉步兵，亲率轻兵精锐日夜兼程追击齐军。孙膑估计魏军的行程当晚将到达马陵。马陵这个地方道路狭窄且多险隘，可以伏下重兵，孙膑便派人刮去一棵大树的树皮，在白树干上书写六个大字：“庞涓死此树下！”再从齐国军队中挑选万名优秀射箭手夹道埋伏，约定天黑后，见有火把亮光就万箭齐发。果然，庞涓在夜里赶到那棵树下，看见白树干上隐约有字，便令人举火照看，还未读完，两边箭如飞蝗，一齐射下，魏军大乱，溃不成军。庞涓自知败势无法挽回，便拔剑自尽。临死前叹息说：“让孙膑这小子成名了！”齐军乘势大破魏军，俘虏了太子申。[19]

五、组织决策实施

决策不只是一个简单的方案选择问题，还包括决策的执行。因为实践是检验真理的唯一标准，决策正确与否，质量如何，最终要经过实践的检验才能得以评判。另外，决策的最终目的是为了实施，以便解决问题。如前文所说，选出一个满意的方案，提出的问题就解决了一半，另一半就要通过组织决策的实施来解决。不能付诸实施的决策如同“镜花水月”。决策者必须重视组织决策的实施。为了保证决策的有效实施，决策者首先要组织众人积极参与到实施过程中来。决策者

---

19 《资治通鉴》编委会．资治通鉴（文白对照）[M]. 北京：线装书局，2014：56.

应通过各种渠道争取团队成员的认同，以便更好地实施决策。

公元121年，四月己巳（十九日），汉安帝命令三公九卿，下至郡太守、封国相，各举荐一位品德学问优秀的人士。尚书陈忠认为，皇帝既然已经下诏公开征求意见，恐怕提意见的人必定多有激烈的言辞，或许导致皇帝不能相容，于是上书预先开阔皇帝的胸襟。奏书说：“我听说，仁爱的君王开阔自己的胸怀，像高山和湖泽一样博大，容纳尖锐直率的批评，使忠臣能够尽到勇于直言的职责，不怕因讲出逆耳的意见而遭到迫害。高祖不计较周昌将他比作夏桀、商纣，文帝嘉奖袁盎警惕‘人彘’再现的讥讽，武帝采纳东方朔对错用宣室殿招待公主宠臣的批评，元帝宽容薛广德以自刎相逼的举动。如今陛下公布诏书，发扬商王武丁的圣德，推广宋景公的赤诚，引咎自责，征求官员们的批评。议论时事的人看到杜根、成翊世等人新近受到表彰擢用，荣耀地身居御史台和尚书台，必然闻风响应，竞相贡献恳切直率的意见。如果是良谋奇策，应当立即采纳。如果是狭隘浅陋的管穴之见，或是狂妄的讥讽，尽管难汲取，不顺耳，与事实不符，也请暂且大度宽容，以显示圣明王朝百无禁忌的美德。假若被举荐的人在对答时有高明的见解，则应留意查看，特别提升一级任用，以提倡直率批评，广开言路。”安帝看了奏书，下诏将有道之士中考试成绩优秀者沛国人施延任命为侍中。[20]

六、信息反馈和决策的修订

实施是检验决策正确与否的唯一方法。在决策时，无论考虑得怎样周密，难免存在失误或不当之处。况且实施决策的条件会随着形势的发展发生变化，这就可能导致其与最初设想的条件出现偏差，有时甚至实施条件和环境可能与决策方案依据的条件有较大的出入，此时就需要决策者改变决策方案。在决策实施过程中，决策人应及时了解、掌握决策实施的各种信息，及时发现问题，对原来的决策进行必要的修订、补充或完善，使之不断地适应变化了的新形势和新条件。

公元260年，尚书王沈担任豫州刺史。上任之初，王沈下命令给所辖各城邑及士民百姓说：“如有能陈述官吏的好坏，诉说百姓忧虑的人，赐给粮食五百斛。如有能说出刺史得失、朝政宽严的人，赐给粮食一千斛。”主簿陈廞、褚契入府禀告说：“教令的宗旨是想听一听百姓的苦衷之言，加以劝勉和赏赐。恐怕那些清正廉洁之士害怕受赏而不说，而那些贪婪昏昧之人将要求利而胡言乱语。如果

20 《资治通鉴》编委会．资治通鉴（文白对照）[M]．北京：线装书局，2014：1997.

说得不合适，赏赐不会白白地给他，但那些不了解内情的人不知正确错误之所在，只看到说的话不被采用，于是认为您设置赏格而不真正实行。我们认为告示百姓之事，可以稍等一等再说。”王沈又下令说：“进言有益于上，赏赐给予百姓，这是君子的德操，有什么理由不说？”褚契又禀告说：“尧、舜、周公之所以能使人忠心进谏，是因为他们诚恳真挚的心十分显著。冰炭不会说话，其冷热的本质自然很明确，这是因为它们是真实的。如果喜好忠直之言能像冰炭那样自然，那么忠直之言不用求就会自然而至。如果德操不足以同唐尧、虞舜相配，贤明不足以同周公相比，真实不能像冰炭一样，那么尽管出具重赏，忠心直谏之言也不会听到。”于是王沈就停止了赏赐进言的做法。[21]

再如，公元 223 年，魏文帝任命廷尉钟繇为太尉，治书执法高柔代理廷尉。当时三公没有具体事务，很少参与朝廷的政治决策。高柔向文帝上书说：“三公辅佐大臣，都是国家的栋梁，为百姓所瞩目。现在虽设置三公的职位，却不使他们参与朝政，他们只好各自休养，安度晚年，很少提出建议，这实在不是朝廷尊崇和使用大臣，要他们献计献策的本意。在古代，刑罚和政令有疑虑和冲突时，都与三公和大臣在槐树、棘木之下商议。从今以后，朝廷在政治措施上有疑问，以及关系到刑狱的大事，应该多询问三公的意见。三公在每月初一、十五上朝的时候，还要特别请他们分析讲解政策得失，以求尽量了解事实，这样既可以启发您的思路，弥补考虑不周之处，还能使您的威德更加发扬光大。”文帝很赞赏地采纳了这一建议。[22]

七、总结经验，吸取教训，改进决策

一项决策实施之后，对其实施的过程和情况进行总结、回顾，既可以明确功过，确定奖惩，也可以使自身的决策水平得到进一步的提高。通过总结决策经验，可以淘汰一些实施效果不尽如人意的决策。总结决策的经验教训，不只是几个决策者的事情，有必要发动决策的执行者、决策方案的审评者和决策方案的制订者参加，从各自的观点、立场改进决策，提高决策水平。

公元 583 年，隋朝的州刺史多任用武将，因此大都不称职。治书侍御史柳彧上表说：“从前汉光武帝与二十八位大将一起披荆斩棘，平定天下，及至功业成

---

21 《资治通鉴》编委会．资治通鉴（文白对照）[M]. 北京：线装书局，2014：3180.

22 《资治通鉴》编委会．资治通鉴（文白对照）[M]. 北京：线装书局，2014：2862.

就以后，这些将军都没有担任职务。我拜读陛下的诏书，任命上柱国和千子为杞州刺史。和千子以前任赵州刺史时，老百姓用歌谣嘲讽他道：‘枯老的稻禾不及早割去，稻种脱落就会使良田荒芜。’和千子是行伍出身，骑马射箭，攻城略地，是他的特长；至于治理民众，听政断狱，则不是他所理解的。如果说朝廷要优待礼遇老年人，自可多赏赐金帛钱财；如果让他出任州牧刺史，则会误国害民，将会造成很大的损失。”隋文帝很赞成他的意见，和千子终于被免官。[23]

再如，西汉时期，霍氏一家骄横奢侈。茂陵人徐福就曾指出：“霍氏必亡。凡奢侈无度，必然傲慢不逊；傲慢不逊，必然冒犯主上；冒犯主上就是大逆不道。身居高位的人，必然会受到众人的厌恶。霍氏一家长期把持朝政，遭到很多人的厌恶。天下人厌恶，又做出大逆不道的事，怎么可能不灭亡呢！”于是，徐福上书朝廷说：“霍氏一家权势太大，陛下既然厚爱他们，就应随时加以约束限制，不要让他们发展到灭亡的地步！”上书三次，天子听到了，未加采纳。

后霍氏一家被诛杀，曾告发过霍氏的人都被封赏。有人上书汉宣帝，为徐福鸣不平说：“我听说有一位客人到主人家拜访，见主人家炉灶的烟囱是直的，旁边又堆有柴薪，这位客人便对主人说：‘您的烟囱应改为弯曲的，并将柴薪搬到远处去，不然的话，将会发生火灾！’主人默然，不予理会。不久，主人家果然失火，邻居们共同抢救，幸而将火扑灭。于是，主人家杀牛摆酒，对邻居表示感谢，在救火中烧伤的被请到上座，其余则各按出力大小依次就坐，却没有请那位建议他修改烟囱的人。有人对这家主人说：‘当初要是听了那位客人的劝告，就不用杀牛摆酒，也不会有火灾。如今论功请客酬谢，建议修改烟囱、移走柴薪的人没有功劳，而在救火时被烧得焦头烂额的人才是上客吗？’主人这才醒悟，将那位客人请来。茂陵人徐福多次上书说霍氏将会有叛逆行为，应预先加以防范制止。假如陛下接受徐福的劝告，国家就没有划出土地分封列侯的费用，臣下也不会谋逆叛乱，遭受诛杀的大祸。现在事情已经过去，而只有徐福的功劳没有受到奖赏，希望陛下明察，嘉许其‘弯曲烟囱、移走柴薪’的远见，使他居于‘焦头烂额’者之上！”汉宣帝这才赐给徐福绸缎十匹，后又任命他为郎官。[24]

由于这个典故，后人总结出了“曲突徙薪”一词，原意是把烟囱改建成弯的，把灶旁的柴草搬走，比喻消除可能导致事故发生的因素，防患于未然。一般人认为，

---

23 《资治通鉴》编委会．资治通鉴（文白对照）[M]．北京：线装书局，2014：7555.
24 《资治通鉴》编委会．资治通鉴（文白对照）[M]．北京：线装书局，2014：988.

足以摆平或解决组织经营过程中各种棘手问题的人，就是优秀的管理者，其实这是有待商榷的。俗话说，“预防重于治疗”。防患于未然，远比出现问题后再治理更重要。由此观之，组织问题的预防者，其实优于组织问题的解决者。决策者要善于听取别人的意见，未雨绸缪，知错就改。

第三节 《资治通鉴》中的集体决策

一、集体决策的优势

集体决策又称群众决策，是相对个人决策而言的，指由多人组成一个决策小组进行决策，这个决策小组对该决策的后果负责。当然，这种集体决策的组织负责人不是最高决策者，只是决策小组的组织者。在保证决策结果的合理性、正确性、执行性和创造性方面，集体决策具有积极作用。

（一）集体决策能较好地保证决策结果的合理性和正确性

集体决策要求多人参与，这样能集聚众人的智慧来解决问题。相对个人决策，决策者们对问题的认识和分析往往更深刻、全面。俗话说，“三个臭皮匠，顶个诸葛亮”，这是对集体决策经验的形象总结。很多情况下，集体决策的准确性优于个人决策。尤其是在关系组织前途命运的重大问题上，实行集体决策比较容易保证决策的正确性、合理性。

北魏时期，一连几年发生霜旱，收成不好，云中、代郡一带的老百姓有很多都饿死了。太史令王亮、苏垣向北魏国主拓跋嗣进言道：“按照谶书的说法，我们魏国应把都城建在邺城，那样的话，才可以得到富足欢乐。”拓跋嗣向各位大臣征求对这事的意见，博士祭酒崔浩、特进京兆周澹说：“迁都城到邺地，可以解救今年的饥荒，但不是长久的办法。崤山以东的人民，认为国家本来居住在辽阔的大漠之上，以为国民和牲畜一定无数，因此称作是‘牛毛那样多’。现在一旦迁都，便要留下军队戍守旧都，只能分出一部分人向南迁移，这些人不可能住满几个州的土地，只好与汉人混杂居住在各郡各县，我们人少的情势就会暴露，恐怕四方的邻国都会轻视我们。况且我们的百姓不习惯那里的水土，得病、受伤、死亡的人一定很多。再者，旧都的守兵减少之后，屈丐、柔然等国就会有窃取我们的想法，假如他们动员全国的军队前来进攻，云中、平城一定会发生危机。南迁后的朝廷由于有恒山、代郡的千里险要重重阻隔，很难前去营救。这样的话，就会在名声和实际利益上受到损害。现在我们居住在北方，假如崤山之东的地区有什么变乱，我们派遣轻装骑兵向南进攻，把部队分布在林野中间，谁能知道我们人数的多少？老百姓看见我们的征尘就会畏慑敬服，这就是我国之所以用威力制服汉人的真正原因。明年春天，杂草生长起来，家畜吃饱之后，牛奶乳酪等就能供应上了，再加上蔬菜水果，便可以维持到秋天粮食成熟的季节，我们面临的这些暂时困难便可以克服了。”拓跋嗣说：“现在国库彻底空了，已经没有办法再等到来年的秋天。如果明年秋天又出现饥荒，我们将怎么应付呢？”崔浩等回答说：“应该把最贫穷饥饿的人家挑选出来，让他们去太行山以东的地区谋生，找饭吃。如果明年再饥荒，到时候再想办法，只是现在不可迁都。”拓跋嗣高兴地说：“只有你们二人与我的想法一致。”于是挑选百姓中最贫寒的人家前往太行山以东的三个州谋生，并派左部尚书代郡人周几统率军队镇守鲁口，安抚召集他们。拓跋嗣本人也亲自下农田耕种，又命令有关部门劝勉指导人们从事农业和种桑养蚕的劳动。第二年庄稼丰收，人民于是富足安定。[25]

（二）集体决策具有较好的执行性

集体决策有众多领域的管理人员参加，他们对整个决策过程都有直接和全面的了解，比如选择方案的理由，实施决策的路线、措施，决策实施的目标等。在实施决策时，无需再向他们就上述问题进行解释、宣传，节省了一定的人力和时间成本。同时，这些决策执行者参与决策的制定过程，他们对决策活动就有了一个全面、透彻的了解，还会加强他们执行决策的责任心，提高他们实施决策的自觉性和积极性。

相较而言，个体决策者还需要花费额外的时间和精力与执行者进行沟通，包括陈述方案的优点，说明选择的理由，执行的要求，等等。在增加决策执行成本的同时，还可能因沟通不到位致使执行者难以接受，影响决策的执行。

公元190年，汉献帝下诏任命北军中候刘表为荆州刺史。当时荆州遍地都是盗贼，阻断了道路。刘表单人匹马进入宜城，请来南郡的名士蒯良、蒯越，与他们商议说：“如今江南宗党势力十分强大，各自拥兵独立，假如袁术借助他们的力量乘机来攻，必然大祸临头。我想征兵，但恐怕征集不起来，你们有什么高见！”

25 《资治通鉴》编委会．资治通鉴（文白对照）[M]．北京：线装书局，2014：4973.

蒯良说："民众不归附，是宽仁不够；归附而不能治理，是恩义不足。只要施行仁义之道，百姓就会归附，像水向下流一样，为什么担心征集不到呢？"蒯越说："袁术骄傲且缺乏谋略。宗党首领多贪残凶暴，部下离心离德。若让人显示好处，这些首领必然会率众前来。您把横行无道者处死，招抚收编他们的部下，州内百姓都想安居乐业，听说了您的威望和恩德，一定会扶老携幼，前来投奔。聚集兵众后，据守江陵和襄阳这南北两处，荆州境内的八郡，发布公文就可平定。即使那时袁术来攻，也无计可施。"刘表说："很好！"就派蒯越去引诱各宗党首领，有五十五个首领来到。刘表把他们全部处斩，吞并了他们的部队。于是把州府移到襄阳，镇压安抚郡县，荆州属下的长江以南地区全部平定。[26]

二、集体决策的实施原则

总的来看，集体决策具有很大优势。只要采取适当的措施，就可以充分发挥集体决策的优势。做好集体决策，应从以下两个方面入手。

（一）做好组织和引导工作

只有做好集体决策的组织和引导工作，才能使决策中的意见分歧尽快统一起来。集体决策的组织和引导工作，应由决策负责人来做。决策负责人的作用就是帮助持不同意见的人们认识问题的本质，找到各种不同意见中存在的共同点，使各方能够求同存异，消除分歧。尤其是当双方存在严重的意见分歧时，决策负责人更要采取积极措施，让矛盾双方冷静下来，缓和下来，同时做好双方的思想工作。

公元前 305 年，赵武灵王向北进攻中山国，大兵经房子城抵达代地，再向北直至数千里的大漠。向西攻到黄河，登上黄华山顶，与大臣肥义商议让百姓穿短衣胡服，学骑马与射箭。他说："愚蠢的人会嘲笑我，但聪明的人是可以理解的。即使天下的人都嘲笑我，我也这样做，一定能把北方胡人的领地和中山国都夺过来！"于是带头改穿胡服。国中有不少士人反对，公子成假称有病，不来上朝。赵王派人前去说服他："家事听从父母，国政服从国君，现在我向人民宣传改变服装，而叔父您不穿，我担心天下人会议论我徇私情。治理国家有一定章法，总以有利人民为根本；办理政事有一定之规，执行命令是最重要的。宣传道德要先针对卑贱的下层，推行法令必须从贵族近臣做起。所以，我希望能借助叔父您的榜样来完成改穿胡服的功业。"公子成拜谢道："我听说中国是在圣贤之人教化下，

26 《资治通鉴》编委会．资治通鉴（文白对照）[M]．北京：线装书局，2014：2427.

用礼乐仪制，使远方国家前来游观，让四方夷族学习效法的地方。现在君王您舍此不顾，去仿效远方外国的服装，是擅改古代习惯、违背人心的举动，我希望您慎重考虑。”使者回报赵王。赵王便亲自登门解释说：“我国东面有齐国、中山国；北面有燕国、东胡；西面是楼烦，与秦、韩两国接壤。如果没有骑马射箭的训练，怎么能守得住呢？先前中山国倚仗齐国的强兵，侵犯我们的领土，掠夺人民，又引水围灌鄗城，如果不是老天保佑，鄗城几乎就要失守了。此事先王深以为耻。我决心改变服装，学习骑射，想以此抵御四面的灾难，一报中山国之仇。叔父您一味依循中国旧俗，厌恶改变服装，已经忘记了鄗城的奇耻大辱，我对您深感失望啊！”公子成幡然醒悟，欣然从命。赵王亲自赐给他胡服，第二天他便穿戴入朝。于是，赵王正式下达改穿胡服的法令，提倡学习骑马射箭。[27]

集体决策的负责人要做好组织引导工作，协调各种不同的意见，但不是要放弃原则，做和事佬，搞一团和气。对于决策中出现的原则性矛盾，决策的负责人一方面要做好认识错误一方的思想转变工作，另一方面要表明自己的观点，支持正确的意见，促使正确方案尽快被接受并获得通过。

（二）做好对各种意见的分析、采纳工作

集体决策中，往往很难在短时间内就一个问题得到统一的意见。这就要求决策负责人具备从众多意见中分辨出正确、优秀的意见的能力，采纳最优的意见。同时，还要注意不要全盘否定不正确的、不可行的意见，要学会发掘其中包含的合理的、有价值的内容。这样，一方面有助于坚持正确意见，另一方面也会对持不同意见的成员产生积极影响。决策负责人应当公平公正地对待不同意见，消除偏见，实事求是，只有这样才能保证组织采纳最有价值的意见。

公元401年，春季，正月，南凉武威王秃发利鹿孤准备称皇帝，大臣们也都一致劝他进位。只有安国将军匆仑说：“我们国家从祖先到现在，都习惯于披散头发，左边开衣襟，从来没有帽子腰带之类的装饰，只是追逐选择有水草的地方不断迁徙居住，没有城郭家室居所的拖累，所以我们能够在沙漠的各部族中称雄，与中原的汉族人相抗衡。现在提高为皇帝的名号，当然是顺应民心的事情，但是如果设立都城，建筑固定的居住地，那么就很难灵活地躲避战乱；如果把我们的积蓄全部储存在仓库之中，又容易引起敌人贪心。我看不如把汉人安置在城郭之中，鼓励他们从事农田、养蚕，来供应我们的给养储备。同时，再统领我们本族的人

27 《资治通鉴》编委会．资治通鉴（文白对照）[M]．北京：线装书局，2014：108.

进行战斗射箭的训练。一旦我们相邻的国家弱小，我们就乘机把它吞并；相邻的国家强大，我们也可以随时躲避，这才是长久的好策略。况且帝王的虚名，没有什么实际的意义，只是足够做世人的刀砧箭靶，成为别人攻击的目标，还能拿它干什么用呢？”秃发利鹿孤说：“安国将军所说的太对了。”于是改称为河西王，又任命广武公秃发傉檀为都督中外诸军事、凉州牧、录尚书事。[28]

再如，公元前316年，巴国、蜀国互相攻击，都来向秦国告急求救。秦惠王想出兵讨伐蜀国，但顾虑道路险峻难行，韩国又可能来侵犯，所以犹豫不决。司马错建议他仍旧出兵伐蜀，张仪却说不如去征讨韩国。秦惠王说：“请谈谈你的见解。”张仪便陈述道：“我们应该与魏国、楚国亲善友好，然后出兵黄河、伊水、洛水一带，攻取新城、宜阳，兵临东西周王都，控制象征王权的九鼎和天下版图，挟持天子以号令天下。各国不敢不从，这是称王的大业。我听人说，要博取名声应该去朝廷，要赚取金钱应该去集市。现在的黄河、伊洛一带和周朝王室，正好比天下的朝廷和集市，大王您不去那里争雄，反倒与远方的戎狄小族争斗，这可不是帝王的大业啊！”

司马错反驳张仪说：“不对。我也听说有这样的话：想要使国家富强，必须先开拓疆土。想要使军队强大，必须先让老百姓富庶。想要成就帝王大业，必须先树立德望。具备这三个条件，帝王大业就水到渠成。现在大王的国家地小民贫，所以我建议先从容易之事做起。蜀国是西南偏僻之国，又是戎狄之族的首领，政治昏乱，如同夏桀、商纣；以秦国大兵攻蜀，就像狼入羊群一样。攻占它的土地可以扩大秦国疆域，夺取它的财富可以赡养百姓，而军队不须有大的伤亡就可以使蜀国屈服。吞并一个国家而天下并不认为秦国强暴，获取广泛的利益天下也不认为秦国贪婪，我们一举两得，名利双收，更享有除暴安良的美誉。秦国若是攻打韩国，劫持周天子，就会臭名远扬，也不见得有什么实际利益。蒙受不义之名，攻打天下人所不愿攻占的地方，那可是很危险的！请让我细说其中的原因：周朝，是天下尊崇的王室；齐国，是韩国的亲睦友邦。周朝自知要失去九鼎，韩国自知要失去伊洛一带的领土，两国会齐心合力，共同谋划，求得齐国、赵国的援助，并与有旧怨的楚国、魏国和解，甚至不惜把鼎送给楚国，把土地割让给魏国。对此，大王您只能束手无策，这就是我所说的危险所在。所以，攻打蜀国才是十拿九稳的上策。”秦惠王听从了司马错的建议，起兵伐蜀，仅用了十个月就攻克蜀国全境，

---

28 《资治通鉴》编委会．资治通鉴（文白对照）[M]．北京：线装书局，2014：4707~4708.

把蜀王降为侯，同时任命陈庄为蜀国国相。[29]

通过前文可知，《资治通鉴》里有非常多的兴衰案例值得借鉴，作为组织中的领导者，决策是每天必不可少的管理活动，决策失误会导致满盘皆输，一败涂地。在进行决策时，一个优秀的领导者只有遵循科学的原则，采用合理的方法，才能做出正确的决策，进而指引组织实现目标。

29 《资治通鉴》编委会．资治通鉴（文白对照）[M]. 北京：线装书局，2014：85.

第二章 《资治通鉴》中的计划管理

第一节 《资治通鉴》中计划的重要性及种类

计划是指组织、部门或个人根据外部环境和内部条件，运用一定的方法和手段，在科学预测和深入分析的基础上，对未来一定时期内完成一项任务、工作或行动的内容、途径、措施、方式、方法和程序，进行提前安排的行为过程。

一、计划的重要性

计划是组织管理工作的一项重要工作，是组织在实际行动之前，预先对实现的目标和采取的行动方案做出的具体选择，是组织各项工作的开端。万事开头难，只有做好计划工作，组织的其他工作才具有扎实的基础。做好计划，能使组织摆脱发展的盲目性，使组织在目前状态与未来目标之间架起一座桥梁，保障组织成员朝着一个共同的目标努力，组织成员的行动有章可循，组织的各项活动有据可依，有助于较快地实现组织的预期目标。

春秋战国时期，燕国军队攻打齐国安平时，临淄市的一个小官田单正在城中。他预先让族人用铁皮包上车轴头，待到城破，人们争相涌出城门时，大多因为车轴互相碰撞，车辆损坏难行，被燕军俘虏，只有田单一族因为铁皮包裹车轴，得以幸免，逃到了即墨。[30]

田单正是有了详尽周密的计划，充分考虑了内外环境，才保证了在逃难过程中避免损失和破坏，有效规避了风险。

---

30 《资治通鉴》编委会．资治通鉴（文白对照）[M]．北京：线装书局，2014：142.

二、计划的种类

计划的种类很多，按照不同的划分方法，可以将计划划分为不同的种类。

（一）按照计划的高低层次划分

按照计划的高低层次，可以划分为战略计划、策略计划和行动计划。

1. 战略计划

战略计划是指一个组织或部门最高层制定的未来几年、十几年甚至更长时间的关系组织或部门全局的未来工作总体目标、长远发展方向、主要任务的对组织或部门的整体行动、总体资源配置和长期利益具有指导、约束作用的长期计划。

战略计划的一个案例是公元 493 年，北魏孝文帝计划迁都的例子。北魏孝文帝因为平城气候寒冷，夏季六月时就下雪，而且经常狂风大作，飞沙漫天，所以准备把京都迁到洛阳。孝文帝担心文武官员们不同意，于是提议大规模进攻南齐，打算以这种名义胁迫大家。[31]任城王拓跋澄反对大规模进攻南齐，后来孝文帝回到皇宫，召见拓跋澄。孝文帝命令左右侍从退下，对拓跋澄说："今天我要做的这件事，确实是很不容易的。我们国家是在北方疆土上建立起来的，后来又迁都到平城。但是，平城只是武力开疆拓土的地方，不宜进行治理教化。现在，我打算进行改变风俗的重大变革，这条路走起来确实困难，朕只是想利用大军南下征伐的声势，将京都迁到中原，你以为怎么样？"拓跋澄说："陛下您打算把京都迁到中原，用以扩大疆土，征服四海，这一想法也正是以前周王朝和汉王朝兴盛不衰的原因。"孝文帝说："北方人习惯留恋于旧有的生活方式，那时，他们一定会惊恐骚动起来，怎么办？"拓跋澄回答说："不平凡的事，原来就不是平凡的人所能做得了的。陛下的决断，是出自您圣明的内心，他们又能有什么办法呢？"[32]

后来，孝文帝率领 30 多万大军从平城出发，大举向南征伐。到达洛阳后，天一直下雨，没有停过。丙子，孝文帝诏令各路大军继续向南征伐。丁丑，孝文帝身穿战服，手持马鞭，骑马出发。文武官员赶紧拦住马头，不断叩拜进行劝阻，认为不宜继续南伐。孝文帝告诉大臣们，如果不同意继续南伐，就应该把京都迁到洛阳。大臣们说，陛下如果放弃向南征伐的计划，将京都迁到洛阳，正是大家所希望的，也是老百姓的幸运。当时，鲜卑人大多虽然不愿意向南迁移，但是又

---

31 《资治通鉴》编委会．资治通鉴（文白对照）[M]. 北京：线装书局，2014：5928.

32 《资治通鉴》编委会．资治通鉴（文白对照）[M]. 北京：线装书局，2014：5929.

害怕再向南征伐，所以也就没有人敢说什么。北魏的迁都大计，于是确定了下来。

2. 策略计划

策略计划是指一个组织或部门的高级管理层依据组织或部门的战略计划制定的对实现已经确定的目标、实现目标需要的环境条件、实现目标采用的策略等一些重要活动加以明确和实际执行的计划。

与战略计划相比，策略计划的目标和任务比较明确，时间较短。

策略计划的一个案例是公元500年，南齐东昏侯怀疑雍州刺史萧衍有异谋。东昏侯处死萧衍的哥哥尚书令萧懿后，萧衍树起大旗，讨伐东昏侯。当时南康王萧宝融任荆州刺史，西中郎将府长史萧颖胄代理州府事务。东昏侯派遣辅国将军、巴西和梓潼两郡太守刘山阳率领三千兵士赴任，会同萧颖胄的兵力一起袭击襄阳。萧衍知道了这一计划后，就派遣参军王天虎去江陵，给荆州和西中郎将府的官员们每人送去一封书信。信中说："刘山阳率兵西进，要同时袭击荆州和雍州。"同时，萧衍对部下的众位将佐说："荆州人向来害怕襄阳人，况且雍州和荆州地界相邻，唇亡而齿寒，岂能不与我们暗中联络，通力合作呢？我只要能合并荆州和雍州的兵力，大张旗鼓地东进，就是韩信、白起再生，也无法为朝廷想出什么好招来，何况是昏君差使一帮提刀传敕的宠幸之徒呢！"

萧颖胄收到萧衍的信之后，心中迟疑，不能决断。刘山阳到了巴陵，萧衍再次命令王天虎送信给萧颖胄及其弟弟南康王萧宝融的僚友萧颖达。王天虎出发之后，萧衍又对部下张弘策说："用兵之道，攻心为上。前不久，我派遣王天虎去荆州，给每个人都送了信。近来驿使四处传信，忙个不停，但只有两封信给萧颖胄、萧颖达兄弟二人，信中只写'王天虎口述'。他们问具体情况时，王天虎又一句也说不上来，因为我压根儿就没有向他交代过一句。王天虎是萧颖胄信得过的心腹之人，所以荆州方面一定会以为萧颖胄与王天虎一起隐瞒着事情，于是人人心中疑虑丛生。刘山阳会被众人的说法搞糊涂，也会对萧颖胄产生疑心，他们互相之间将不信任。这样的话，萧颖胄会进退两难，无论如何也解释不清自己，因此必定落入我的圈套之中。这是以两封空函定一州的妙计啊。"[33]后来，事情的发展正如萧衍计划的那样，萧颖胄和萧衍联手行动，打败了朝廷的军队，废除了东昏侯。

3. 行动计划

行动计划是指一个组织或部门根据组织或部门的战略计划、策略计划制定的

33 《资治通鉴》编委会．资治通鉴（文白对照）[M]．北京：线装书局，2014：6140.

实现组织或部门目标的具体的、可实际执行的行动步骤的计划。

与战略计划、策略计划相比，行动计划的目标和任务更加具体、详细、明确，行动方案更加具有可执行性，计划的时间更短。

行动计划的一个案例是公元497年，南齐将领王昙纷率领一万多兵众攻打北魏南青州黄郭戍，北魏戍军首领崔僧渊率兵抵抗，大获全胜，王昙纷全军覆灭。南齐将军鲁康祚、赵公政率兵一万入侵北魏太仓口，北魏豫州刺史王肃命令长史、清河人傅永率甲兵三千去袭击。鲁康祚、赵公政驻扎在淮水之南，傅永驻扎在淮水之北，彼此相距十多里远。傅永对部下说："南方人喜欢夜间闯营攻击，他们一定会在渡河的地方放置火把，以便指示何处水浅，可以涉渡。"

到了夜间，傅永把手下的兵力分成两部分，让他们埋伏在营盘外面。又在大瓢里装满易燃物，派人秘密渡过淮河，到达南岸，把大瓢放置在水深之处，并告诉士兵说："一见对岸起火，你们就点燃它。"这天夜里，鲁康祚等人果然率兵来袭击傅永的营盘。傅永的伏兵左右夹击，鲁康祚抵挡不住，慌忙回撤到淮河边上。这时傅永派往南岸的人点起了火，使鲁康祚等不知何处水深，何处水浅，只好胡乱涉水而逃，结果被淹死和斩首的有好几千人。最后傅永活捉了赵公政，并且获得了鲁康祚的尸体，胜利而归。[34] 傅永根据行动的特点，制定了具体的行动计划，一举打败了南齐的军队。

行动计划的另一个案例是北魏时期尔朱荣消灭葛荣的例子。北魏时期，葛荣叛乱，包围了邺城。这时葛荣的军队号称百万，散兵游勇到处残杀掠夺。北魏朝廷安排尔朱荣率军讨伐葛荣。尔朱荣自己率领七千精锐骑兵，各备两匹战马，以侯景为前锋，从近路加速行军，向东出了滏口。葛荣叛乱为时已久，一直横行于黄河以北。尔朱荣的兵马很少，与敌人相差悬殊，人们议论纷纷，认为尔朱荣断无获胜的道理。葛荣听说后，喜形于色，命令他的部队说："尔朱荣很好对付，诸位每人都准备一根长绳，到时候只管捆绑敌人就是了。"

从邺城往北，葛荣的队伍排成数十里的长阵，如张开的簸箕一样向前推进。尔朱荣将队伍埋伏在山谷中，作为奇兵。同时分派督少将以上的军官每三人为一处，每处数百名骑兵，各处故意扬起尘土，擂响战鼓，大声喊叫，使敌人摸不清有多少人马。考虑到人马近战时，用刀不如用棒，尔朱荣便命令士兵每人带一根短棒，放在马肚子一侧。尔朱荣还担心交战时下马斩首会影响骑兵追逐，所以不允许斩

34 《资治通鉴》编委会．资治通鉴（文白对照）[M]．北京：线装书局，2014：6058~6059.

首计功，只令用棒子打。各路战士冲杀之处，号令严明，将士们同仇敌忾，个个奋勇争先。尔朱荣亲自冲锋陷阵，从敌人背后杀出，里应外合，内外夹击，大破贼兵，在阵前抓住了葛荣，葛荣其余的部众全部投降了。

因贼军众多，如果将他们分开安置的话，恐怕会引起他们的疑虑和恐惧，降军有可能再次聚集起来。尔朱荣便下令让他们各随其便，亲属相随，随意在哪儿定居均可。这样一来，投降的士兵人人欢喜，很快便四处散去，几十万大军一早晨便遣散完了。等到这些士兵已经走出百里之外，尔朱荣才开始派人分路押解遣散他们，按各人之意加以安置，使大家感到安心。[35] 尔朱荣能把葛荣的几十万大军一举打败，是因为提前制定了准确的行动计划，并按照行动计划认真实施。

（二）按照时间长度进行划分

按照时间长度进行划分，计划可以分为长期计划、中期计划和短期计划。

1. 长期计划

长期计划是指一个组织或部门制定的在较长时期（一般为五年以上）内执行的战略目标、任务、发展方向和方针等活动合理安排的计划。长期计划一般超过五年以上，涉及十年或十年以上的纲要性计划。

长期计划的一个案例是北魏从公元 487 年开始收储粮食的事。公元 487 年，北魏在春夏之交出现大旱，代郡地区尤其严重，又加上牛瘟流行，老百姓有很多因饥饿而死。六月，诏令朝廷内外大臣畅所欲言，不要保留。齐州刺史韩麒麟上表说："古代贤哲君王，总是要储存足够维持九年的粮食。即使到了中古时期，也推崇这种方法，缴纳粮食的人和在前线杀敌的人一样得到封爵。致力于耕种农田的人，与孝敬父母、友爱兄弟的人一样受到奖赏。现在京师的民众百姓，不耕种农田的人多，不劳而食的人占三分之二。太平日子过久了，又加上两年丰收，大家都争相夸耀自己的财富，奢侈浪费形成了一种风气。高贵富裕的人家，就连孩童婢女都穿上了华美的衣服；手工作坊及商人家庭，奴仆差役吃的也是山珍海味。可是种田的农夫连酒渣糠皮都吃不饱，养蚕的妇女连蔽体的粗布衣裳都穿不上。因此，种地的人一天天减少，田地一天天荒芜。国库内粮食布帛告罄，街市上却堆满了各种珍宝奇货；很多家庭无衣无食，道路上却挤满了衣着华丽的行人。老百姓饥寒交迫的根本原因就在于此。我认为，凡是奇异珍贵的东西，朝廷都应该坚决禁止买卖。婚丧礼仪，应该规定严格的标准。鼓励人们努力耕田种桑，

35 《资治通鉴》编委会．资治通鉴（文白对照）[M]. 北京：线装书局，2014：6546~6547.

严格实行奖赏和惩罚。几年之内，定会有盈余。以前几年，校订户籍，减轻了不少田赋捐税。我所管辖的齐州，征收的粮食仅够发给官员俸禄，没有多余的入缴国库，这样虽然对老百姓有利，却不能长期维持下去。一旦发生战事或者遇到天灾，恐怕就无法拿出粮食布帛供给各地。可以减少布帛的征收，增加粮食的税收。这样，丰收的年份就可以大量储存，歉收的年份拿出来赈济贫民。这就是所谓的把老百姓的粮食寄存在官府，一旦官府有了储备，老百姓就不会有荒年挨饿的事了。”[36]对于古代国家来说，粮食生产和储存是一个国家的长久大计，这项工作做不好，会带来无穷的后患；这项工作做好了，对稳定国家、促进国家发展具有深远的意义。

长期计划的另一个案例是南北朝时期，北魏对待柔然国的例子。公元522年，柔然国发生严重饥荒，柔然国可汗阿那瑰率领部众进入北魏境内，上表请求赈济。己亥，北魏任命尚书左丞元孚为行台尚书，持符节去安抚柔然。元孚临行前，上表陈述自己的建议。他认为：“蠕蠕国（北魏对柔然国的称呼）向来强大，从前在代京时，对他们经常设置重兵防卫。现在老天爷降福于大魏，让他们自己发生败乱，前来叩头请求臣服。朝廷纠集他们失散逃亡的人，礼送他们回国，应当趁这一时机好好考虑一下长久的计策。汉宣帝时期，呼韩邪表示忠诚，汉朝派遣董忠、韩昌带领边郡的兵马把他送出朔方城，并且留在那里保护、扶助他们。汉光武帝时也派中郎将段彬设立安集掾史，跟随单于行动，观察他们的情况。现在应当大致按从前的办法去做，把闲置的土地借给他们，让他们去放牧，简单地设置官府，以表示对他们的关心爱护。同时在边境上严密布置兵力，以便防卫监视这些柔然人，使他们与我们亲近却不至于欺哄瞒骗我们。疏远却不允许达到反叛的地步，这才是上上之策。”[37]汉朝之所以成功安抚了边境的匈奴，是因为制定了合理的长久之计。北魏对柔然国没有安抚好，关键是没有一个科学合理的长久之计。

2. 中期计划

中期计划是一个组织或部门根据长期计划的各项安排制定的涉及组织或部门发展期限为一年以上十年以下（一般为五年）需要实现的目标和任务，实现目标和任务的途径、手段，以及重大措施等的计划。中期计划是长期计划的具体化。

---

36 《资治通鉴》编委会．资治通鉴（文白对照）[M]．北京：线装书局，2014：5849~5850.

37 《资治通鉴》编委会．资治通鉴（文白对照）[M]．北京：线装书局，2014：6428.

中期计划的一个案例是北魏时期，孝文帝向文武百官询问安定人民的办法。秘书丞李彪呈上密奏认为："汉朝曾经在平时设置常平仓，遇到灾荒年月，就用仓中的粮食救济灾民。去年京城农作物歉收，如果把老百姓都迁移到丰收富裕地区，这样既荒废了百姓正常的生活劳作，又要面临艰难困苦、千里流离的困境，对于国家来说损耗也很大。为什么不事先建立粮仓，把粮食储存起来，到了灾年安安稳稳地发放给灾民？这难道不比把老老少少驱赶到千里之外去乞讨糊口更好些吗？朝廷应该在州郡正常的税收中抽出九分之二，将京城全年开支剩余的费用全部拿出来，分别建立管理机构，在丰收时买进粮食，全部储存在仓库里；遇上歉收年月，可以加两分卖给百姓。这样一来，老百姓一定会努力种田，用以购买官府的绢帛；积蓄钱财，用来购买官府的粮食。丰收年月就一直储存，等到灾年就出售给老百姓。几年之内，我们就会储存大量的粮食，而且老百姓人人充足，即使有什么灾荒，也不会造成多大的灾难。"[38]

3. 短期计划

短期计划是指一个组织或部门根据长期计划和中期计划，制定实现期限为一年或一年以内需要实现的目标和任务，实现的途径和方法，具体行动的事先协调与控制的执行计划。

短期计划的一个案例是南北朝时期梁武帝开馆纳贤的事情。梁朝的梁武帝一向喜好儒术，认为东晋、宋、齐虽然开办了国学，但是不到十年都废止了。即使存在，也仅仅是形式而已，没有讲授之实。公元505年春季，正月癸卯朔（初一），梁武帝发布诏令："两汉时期的读书人登贤入仕，莫不是通过经术之业，他们都信奉大雅之道，个个饱学，因此能立功名，成大业。魏晋以来，士人浮华放荡，儒教衰败，风节得不到树立，当是其根本原因。可以设置五经博士各一人，广开馆宇，招纳后进。"于是将贺玚及平原人明山宾、吴兴人沈峻、建平人严植之补为博士，让他们各主持一馆，讲学执教。每馆有好几百学生，由朝廷供给口粮等生活资用。其中在射策考试时应对自如，见解深刻透彻者，即被任为官吏。一年之间，天下士子怀经负笈，云集而至。[39]梁武帝这一计划的实施，改变了梁朝以前几个朝代浮华放荡的风气，对国家的长远发展产生了重要作用。

---

38 《资治通鉴》编委会．资治通鉴（文白对照）[M]. 北京：线装书局，2014：5860.

39 《资治通鉴》编委会．资治通鉴（文白对照）[M]. 北京：线装书局，2014：6252.

第二节 《资治通鉴》中计划的特性

计划的特性是指计划所特有的性质。计划的特性包括目的性、权变性、时间性、限定性、群众性和系统性。

一、计划的目的性及案例

（一）计划的目的性

计划之所以有目的性，是因为计划是为了完成一项任务或事情而制定的方案。既然是为了完成一项任务或事情，那么计划是有目标的，也就是有目的的。只不过计划的目的可能不仅仅是完成任务或事情，完成任务或事情只是计划的最主要目的，还有若干个其他的派生目的。

比如，给组织或个人一个美好的愿景，激励组织或个人为之努力奋斗；通过分析实现任务或目标的外部机会与威胁、内部优势与劣势，使组织或个人更好地认识自己的能力，帮助组织或个人为实现任务或目标制定一个基本的行动框架；充分协调相关的人、财、物等资源，将资源集中到最重要的项目上，增加完成任务或事情成功的可能性，降低失败的风险，减少实现过程中的不确定性因素，明晰采取行动带来的结果；等等。

（二）计划目的性的案例

《资治通鉴》中计划目的性的一个案例是秦朝末期，刘邦占领咸阳后采取的计划。

秦朝末期，刘邦占领咸阳后，为了笼络人心，制定了一系列有目的的计划。

公元前 206 年，十一月，刘邦进入咸阳后，将各县父老和有声望的人全部召集在一起，对他们说："父老们遭受秦朝严刑酷法的苦累已经很久了！我与各路诸侯约定，先入关中的人为王，因此我就应该在关中称王了。如今与父老们约法三章：杀人者处死，伤人者和抢劫者抵罪。除此之外，秦朝的法律统统废除，众官吏和百姓都照旧安定不动。我之所以到这里来，是为了替父老们除害，不是来欺凌你们的，请你们不要害怕！况且我所以领兵回驻霸上，不过是为了等各路诸侯到来后，订立一个约束大家行为的规章罢了。”随即派人和秦朝官吏一起巡行各县、乡、城镇，向人们讲明道理。秦地的百姓都欢喜异常，争相拿着牛、羊、酒食来慰问款待刘邦的官兵。刘邦辞让不肯接受，说道：“仓库中的粮食还有很多，并不缺乏，不想让百姓们破费。”百姓们更加高兴，唯恐刘邦不在秦地称王。[40]刘邦所做的一切，目的很明确，就是要笼络民心，为他日后取得天下打下坚实的基础。

《资治通鉴》中计划目的性的另一个案例是南北朝时期的一个例子。

公元529年，北魏北海王元颢在梁朝陈庆之率领的军队的辅助下，打败了北魏，北魏孝庄帝出逃，元颢占据了北魏的国都洛阳。北魏的尔朱荣听说孝庄帝向北方出逃，立即飞马前往会见孝庄帝，部署出兵讨伐元颢。十天之内，北魏军队便大批集结起来，粮食兵器等物资也陆续运到。尔朱荣与元颢的军队相持于黄河边上。陈庆之镇守北中城，元颢据守河桥南岸。陈庆之三天之中打了十一仗，杀伤很多北魏士兵。有一位夏州义士为元颢镇守河中渚，他暗中与尔朱荣串通好，请求为尔朱荣破桥立功。尔朱荣率兵赶到河桥，桥破之后，尔朱荣的部队没有接应上，元颢将通敌的士兵全都杀了，尔朱荣非常失望。元颢又派安丰王元延明沿黄河固守，北魏军无船渡河，便商议打算回师北方，以后再想办法攻打元颢。

黄门郎杨侃对尔朱荣说：“大王您从并州发兵的时候，是已经知道夏州义士会做内应所以才来的呢，还是想广泛施展您的雄才大略、匡复帝室才来的呢？用兵之事，谁不是打散了再聚集起来，伤好了再继续战斗。现在我们并没有受到损失，怎么能因这一件事没成功，便将所有计划就都废弃了呢？当今天下百姓望眼欲穿，就看您这一次的举动了。如果没有取得什么收获，您就很快回师的话，就会让百姓大失所望，各自考虑何去何从，今后谁胜谁负就难说了。现在不如征调百姓的木材，多做一些木筏，间杂一些舟船，沿黄河排列开来，数百里中，都做出渡河的架势。首尾相距很远，这样就使得元颢不知道该防哪里为好。一旦我军渡过黄河，一定能立下大功。”

高道穆对尔朱荣说：“当今圣驾被迫外出，皇上忧虑，臣下应当感到羞辱。大王您拥有百万大军，辅天子而令诸侯。如果分兵制造木筏，各个分散渡河的话，破元颢的军队易如反掌，为何却舍此北归，使元颢得以修治城池，整治兵器，在

40 《资治通鉴》编委会．资治通鉴（文白对照）[M]．北京：线装书局，2014：336~337.

四方征集兵员呢？这真是如同养虺成蛇，今后后悔不及啊！”尔朱荣说：“黄门郎杨侃已经谈了这一计策，我要跟大家商议一下。”

刘灵助对尔朱荣说：“不出十天，黄河以南一定会平定。”伏波将军、正平郡人杨檦跟他的族人住在马渚，他主动说家里有几艘小船，请求做向导。戊辰，尔朱荣命令车骑大将军尔朱兆和大都督贺拔胜率军捆绑木材做木筏，从马渚西边的硖石这个地方夜渡黄河，袭击元颢的儿子、领军将军元冠受的部队，并抓获了元冠受。安丰王元延明的士卒们知道了这一情况之后，纷纷溃散奔逃。元颢不知所措，只好率领数百名骑兵向南逃走。陈庆之收拢步兵、骑兵共几千人，结队向东逃归。元颢原先攻取的那些城池，全都又投降了北魏。[41]

二、计划的权变性及案例

（一）计划的权变性

计划是对组织未来的目标和行动的具体安排，未来却充满了众多的不确定性，这会带来组织外部环境和内部条件的不确定性及可变性，导致组织或个人制定计划的约束条件发生变化，计划不适应发生了的变化，需要根据变化了的外部环境和内部条件及时进行调整，否则会带来严重的不良后果。

在制定计划时，组织或个人必须具有权变性，保持一定的灵活性，留有一定的余地，制定的计划要具有一定的弹性。当外部环境和内部条件出现意外情况时，组织或个人能够根据自身的需要和条件及其环境变化，不必花费太大的代价就能对原计划做出必要的调整或修改，及时调整计划的方向和行动方案，以适应环境的变化，降低外部环境和内部条件意外变化引起损失的危险。

（二）计划权变性的案例

秦朝末年，刘邦是否应该重新扶立六国后裔，张良对这项计划的分析体现了计划的权变性。

公元前 204 年，郦食其建议刘邦重新扶立六国后裔。张良听说后坚决反对，认为形势不利于这样做，刘邦最后听从了张良的建议。荀悦论曰：确立决定胜负策略的方法，要点有三，一是形，二是势，三是情。所谓形，说的是得与失大体上的趋向；所谓势，说的是临时情况灵活应付和进退随机应变的形势；所谓情，

41 《资治通鉴》编委会．资治通鉴（文白对照）[M]．北京：线装书局，2014：6563~6564.

则指的是心理、意志向上坚定还是懈怠的实际心理。采用的策略相同，所干的事情相等，取得的功效却各异，即是这三个方面运用得不同的缘故。

所以说，应事的权宜机变是不能预先设计的，事态的变化是不能事先谋划的。随时机的转动而转动，应事物的变化而变化，是制订策略的关键。[42]

计划权变性的另一个案例是南北朝时期，萧衍起兵讨伐南齐东昏侯的例子。公元501年六月，江陵南齐萧宝融方面派遣卫尉席阐文去犒劳萧衍的军队，并且把萧宝融的尚书令萧颖胄等人的意见转达于萧衍："如今您把兵力停在汉口两岸，不合并诸军围攻郢城，平定西阳、武昌，夺取江州，这一机会已经失去了。现在不如求救于北魏，与他们联合起来，尚且不失为上策。"萧衍回答道："汉口路通荆州、雍州，控制秦州、梁州，一切粮草物资的运输，全从这里通过，所以我才决定兵压汉口，联结数州。现在如果合并各路军马围攻郢城，分兵前进，那么鲁山敌军必定会阻断沔水水路，这等于扼住了我们的咽喉。如果水路被阻断，粮草就难以运到。军队缺粮，自然会逃亡离散，这样的话，又如何能持久得了呢？邓元起近来想带三千兵力攻取寻阳，寻阳那边如果知道事态的发展，派一个说客去就够了；如果要抗拒我们的军队，那可远非三千兵力就可以攻取下来的；到时必然会进退失据，所以不见得可行。如果要占取西阳和武昌，很快就可以攻下来。既然攻下来，就应当驻兵镇守。但是，要想守住这两座城市，少于一万人是不行的，还必须要有相应的粮食物资供应，仓促之下难以筹措。如果东边军队前来，以一万人攻打这两座城，两城之间势必不能互相救援。如果我分派军队去救援，首尾兵力都将削弱。如果不派遣的话，孤城必然落入敌手。只要一座城丢失了，其他城也会相继土崩瓦解，如此则大势已去，谋求天下之大业也就宣告失败了。如果在攻下郢州之后沿江席卷而进，则西阳和武昌自然望风披靡，眼下何须分兵散众去攻打，自己给自己造成后患呢？另外，大丈夫举事是为了清理出通向朝廷之路，何况我们拥有数州的兵力来诛斩一帮小人，好比是悬河注火，哪里有不能熄灭的道理呢？另外，岂能求救于北方的戎狄，示弱于天下呢？他们也未必可以信任，求救于他们，我们只能是白白落下丑恶的名声，这实在是下策，怎么能说是上策呢？请您替我们转告镇军将军萧颖胄：下一步的攻取之事，只管交给我负责好了，事情明摆在那里，我完全清楚该如何行动，不要担心不能取胜，只是要借镇军将

42 《资治通鉴》编委会．资治通鉴（文白对照）[M]．北京：线装书局，2014：375、377．

军之威名来镇定军心罢了。”[43]后来，形势的发展正如萧衍所料。萧衍采取的行动，也是根据各种因素的限制情况，采取了合理的行动，最后大败南齐东昏侯的军队，最终夺取了天下。

三、计划的时间性及案例

（一）计划的时间性

计划的时间性是指不同的计划需要不同的时间来实现。有的计划涉及的内容较多，实现计划需要较长的时间。有的计划涉及的内容较少，实现计划需要的时间可能会少一点。

比如，战略计划是一个组织或个人长远的、全局的行动方案，是组织或个人对未来三年到五年甚至更长时间内的发展方向、主要任务等的谋划方案，实现这样的计划需要的时间较长；短期计划是组织或个人在一个较短时期内的行动方案，是组织或个人对未来几天到几十天、几个月期限内行动的谋划，实现这样的计划需要的时间较短。

（二）计划时间性的案例

春秋战国时期，燕国太子姬丹计划派人刺杀秦王嬴政，该行动就体现了计划的时间性。

公元前228年，燕国太子姬丹怨恨秦王嬴政，想要实施报复，为此征求太傅鞠武的意见。鞠武建议太子丹西与韩、赵、魏三晋订约，南与齐、楚联合，北与匈奴媾和，赖此共同图谋秦国。太子丹说：“太傅的计略虽好，但要实现它则是旷日持久的事情，令人内心烦闷、焦躁，恐怕不能再等待了。”

计划时间性的另一个案例是南北朝时期，梁国开国皇帝萧衍审时度势谋划的建国计划。公元499年，南齐皇帝萧宝卷不爱与朝臣们接触来往，专门宠信宦官以及身边左右御刀和应敕侍从。扬州刺史始安王萧遥光、尚书令徐孝嗣、右仆射江祏、右将军萧坦之、侍中江祀、卫尉刘暄六人轮流在朝中内省当值，轮到谁当值，谁就在当天的敕令后签署执行意见。

雍州刺史萧衍知道了这一情况之后，对担任录事参军的堂舅、范阳人张弘策说：“一国有三公已经不堪其乱，何况如今六贵同朝，他们之间势必互相图谋，因此必定

43 《资治通鉴》编委会．资治通鉴（文白对照）[M]．北京：线装书局，2014：6160~6161．

会发生动乱。要说避祸图福，哪里也比不上我们雍州，但是我的几个弟弟都在京城，恐怕会遭受乱世之患，所以我还要与吾兄益州刺史萧懿进行计议。”萧衍秘密地与张弘策加强武备，其他人则一律不得参与。萧衍又招集会聚骁勇之夫上万人，大量砍伐树木、竹子，沉于檀溪之中，茅草堆积得如山冈一般，然而都不使用。

萧衍的哥哥萧懿被免去益州刺史的职务，但仍然掌管郢州事务。萧衍派张弘策游说萧懿：“如今朝中六位权贵当权，各自发号施令，互相争权夺利，反目成仇，理当相互图灭。皇上从做太子起就没有好声誉，他轻慢身边的人，剽悍残忍，怎么肯把朝政委托于他们六人，自己只有虚位，凡事但作允诺而已呢？时间一长，皇上的猜忌之心必生，猜忌积久，必定要大兴诛戮。始安王萧遥光想充当西晋赵王司马伦的角色，其行迹已经可以看得出来。然而其性格猜疑，气量狭小，只能白白地成为祸患之由。萧坦之忌妒才能，处处想凌驾于别人之上。徐孝嗣受人牵使，江祏则优柔寡断，刘暄更是个糊涂软弱之人。有朝一日，祸乱爆发，朝廷内外必将土崩瓦解，支离破碎。我们兄弟幸好驻守外藩，应该为自身有所计谋。趁现在他们互相猜忌，还没有开始提防，我们应当把几个弟弟全都叫到身边来，不然的话，恐怕到那时拔足脱身都没有机会了。郢州在地理上可以辖控荆、湘，雍州则兵马精干强壮，如果天下太平，我们就竭诚为朝廷效力；如果天下大乱，凭我们的力量足以匡济天下。审时度势，该进则进，该退则退，这是确保万无一失的计策。如不及早打算，到时候后悔就来不及了。”[44]事实上，事态正如萧衍预料的那样发展。萧衍因为提前做好了各项计划，最后推翻了南齐，建立了梁朝。

计划时间性的另一个案例是南北朝时期东魏的一个例子。

南北朝时期，东魏行台郎中杜弼发现文武百官中许多人在位时都贪污公家的财物，就将这一情况告诉了丞相高欢，请他好好管一管。高欢说：“杜弼你过来，我对你讲，天下官员贪污公家的财物，很久以前就已经成为一种习俗。眼下都督、将军们的家属大多都在西魏的关西地区，宇文黑獭经常对他们进行招抚和引诱。从他们的内心来说，以后是离开还是留在这里都还确定不了。江东地区还有老头儿萧衍，他专门倡导推行儒家礼乐，以致中原地区的士大夫们心生向往之情，认为他那里才是正统所在。假如我整顿法制操之过急，不采取宽容的态度，那么都督、将军们都会归附宇文黑獭，士大夫们全去投奔萧衍。人才都失去了，还怎么成为

44 《资治通鉴》编委会．资治通鉴（文白对照）[M]. 北京：线装书局，2014：6097~6098.

一个国家呀？你最好暂且等待一段时间，我不会忘掉你的提议的。”[45]

四、计划的限定性及案例

（一）计划的限定性

计划的限定性是指组织或个人制定计划时，要充分考虑影响计划完成的各种因素，尤其要认真考虑对完成计划影响较大甚至是决定性的因素。与其他非决定性因素相比，这些因素决定了计划实现的程度，影响组织或个人目标的实现程度。虽然其他非决定性因素也有影响作用，但起不了决定作用。

在制定计划时，组织或个人应充分把握对完成计划起主要作用即限定作用的因素，有针对性地拟定各种方案，了解那些对实现目标起主要限制作用的因素可有带来的影响，选择有利于实现目标的方案，采取有针对性的对策与措施，保证计划方案达到组织或个人满意的效果。

（二）计划限定性的案例

计划限定性的一个案例是东汉时期东汉反击鲜卑，最后以东汉的失败而收场。

公元 177 年，护乌桓校尉夏育上书说：“鲜卑侵犯边界，自春季以来，已经发动了三十余次进攻。请求征调幽州各郡的郡兵出塞进行反击，只需经过一个冬季、两个春季，一定能够将他们完全擒获歼灭。”在此之前，护羌校尉田晏因事坐罪判刑，受到恕免，打算立功报答朝廷，于是请托中常侍王甫，请求朝廷准许他率军出击。王甫极力主张派兵和夏育联合进军，讨伐鲜卑，汉灵帝便任命田晏为破鲜卑中郎将。大臣多半反对派兵，于是汉灵帝召集文武百官在朝堂上集议。蔡邕发表意见说：“征讨外族，由来久远。然而时间有同有异，形势有可有不可，所以谋略有得有失，事情有成功有失败，不能等量齐观。以汉武帝的神明威武，将帅优良勇猛，财物军赋都很充实，开拓的疆土广袤辽远。然而经过数十年的时间，官府和人民都陷于贫困，汉武帝尚且感到后悔。今天人财两缺，何况和过去相比，国力又处于劣势。自从匈奴向远方逃走之后，鲜卑日益强盛，占据了匈奴汗国的故土，号称拥有十万军队，士卒精锐勇健，智谋层出不穷。现在边关要塞并不严密，法网禁令多有疏漏，各种精炼的金属和优良铁器，都外流到敌人手里，汉族人中的逃犯成为他们的智囊。他们的兵器锐利，战马迅疾，都已超过了匈奴。过去段

45 《资治通鉴》编委会．资治通鉴（文白对照）[M]．北京：线装书局，2014：6740~6741.

颎是一名良将，熟悉军旅，骁勇善战，然而对西羌的战事，仍持续了十余年之久。如今夏育、田晏的才能和谋略未必超过段颎，鲜卑民众的势力却不弱于以往。夏育、田晏竟然凭空提出两年灭敌的计划，自认为可以成功。倘若兵连祸结，不能中途停止，就不得不继续征兵增援，不断转运粮秣，结果为了全力对付蛮夷各族，使内地虚耗殆尽。边疆的祸患，不过是生在手脚上的疥癣一类的小患，内地困顿，才是生在胸背上毒疮一类的大患。如今郡县的盗贼尚且无法禁止，怎么能使强大的外族降服？”

汉灵帝不听，派遣夏育大军出高柳，田晏大军出云中，匈奴中郎将臧旻率领南匈奴屠特若尸逐就单于出雁门，各率骑兵一万余人，分三路出塞，深入鲜卑国土两千余里。鲜卑单于檀石槐命令东、中、西等三部首领各自率领部众迎战。夏育等人遭到惨败，甚至连符节和辎重全部丧失，各人只率领骑兵数十人逃命奔回，死去的士卒占十之七八。夏育、田晏、臧旻三位将领被装入囚车，押回京都洛阳，关进监狱。后用钱赎罪，贬为平民百姓。[46]

计划限定性的另一个案例是三国时期魏文帝计划进攻吴国，最后无功而返。

公元224年，魏文帝欲图大举攻吴，侍中辛毗劝谏说：“现在国家初步安定，土地虽然广阔，人口却很稀少。这时动用百姓的力量，臣下实在看不出有什么好处。武皇帝多次出动精锐，到达长江边就会退兵。现在我们的军队在数量和实力上并不比从前强大，却要再次前去报仇，这不是件容易的事。目前我们应采取的策略，莫过于休养民力，开垦田地。十年之后再用兵打仗，就能一举成功了。”

魏文帝说：“依你的意思，是要把孙权这个后患留给子孙了。”辛毗回答说：“从前周文王之所以把商纣王留给武王去消灭，是因为他知道时机尚未成熟。”魏文帝不听劝谏，留下尚书仆射司马懿镇守许昌。八月，魏文帝亲自乘龙舟指挥水军，沿着蔡河、颍水进入淮河，到达寿春。后来，魏文帝到达长江边，看到长江水势很险，且吴国有所准备，只好退兵。[47]

计划限定性的又一个案例是南北朝时期北魏萧宝寅谋反的例子。

公元527年，北魏萧宝寅谋反的苗头已经显露，元悦便奏请任命郦道元为关右大使。萧宝寅得知这一消息，认为郦道元是来收拾自己的，特别害怕。长安的轻薄子弟又劝说萧宝寅起兵，萧宝寅就起兵一事询问河东人柳楷。柳楷说：“大

46 《资治通鉴》编委会．资治通鉴（文白对照）[M]．北京：线装书局，2014：2318~2319.
47 《资治通鉴》编委会．资治通鉴（文白对照）[M]．北京：线装书局，2014：2865.

王您是齐明帝的儿子，天下归心于您，如果现在起兵谋事，正合众望。况且民谣说：'鸾生十卵九卵破，一卵不破关中祸。' 大王您该治理关中，有什么可怀疑的呢！" 郦道元到了阴盘驿，萧宝寅便派手下的将领郭子恢攻杀了他，收葬了他的尸体，然后上奏朝廷，说郦道元是被秦地的鲜卑人杀害，又上表替自己申辩，说杨椿父子陷害自己。

萧宝寅的行台郎中武功人苏谌卧病在家，萧宝寅命令苏谌的姨表弟、在自己手下担任开府属的天水人姜俭去游说苏谌。姜俭说："元略受萧衍的旨令，特意让他回来除掉我。郦道元前来，事不可测，我不能坐以待毙，现在必须为自身考虑，不再作魏朝的臣子了。死生荣辱，与您共享。"苏谌听了之后，放声大哭。姜俭立即制止了他，问他："为何这样子呢？"苏谌回答说："我一家百口如今即将遭屠灭，为何不哭呢！"又哭了几十声，才慢慢地对姜俭说："你替我告诉齐王萧宝寅，大王他本来是穷途之鸟投入林中，依靠朝廷给了他羽翼，才到了现在的荣宠程度。正值国家多事之秋，他不能竭忠报恩，反而想乘人之危，听信于道听途说之言，想以羸弱残败之兵把守潼关，窥伺皇位。如今国家的气运虽然衰败了，但天命还没有改变。况且大王他的恩义还没有遍及于民，所以只能看到他的失败，不会看到他的成功。我苏谌不能为了大王他而使百口之家遭受屠灭。"

萧宝寅又指使姜俭对苏谌说："我为了活命不得不这样干，之所以没有提前告诉你，是害怕坏了我的计谋。"苏谌说："凡是图谋大事，应当得到天下奇才同他一起共事。如今你只同长安的那些赌徒们策划，这能有成功的道理吗？我苏谌担心荆棘定将生满殿堂之中，愿您放我这把老骨头回乡去，或许可以病死在家，在九泉之下得见先人。"萧宝寅向来看重苏谌，并且知道他不会为自己所用，便允许他回武功去了。[48]

苏谌对萧宝寅造反计划能否成功的各种限制因素的分析，可以说十分到位。事实的发展也证实了苏谌的分析是十分正确的。

五、计划的群众性及案例

（一）计划的群众性

计划的群众性是指组织或个人在制定和实施计划的过程中，要充分依靠、广泛吸收广大群众的意见，充分发挥广大群众的智慧，听取广大群众的建议。这样

48 《资治通鉴》编委会．资治通鉴（文白对照）[M]. 北京：线装书局，2014：6514~6515.

制定出来的计划能够为广大群众所理解，能够在更大程度上调动广大群众执行计划的积极性和创造性。这样的计划既保障了制定时的科学性和适应性，也使计划有了坚实的群众基础。既能避免由少数人制定计划，最终却得不到群众理解的尴尬，也能避免广大群众抵制计划实施的情况发生。通过吸收广大群众参与制定和实施计划，能使广大群众自觉执行计划，保证计划的顺利实施。

（二）计划群众性的案例

计划群众性的一个案例是西汉时期谏大夫王吉对汉宣帝提出的建议。

汉宣帝颇注重修饰，其宫室、车马、服饰都超过汉昭帝之时。公元前61年，谏大夫王吉上书汉宣帝说："陛下以圣明的资质总揽万方事务，专心思虑天下大事，将实现太平盛世。每次颁下诏书，百姓就如同生命重新开始一样欢欣鼓舞。我想，这种情况可以说是陛下对百姓的最大恩德，却不能说是为政的根本。想使国家大治的圣主并不经常出现，如今公卿大臣有幸遇到圣主出现，言听计从，但未能制定出建立万世基业的长远规划，未能辅助圣明君主创立可与夏、商、周三代媲美的太平盛世。当今的政务主要着眼于朝会、财政报告、审判、处理讼案，这并不是建立太平盛世的基础。我听说老百姓虽然软弱，却无法战胜他们；老百姓虽然愚昧，却不可欺骗他们。圣主独处深宫，所作的决定恰当，则受到天下人的称颂，失当则被天下人议论纷纷，所以应小心地挑选身边的助手，审慎地择用执行命令的官员。使身边的助手能够帮助君王端正自身，执行命令的官员能够宣示圣德，这才是君王的根本要务。"[49]

计划群众性的另一个案例是公元494年，北魏孝文帝亲自挂帅入侵南齐的事例。

孝文帝要求大臣们讨论自己亲自挂帅入侵南齐的计划。大臣们有的认为不宜行动，有的认为可以行动。孝文帝说："众说纷纭，莫衷一是，使朕不知所从。如果想把行动与否的利弊得失讨论明白，应该分立宾主，互相引发，共同探讨。任城王和镇军将军为主张留下的一方，朕为主张行动的一方。诸位听取各方意见之长短得失，哪方所见高明就听从哪方的。"众人都说："很好。"

镇军将军李冲首先发表意见："我们认为目前正是迁都伊始，诸事草创之际，大家都想有一段安定的时期。再加上我们对作为内应的曹虎并没有细加审查了解，情况多有不明，所以不宜轻率行动。"孝文帝紧接着反驳道："曹虎投降一事虚实如何，确实还难以判定。如果曹虎投降是虚假的，朕也可以借此行巡视、抚慰

49 《资治通鉴》编委会．资治通鉴（文白对照）[M]．北京：线装书局，2014：1018.

淮水一带，访查、探问一下民间疾苦，使那里的百姓知道朕的仁政善德之所在，以便让他们产生归顺本朝的心思。如果曹虎之降属实，我们却没有及时加以接应，就会坐失时机，有负他的一片弃暗投明之诚心，无疑将毁败朕的宏大计略。”

任城王拓跋澄发表了自己的不同看法。他说：“曹虎没有派人质，也没有再派遣使者来联系，其中之诡诈是显而易见的。如今从代京新搬迁到这里来的民众，皆有留恋本土的心思。他们扶老携幼，长途跋涉，刚刚到达洛阳，居住房屋尚没有一间，食物储备没有一石。目前冬季将尽，春耕生产即将开始，正是《诗经》中所说的‘兴建屋室’‘耕作南亩’之时。在这种情况下，反而驱使他们披坚执锐，出征打仗，被迫面向敌人的刀枪，流血冒死，这样的出征恐怕并非当年武王伐纣、前歌后舞的正义之师。况且各路军马已经进发，他们之间能够互相接应。如果曹虎投降属实，就等待平定了樊、沔之后，陛下您再顺时而动，到那时銮舆前往，为时不晚呀！现在就轻举妄动，只能使军中上下疲劳。如果徒劳而返，恐怕有损我朝的天威，使贼军的气势更为嚣张，所以万万不是妥善之计。”

司空穆亮却认为宜于行动，其他臣僚也都同意他的意见。[50]

六、计划的系统性及案例

（一）计划的系统性

计划的系统性是指任何一项计划，都是在一定的外部环境和内部条件下制定和实施的，都要受到外部环境和内部条件的制约。计划的制定和实施要处理好计划与总体环境之间的关系，处理好局部与全局的关系，既要考虑国家的政策规定，也要考虑社会的需要，更要考虑计划涉及到的人员的具体需要。

计划的制定一定要坚持系统性，要处理好计划这个小系统与整体大系统的关系，保证计划小系统满足整体大系统的要求。也要处理好计划内部各子系统的关系，保证计划内部各个子系统相互协调、有机衔接，不能相互矛盾和脱节。

（二）计划系统性的案例

体现计划系统性的一个案例是三国时期曹操计划讨伐袁绍时，荀彧、郭嘉对这个计划的分析。

公元 197 年，曹操对荀彧、郭嘉说：“现在我准备讨伐背逆君臣大义的袁绍，

50 《资治通鉴》编委会 . 资治通鉴（文白对照）[M]. 北京：线装书局，2014：5992~5993.

但势力没有他强大，应该怎么办？”

荀彧、郭嘉他们回答说：“刘邦的势力比不上项羽，这是您知道的。刘邦只靠谋略就战胜了项羽，所以项羽虽强，最终仍被击败。如今袁绍有十项失败因素，而您有十项胜利因素，袁绍虽然强大，却不会有什么作为。袁绍讲究排场，礼仪繁多；您待人接物出于自然，这是在处世之道上胜过他。袁绍身为臣子，如果起兵进攻，便是叛逆；您尊奉天子以统率天下，这在道义上胜过他。自从桓帝、灵帝以来，政令失于松弛。袁绍却用松弛来补救松弛，因此缺乏法纪，令出不行。您用严厉来纠正松弛，使得大小官员都知道遵守法纪，这是在治理上胜过他。袁绍外表宽厚而内心猜忌，用人好起疑心，只信任亲戚子弟。您外表平易近人，内心机敏善察，用人不疑，只看才干，不问远近亲疏，这是在气度上胜过他。袁绍计谋多而决断少，往往错过时机。您制定了策略就立即施行，可以应付无穷的变化，这是在谋略上胜过他。袁绍喜欢高谈阔论，谦恭揖让，沽名钓誉，因此那些华而不实的士大夫多去投奔他。您以至诚待人，不虚情假意，忠诚正直、有远见和真才实学之士都愿意为您效力，这是在品德上胜过他。袁绍看到他人饥寒交迫，怜悯之情便在面色上显露出来，但对没有看到的，有时就考虑不周。您对眼前的小事经常忽略不管，但对大事以及与全国各地的交往，您所施的恩惠往往出人意料，对看不到的事情，也考虑得十分周全，这是在仁义上胜过他。袁绍手下的大臣争权夺利，互进谗言，混淆视听；您管理下属有方，谗言诬陷行不通，这是在明智上胜过他。袁绍做事没有标准，所是所非不可知。您对正直、有功的人礼敬有加，对邪恶、犯罪的人以法律制裁，这是在文治上胜过他。袁绍喜欢虚张声势，不知兵家要诀。您善于以弱胜强，用兵如神，部下信赖，敌人畏惧，这是在武功上胜过他。”[51]后来，曹操在官渡之战中以弱胜强，大败袁绍。

计划系统性的另一个案例是南北朝时期，北魏进攻巴蜀的计划。

公元505年，北魏王足围攻涪城，蜀人大为震惊和恐惧，益州的城堡有十之二三投降了北魏，百姓自动报上名籍的有五万多户。邢峦上表北魏宣武帝，请求乘胜进取蜀地，认为：“建康与成都相离万里之遥，陆路已经阻断，唯一可靠的就是水路。但是水军西上，没有一年的时间是到不了的，益州外无援军，这是可以攻取的第一点理由。蜀地前不久经历了刘季连反叛、邓元起攻打围困之事，物资储备空竭，官方和百姓都失去了固守的信心，这是可以攻取的第二点理由。萧

51 《资治通鉴》编委会．资治通鉴（文白对照）[M]．北京：线装书局，2014：2545~2546.

渊藻不过是一个衣装华丽而无真才实学的少年，完全不懂治理之道，过去的名将大多数都被他囚禁杀戮了，现在任用的，都是他左右的一些少年人，这是可以攻取的第三点理由。蜀地所依恃的只在剑阁，现在既攻克了南安，已经夺取了其险要之地，据此天险而向内推进，已占取了境内三分之一的地方。从南安向涪陵，道路宽展，可以双车并行，蜀军前军屡战屡败，后面的蜀军闻风丧胆，这是可以攻取的第四点理由。萧渊藻是萧衍的骨肉至亲，必定不愿以死固守。如果攻克涪城，萧渊藻怎肯待在城中坐而受困，必将望风而逃。他如果出战，无奈庸、蜀之地的士卒们才能低下且胆怯，弓箭缺少又无力，这是可以攻取的第五点理由。我为朝廷文官，不熟习军旅之事，但是幸赖将士们尽心竭力，以致频有捷报传来，尽管是那么微小而不足道。现在已经攻克重重险阻，民心归顺，观望涪、益两城，旦夕可得，只是因兵少粮缺，不宜前去攻打。但现在如不夺取，以后再攻打就难了。况且益州殷富，有十万户人家，与寿春、义阳相比，其利益高出三倍。朝廷如果想要攻取该地，就不应该失去这次机会。如果想要保护境内百姓安宁，则我待在这里实在无事可做，因此乞求归家侍养双亲。”[52]

邢峦攻取蜀地的计划可谓是全面系统，可惜北魏宣武帝没有听取邢峦的建议，导致功亏一篑。

第三节 《资治通鉴》中计划工作的程序

要得到一个有效的计划，在制定计划时，必须遵循一定的程序。制定计划的程序一般包括分析外部环境和内部条件、评估机会和明确目标。

一、分析外部环境和内部条件

计划工作的第一步，就是对组织外部的各种环境和内部的各种条件进行分析。组织的外部环境主要包括社会环境、政治环境、经济环境、技术环境、文化环境、气候条件、自然地理环境等。这些外部环境对组织的计划具有很大的影响作用，能影响组织的运行、发展和具体活动。组织的内部条件包括组织结构、组织资源、组织文化等。制定组织计划时必须考虑内部条件，这些条件制约着组织计划的制

52 《资治通鉴》编委会．资治通鉴（文白对照）[M]．北京：线装书局，2014：6261~6262.

定与实施。分析组织外部环境和内部条件，可以明晰组织内外环境存在的优势与劣势、机遇与威胁，为组织制定科学的计划奠定基础。

公元430年，刘宋文帝计划收复黄河以南的失地。北魏守卫南方边境的将领们上疏说：“宋人已经戒严，很快就要向我们进攻，我们请求增援三万人，在他们尚未进攻之前先发制人，主动迎击敌人，这样足以挫折他们的锐气，使他们不敢深入我们的国土。”边境将领请求把边境一带黄河以北的流民全部屠杀，以便断绝刘宋军的向导。北魏太武帝拓跋焘命令朝廷中的文武大臣讨论，大家全都同意。崔浩却说：“不行！南方地势低洼潮湿，入夏以后雨水增多，草木茂盛，地气闷热，容易生病，不利于军事行动。况且宋国已经加强戒备，因此城防一定坚固。我们的军队驻守城下，长期进攻，后方粮秣供应就会接济不上。把军队分散，四处掠夺，会使本来集中的力量分散削弱，没有办法对付敌人。在眼下这个季节出师进攻宋国，我没有看出有什么好处。宋国的军队假如真的敢来进攻，我们应当以逸待劳，与他们周旋。等到秋天天气凉爽，战马肥壮的时候，夺取敌人的粮食，慢慢进行反击，这才是万全之计。朝廷中文武群臣和西北边防守将跟从陛下出征作战，向西削平了夏国的赫连氏，向北大破柔然汗国，俘获了许多美女、珍宝和成群的牛马。驻守南部边境的将领们听说后羡慕不已，也想南下攻打宋国，抢劫资财。他们都是为了自己的利益，却为国家惹是生非，他们的请求万万不可答应。”

南部边防守将又上疏奏报：“南方的敌寇已经攻来，我们的兵员太少，请朝廷挑选幽州以南的劲旅帮助守卫城池，并请在漳水沿岸建造战舰，抵抗宋兵的进攻。”北魏朝中的文武大臣们，都认为应该批准这项请求，并应该任命司马楚之、鲁轨、韩延之等为将帅，使他们招诱刘宋的百姓归附。崔浩却说：“这不是长久之计。司马楚之等人都是宋国畏惧和忌惮的人物，如今宋国一旦听说我们调动幽州以南全部的精锐部队，并且建造舰只，又有大批轻骑兵为后继部队，他们一定以为我们的朝廷打算恢复司马氏的政权，消灭刘氏家族，一定会全国震惊，害怕灭亡。在这种形势下，他们就会动员全国的精锐部队，齐心协力，拼死抵抗。这样一来，我们南方驻防的各将领就无法抵抗宋军的攻势。现在诸位大臣打算用声威击退敌人，其结果只能是加速他们的进攻。虚张声势，却招来了实际的危害，指的正是这种做法。让司马楚之这些叛变过来的将领去攻打宋国，宋国一定北来；不去，他们一定停止，这是必然的。司马楚之这些人都是目光短浅、贪图小便宜的人物，只能招集一些见识浅薄的无赖之徒，不能成就大事，白白使国家兵连祸结而已。

当年鲁轨劝说姚兴派叛人夺取荆州，刚进入东晋境内，大军突然瓦解，士卒被南蛮人活捉，卖为奴隶，造成的灾祸最终殃及姚泓，这是大家看得到的结果呀！”[53]后来的事实证明，崔浩对这两个计划外部环境和内部条件的分析都很透彻，也十分正确。

不能正确分析外部环境和内部条件招致失败的案例，还有东晋何无忌不听劝阻贸然迎击卢循致败的事例。

公元410年，卢循进攻东晋，东晋安成忠肃公何无忌从寻阳带兵出发迎击卢循。长史邓潜之劝阻说：“国家的安危存亡，就在这次行动了。听说卢循军队的船只设备精良，气势盛大，又位于赣江的上游，所以我们应该挖开南塘的堤坝，使赣江水位下降，然后坚守豫章、寻阳两座城，等待他们。他们一定不敢放下我们不管，径自向更远的地方进发。我们正好积蓄力量，养精蓄锐，等待他们疲惫不堪之后，再发动进攻，这是万全之策。现在，以一战决胜负，万一我们失利，后悔也就来不及了。”参军殷阐说：“卢循所带部队都是三吴一带过去的强盗，身经百战，颇有勇力。在始兴招募的溪族兵丁，也都力大敏捷，善于争斗，不应该轻视。将军应该留在豫章屯守，征招兵丁集中到这里。等各路大军到齐之后，再一起出战，也不算太晚。如果仅仅依靠现有的这些军队轻易前进的话，恐怕将来您一定后悔。”何无忌并不听从。[54]后来何无忌与卢循的军队遭遇，东晋军队大败，何无忌战死。

二、评估机会，明确目标

计划工作的第二步是在分析组织外部环境和内部条件的前提下，对计划的各种先决条件进行分析、预测和选择，再根据组织自身的利益需要，在对各种因素进行预测的基础上，评估计划实施的各种机会，明确组织的总体目标。根据总体目标的要求，在正确评估组织各种资源的情况下，分解总体目标，形成由各个子目标组成的体系，通过达成各个子目标，保证总体目标的实现。

公元430年，夏王赫连定亲自率领数万人进攻北魏，又派出使臣出使刘宋请求和解，约定联合起来灭掉北魏，预先瓜分黄河以北地区。北魏国主拓跋焘得到这个消息，立即动员军队，准备进攻夏国。朝廷中的文武群臣都说：“刘义隆的大军还在黄河中游逗留，我们却放弃南方的防御，转赴西征。前面夏国的军队未

53 《资治通鉴》编委会．资治通鉴（文白对照）[M]．北京：线装书局，2014：5182~5183.

54 《资治通鉴》编委会．资治通鉴（文白对照）[M]．北京：线装书局，2014：4886~4887.

必能一举攻克，后方刘义隆就要举兵渡过黄河，乘虚而入，这样我们就会失去太行山以东的大片领土。”

拓跋焘又征求崔浩的意见，崔浩回答说：“刘义隆与赫连定遥相勾结，互相呼应，只不过是虚张声势，一唱一和，共同窥伺强邻。刘义隆希望赫连定大举进攻，赫连定却等待刘义隆先进攻，结果没有一个敢先打进我们的国土。他们就像捆缚在一起的两只鸡一样，不能同时起飞，当然也就不会产生威胁。我当初认为：刘义隆的大军开来，应该据守黄河中游，分兵两路北伐。东路军直指冀州，西路军则进攻邺城。这样一来，陛下您就可以亲自出马打击他们，不能怠慢。现在的形势发展却完全不同，宋军从东向西所设防线长达两千里，每个地方分布的兵力最多不过几千人，兵力分散，力量削弱。如此看来，他们困顿虚弱的本质已经暴露无遗，这只不过是打算固守黄河防线，并没有北伐的意图呀。赫连定就像枯树的残根，很容易摧毁，一击就倒。我们攻克赫连定以后，就可以东出潼关，席卷向前，必会威震最南面的地方，而长江、淮河以北将没有一根草可以生存。皇上的英明决断，不是一般愚劣之人所能领会的，希望陛下不要迟疑。”[55]后来北魏灭掉夏国，大败宋国，形势的发展跟崔浩预先确定的目标完全一样。

三、选择方案

设计实现目标的各种可行方案，拟定达到目标的具体步骤，通过可行性研究和技术经济论证，依目标、前提、机会、成本、利润标准对各方案综合评价，选择满意方案，即进行决策，确定实现目标的最佳方案和备选方案。

公元474年，柔然汗国攻击北魏的敦煌，被敦煌的尉多侯击败。尚书奏称：“敦煌地方偏僻遥远，夹在西方、北方两大强寇之间，恐怕不能自保。不如放弃城池，把全部百姓迁到凉州。”文武官员集会商议，都认为这个观点很对，只有给事中昌黎人韩秀反对。韩秀认为：“敦煌设置城池，为时已经很久，虽然逼近强大的贼寇，但百姓对沙场战斗已经习以为常，即使有几个小贼，也翻不起大浪。按照平常的驻防，足以保全自己。另外，敦煌的地理位置非常重要，可以隔断西方、北方二敌的接触，使他们不能往来。如果把当地的百姓强行迁到凉州，不但蒙受丧失国土的罪名，而且姑臧距离敦煌有千里之遥，布防、巡逻都非常困难，两个强敌一定有联盟、侵略的野心。如果扰动了凉州，那么关中百姓就无法安心生活。同时，

55 《资治通鉴》编委会．资治通鉴（文白对照）[M]. 北京：线装书局，2014：5189~5190.

官员或百姓如果有人因安土重迁而招引外寇前来，里应外合，势必成为国家深远的祸患，不可不慎重考虑。”于是，北魏放弃敦煌的计划才停止。[56]

选择方案的另一个案例是南北朝时期西魏宇文泰攻打东魏高欢军队的事情。

公元537年，东魏丞相高欢率领军队进攻西魏。东魏的高欢把部队驻扎在蒲坂，建造了三座浮桥，准备渡黄河。西魏丞相宇文泰把部队驻扎在广阳。宇文泰对手下的各位将领说：“贼兵从三个方向牵制我们，又建造了浮桥来表明他们一定要渡河，其实他们的用意不过是想在这里牵制我军，使窦泰得以西进。高欢自从起兵以来，窦泰经常充当他的先锋，手下有许多精锐的士兵。窦泰打了几次胜仗以后，已经变得骄傲起来，现在要是进行袭击的话，一定能够大败他们。打垮了窦泰，高欢就会不战而撤。”

各位将领都说：“贼兵就在近处，我们舍弃近处的敌人而去袭击远处的，假如出现失误，那就后悔莫及了，不如分兵抵御他们。”丞相宇文泰又说：“高欢第二次攻打潼关的时候，我们的军队始终没有离开灞上，现在他们向我们发起大规模的进攻，会认为我们当然要作自我防守，由此产生轻视我们的思想。借这个机会袭击他们，还怕不能取得胜利吗？贼兵虽然搭起了浮桥，但还不能径直渡河，用不了五天，我将一定捉住窦泰！”

行台左丞苏绰、中兵参军代州人达奚武也认为宇文泰的话很有道理。庚戌，丞相宇文泰返回长安，各位将领中有同意宇文泰意见的，也有不同意的。丞相宇文泰先不提自己的计谋，而是找到担任直事郎中的侄子宇文深，问他有什么打退敌人的计划。宇文深回答说：“窦泰是高欢手下骁勇的将领，如今我们的大军是攻打蒲坂。高欢坚守不出，窦泰前来救援，我们就会出现内外受敌威胁的局面，这是一条危险的道路。不如选出一支轻装精锐部队悄悄地从小关出去，窦泰性格急躁，必定来同我们进行决战。高欢老成持重，不会立即救援，这样的话，我们迅速出击窦泰，就一定能够捉住他。捉住了窦泰，高欢的进攻自然就被阻止，我们再掉过头来袭击他们，就一定可以取得胜利。”丞相宇文泰听了之后说道：“这也是我的想法。”

于是丞相宇文泰声称要保住陇右地区。辛亥，丞相宇文泰拜见了西魏文帝后，悄悄带领部队从东面出去，癸丑早上到达了小关。窦泰突然听说敌军到了，连忙从风陵渡过黄河。丞相宇文泰出兵马牧泽，攻击窦泰，打得他一败涂地，全军覆没，

56 《资治通鉴》编委会. 资治通鉴（文白对照）[M]. 北京：线装书局，2014：5715.

最后窦泰自杀，宇文泰叫人把他的头颅送到了长安。东魏丞相高欢因为黄河上的冰太薄，无法赶去救援，只好拆除浮桥撤退。仪同代州人薛孤延担任全军后卫，一天之内连续激战，砍坏了十五把战刀，才得以撤回。西魏丞相宇文泰随后也率领部队返回长安。[57]

四、合理配置资源

计划目标确定后，要保证计划的顺利完成，就要科学配置并充分利用完成计划的各种资源。资源是有限的，合理配置资源就要对有限的资源进行合理分配和使用，根据计划各个相关目标的轻重缓急配置资源，保证重点目标能够得到充足资源，提高资源使用效率，避免浪费资源。

公元450年，刘宋文帝想要攻伐北魏。当时全国军队大规模动员，上起王公、王妃、公主及朝廷官员、牧守，下到富有的民众，每人都捐献出金银、玉帛及其他物品来支持国家的用度。因为兵力不足，又动员并征召了青州、冀州、徐州、豫州、北兖、南兖六个州的青壮年，以每三个壮丁抽一人、每五个壮丁抽二人的比例进行征召，也可以雇用他人代替参军。命令到达之日起，十天时间整理行李衣物，然后出发。沿长江五郡的应征青年在广陵集合，淮河一带三郡的应征青年在盱眙集合。同时，朝廷又募集国内有骑兵、步兵专长的勇武壮士，对他们加以厚赏。有关部门又向朝廷启奏说军队费用、物资不充足，因此，扬州、南徐州、南兖州、江州四州，凡是富足人家家产超过五十万钱的，僧侣尼姑积蓄满二十万钱的，都要借出四分之一来供军队急用，战事结束即归还。[58]

五、执行计划

计划编制完成后，组织或部门要按照计划的要素与要求，依据外部环境和内部条件，合理配置资源，协调各个单位和人员的行动，组织人员共同为实现目标而努力，确保实现目标。

执行计划的一个案例是南北朝时期北魏讨伐萧宝寅的例子。

公元528年，北魏萧宝寅造反，包围了冯翊县城，没有攻下。北魏长孙稚的军队讨伐萧宝寅，到了潼关时，遇到敌人据关阻挡，难以攻取。长孙稚的军队到

57 《资治通鉴》编委会．资治通鉴（文白对照）[M]．北京：线装书局，2014：6732~6733.
58 《资治通鉴》编委会．资治通鉴（文白对照）[M]．北京：线装书局，2014：5382.

了恒农后，行台左丞杨侃对长孙稚说："从前魏武帝曹操跟韩遂、马超在潼关交战，相持不下，韩遂、马超的才能，远不能与魏武帝相匹敌，但很长时间决不出胜负来，原因就在于韩遂、马超扼守住了险要关口。现在敌人守备防御已经稳固，即使魏武帝曹操再生，也施展不出他的本事。您不如向北夺取蒲反城，渡过黄河向西，进入敌人的腹地，置军于必死之地，这样华州之围就会不战自解，潼关守敌必定顾虑后方而逃走。周围的城池解决了，长安城便可坐而取之。如果我的计策可行的话，我愿意为您做前锋。"长孙稚说："您的计策倒是很好，但是现在薛修义包围着河东，薛凤贤据守着安邑，宗正珍孙把守着虞坂，无法通过，怎么能达到呢？"杨侃说："珍孙只不过是一介武夫，因偶然的机缘得以成为将领，他只能被人驱使，哪能指挥得了别人！河东郡的治所在蒲反城，蒲反城西边靠近黄河，所辖区域大部分在郡治所的东部。薛修义率军队、百姓向西包围了郡的治所蒲反城，他们的父母、妻子、儿女却还都留在原来的村庄，一旦听说官军到了，他们都会有内顾之忧的，一定会望风披靡，不战自溃。"于是，长孙稚便派儿子长孙子彦与杨侃一起率骑兵从恒农北渡黄河，占据了石锥壁。杨侃声言："现在暂时停在这里等待步兵，并且看一看民心所向。"于是命令那些送来投降者名单的人各自回到村庄，并且告诉他们："等到官军燃起三堆烽火时，你们也要燃起烽火相呼应。那些不举烽火呼应的人，便是贼军的同党，要杀掉他们，将没收的财产犒赏军队。"于是村民们相互转告，即使内心不想投降的人也假装举起烽火，一夜之间，火光遍布数百里。围攻蒲反城的贼兵不知其中原委，各自溃散逃归。薛修义也逃回了老家，与薛凤贤一起请求投降。丙子，长孙稚攻克了潼关，于是进入了河东郡。[59]

---

59 《资治通鉴》编委会．资治通鉴（文白对照）[M]. 北京：线装书局，2014：6520~6521.

第三章 《资治通鉴》中的组织管理

组织管理是管理工作的基本内容之一。为了实现组织目标，组织管理工作能够保障组织按一定的关系有序运转，建立组织运行需要的纵向、横向架构和岗位设置，以及各个岗位的基本职能和彼此关系。然后，针对岗位设置，对组织的人、财、物、信息和组织文化等资源进行有效配置，建立一系列规范和制度，建立保证组织正常运转的结构和文化，使其既有分工又有协作。同时，组织还要根据组织运行情况和主客观因素的变化，不断对组织的原有结构和文化进行调整和变革，以保障组织不断适应环境，正常运转。

组织管理工作是一个组织的基本工作，组织工作恰当与否，决定着管理工作的效率和效果，决定着组织目标能否实现。组织管理工作恰当，对组织发展起到巨大推动作用的一个典型案例，是战国时期公孙鞅对秦国的组织改革。周显王十九年，秦国公孙鞅把四散的小村落合并到一起，成为一个县，设置县令、县丞等官员，共设了三十一个县。还废除旧的井田制度，打破原来的土地疆界，并统一斗、桶、权、衡、丈、尺等计量单位。[60]这些变革对秦国的快速发展起到了巨大的推动作用。

组织管理工作一般包括组织架构设计、明确岗位职责、组织文化建设等。

第一节 《资治通鉴》中的组织设计

对一个组织或部门来说，组织设计具有十分重要的意义。组织设计工作是一

60 《资治通鉴》编委会．资治通鉴（文白对照）[M]．北京：线装书局，2014：53.

个组织正常运行的基础，是组织运行的首要工作。只有设计完成组织结构，组织才能正常运行。

一、组织设计

组织设计就是为完成某项工作或达成某个目标，需要在组织内部建立一个纵横交错的架构，设置一系列的部门和岗位，明确每个部门和岗位的职能和职责，建立一系列规范和制度，并根据环境的变化不断调整组织架构、岗位及规范和制度，保障组织能够长期健康地生存。

组织设计就是根据组织要完成的目标，在纵向上设立组织的各个层级，在横向上设立组织的各个部门，明确各个层级之间的关系，明确各个部门的职能，建立纵向和横向两个方面的组织结构框架。

组织结构形式，就是组织结构设置的具体模式，包括纵向设计解决的层次划分问题（层次划分是为了建立领导隶属关系）和横向结构设计解决的部门划分问题（部门划分是为了明确职能分工，建立分工协作关系）。为了保障划分的组织层次和部门之间有机衔接，需要通过职责、职权及它们之间明确的相互关系，确定组织中各项任务的分配与责任归属，以求分工合理，职责分明，实现纵横有机结合，从而有效地实现组织的目标，由此也会形成不同类型的组织结构。

组织只有合理地设置各组成要素相互联结的框架，才能保障组织各组成部分（包括层级、部门以及人、财、物和信息）在整个组织中分工协作，有效配合，才能形成相互关联的相对稳定的有机体，成为一个有生命的活生生的存在，保障组织的顺利成长和发展。

二、组织设计的运用

组织设计合理，对组织的发展会起到巨大的推动作用。

组织设计合理的一个案例是春秋战国时期苏秦建立的六国联盟。

春秋战国时期，苏秦游说六国，成为六国联盟的纵约长，兼任六国的国相。苏秦先后游说燕文公、赵肃侯、韩宣惠王、魏王、齐王、楚威王，给各国国君指出各国唇齿相依的关系，分析了联盟对抗秦国的好处以及不联盟的弊端，各国同意成立共同对抗秦国的联盟。联盟成立后，一度致使强大的秦国无法进攻或兼并其他六国。

组织设计合理的另一个案例是春秋战国时期荀况对军队建制的设置。

春秋战国时期，临武君问荀况："请问圣明君王的军制该怎样。"荀况说："将领建旗击鼓号令三军，至死也不弃鼓奔逃；御者驾战车，至死也不放松缰绳；百官恪守职责，至死也不离开岗位；大夫尽心效力，死于战阵行列。军队听到鼓声即前进，听到钲声即后退，服从命令是最主要的，建功还在其次。命令不准前进而前进，犹如命令禁止后退还要后退一样，罪过是相等的。"[61]

组织设计合理的又一个典型案例是秦国建国后实行郡县制。

秦始皇兼并六国，统一天下后，丞相王绾说："燕、齐、楚三国的故地距都城咸阳过于遥远，不在那里设置侯王，便不能镇抚。因此，请分封诸位皇子为侯王。"始皇帝将这一建议交给大臣评议。廷尉李斯说："周文王、周武王分封子弟族人非常多，他们的后代彼此疏远，相互攻击如同仇敌，周天子也无法加以制止。现在四海之内，仰仗陛下的神灵获得统一，全国都划分为郡和县，对各位皇子和有功之臣，用国家征收的赋税重重给予赏赐，这样可以非常容易地进行控制，使天下人对秦朝不怀二心。这才是安定国家的方略，分封诸侯不适宜。"始皇说："天下人都吃尽了无休止的战争之苦，全是因为有诸侯王存在的缘故。今日依赖祖先的在天之灵，使天下初步平定，假若又重新封侯建国，便是自己招引兵事，培植战乱，似此而想求得宁静、养息，岂不是极困难的事情吗？廷尉的主张是对的。"于是，始皇帝下令把全国划分为三十六个郡，每郡设置郡守、郡尉、监御史。[62]秦朝的郡县制设置较为科学合理，顺应了历史发展的需要，对中国以后的历史进程产生了较为深远的影响。

再如，公元 120 年，北匈奴率领车师后王军就，一同杀死东汉后部司马及敦煌长史索班等人，乘胜赶走车师前王，控制了西域北道。鄯善国形势危急，向东汉求救。朝中公卿多数认为应当关闭玉门关，和西域断绝关系。邓太后询问班超之子、军司马班勇的意见。班勇建议道："从前，孝武皇帝因匈奴强盛而感到忧虑，于是开通了西域。评论者认为，这一举动夺取了匈奴的宝藏，切断了匈奴的右臂。光武帝使大业中兴，未能顾及外部事务，因此，匈奴得以仗恃强力，驱使各国服从。到了永平年间，匈奴再次进攻敦煌，只是河西地区各郡的城门白天关闭……在遥远的蛮荒地区建立功业，可能性极其微小。如果导致连年战争，祸事不断，则将

61 《资治通鉴》编委会．资治通鉴（文白对照）[M]．北京：线装书局，2014：211.
62 《资治通鉴》编委会．资治通鉴（文白对照）[M]．北京：线装书局，2014：260~261.

后悔莫及。况且如今国库并不充足，大军没有后继力量，这是向远方异族显示我们的弱点，向天下暴露我们的短处。从前敦煌郡有营兵三百人，现在应当恢复，并重新设置护西域副校尉，驻扎敦煌，如同永元年间的旧例。还应派遣西域长史率领五百人驻扎楼兰，在西方控制焉耆、龟兹的通道，在南方增强鄯善、于阗的信心和胆量，在北方抵抗匈奴，在东方捍卫敦煌。我确信这是上策……如今在西域设置西域校尉，是用来保护安抚西域；设置长史，是用来招揽怀柔各国。假如放弃西域，不设置校尉、长史，那么西域就会对汉朝绝望，绝望之后就会屈从北匈奴，汉朝的沿边各郡就将受到侵害，恐怕河西地区又将有白天关闭城门的警报了。”[63] 后来事实证明，班勇对恢复设置敦煌郡并重新设置护西域副校尉的建议是正确的，确保了西域的稳定。

组织设计合理的又一个案例是南北朝时期北魏设置基层组织。

北魏开始没有地方基层行政组织法规，只有大家族宗主来监督地方行政事务。老百姓大多隐瞒或假冒别人的户籍，有时三五十家才有一个户口。针对这种情况，内秘书令李冲上疏说：“应该根据古代的方法，五户设立一个邻长，五邻设立一个里长，五里设立一名党长，选派乡人中强干而又谨慎的人担任。邻长家免除一个人的差役，里长家免除两个人的差役，党长家则免除三个人的差役。三年之内没有过失，加升一级。对老百姓征收的户调，一对夫妇征收一匹帛，二石粟米。大体上十匹交给国库，两匹作为额外追加，三匹作为支付朝廷文武百官的俸禄。除此还有杂税。老百姓在八十岁以上的，可以免除一个儿子的差役。孤儿、孤寡老人、残疾人及久病不愈者、贫穷无法养活自己的人，由邻长、里长和党长轮流供养。”后来，北魏开始建立党长、里长、邻长制度，重新核定百姓户籍。老百姓开始为此愁苦不安，豪强士族们尤其反对。不久，赋税征收额减少到过去的十几分之一，豪强、百姓才安下心来。[64] 北魏建立国家基层组织，为国家管理奠定了坚实的基础，对国家的稳定发展产生了重要作用。

如果组织设计不合理，就会给组织带来严重的不良后果，其中一个典型的案例是西汉时期设置诸侯国。

公元前 174 年，梁国太傅贾谊向汉文帝上疏说：“我私下考虑现在的局势，应该为之痛苦的……封立的诸侯王过于强大，必定产生君臣上下相互猜疑的形势，

63 《资治通鉴》编委会 . 资治通鉴（文白对照）[M]. 北京：线装书局，2014：1990~1992.
64 《资治通鉴》编委会 . 资治通鉴（文白对照）[M]. 北京：线装书局，2014：5841~5842.

封王多次遭受祸殃，陛下经常为此担忧，这根本就不是安定君主、保全臣子的好办法。现在有的诸侯王本是陛下的亲弟弟，却图谋称东帝，有的本是陛下的亲侄子，却要发兵向西攻打京师。最近又有人检举吴王图谋不轨。现在陛下正当年，朝政没有过失，恩德有加，他们还做出这般事情，更何况那些最大的诸侯王国，权力几乎是上述几王的十倍呢！……我私下追寻前事的踪迹，大体上是势力强大的诸侯王先造反。长沙王国只有两万五千户百姓，在高祖封立的功臣王中，长沙王吴芮功劳小，但他的封国保存最完整，与朝廷的关系疏远，却最忠心。这不仅因为吴芮为人与其他诸侯王不同，也是国小势弱这种客观形势使他这样的。假设当初让樊哙、郦商、周勃、灌婴各自占据数十城的封地而称王，到今天很可能已经残灭了；假若让韩信、彭越一类人物受封为彻侯，他们得以保全至今也是可能的。那么，治理天下的根本大计就可知了：要想使受封的诸侯王都忠于朝廷，最好的方法是让他们都像长沙王那样国小势弱；要想使臣子不被诛杀，剁成肉酱，最好的方法是让他们都像樊哙、郦商等人那样；要想使天下长治久安，最好的方法是分封许多诸侯王国，削减每个王国的实际力量。王国势弱，就容易约束诸侯遵守礼义，封地狭小，诸侯就不会有野心。这样就能使全国的形势如同身躯指挥胳臂，胳臂指挥手指，都能服从命令，诸侯王国的封君不敢产生异心，从四面八方一致听从天子指挥。分割王国的封地，订立制度，把齐、赵、楚各自分为若干个小国，使齐悼惠王、赵幽王、楚元王的后世子孙都按次序得到其祖先的一份封地，直到土地全部分割完毕为止；那些封地被划分为许多小国而国王子孙很少的封国，先把分割的小国建立起来，暂时空悬封君之位，等生育了子孙之后，再让他们做先已建立的小国的封君；原属诸侯王国所有的每一寸土地，每一个百姓，天子都不贪图，这样做只是为了实现天下大治而已。如果做到这些，就是让婴儿做皇帝也会安宁无事，甚至皇帝去世，只留下遗腹子，群臣对先帝的衣物朝拜，天下也不会发生动乱；这样，皇帝在世时可以实现大治，后代人也会称颂圣明。”[65]汉文帝开始没有听从贾谊重新设置诸侯国的建议，后来发生了七国之乱。七国之乱平定后，西汉对诸侯国进行了重新设置，诸侯国势力的威胁基本被清除，中央集权得到了巩固和加强。

---

65 《资治通鉴》编委会．资治通鉴（文白对照）[M]．北京：线装书局，2014：540、541、542、543.

第二节 《资治通鉴》中的组织原则

对一个组织来说，组织原则十分重要。为了保障组织工作的顺利进行，组织工作必须根据一定的原则进行，否则将导致混乱无序，无法正常运行，对组织的健康发展产生不利影响。

一、组织原则

组织原则是指为了能够高效率地完成组织的各项任务，建立一个完善的组织系统，设计和建立合理的组织结构，在进行组织结构设计时必须遵循的一些基本原则。

建立并维持一个良好的组织结构及其形式，能够更好地促进组织目标的实现。组织工作必须遵循分工协调原则、权责一致原则、统一指挥原则、因事设岗原则和管理宽度适度原则。

二、组织原则的运用

（一）分工协调原则的运用

1. 分工协调原则

分工协调就是分工负责，协调配合。分工负责就是组织按照专业化原则和工作效率的要求，把某项工作分配给某个层级、某个部门或者某个专门人员去专门负责执行和完成，同时，明确每个层级、每个部门、每个人应承担的职责和拥有的职权，保证事事能够高效率完成。协调配合就是组织制定一定的规则，使内部上下左右每个部门、每个人员都能够达到有机协调，相互配合，保证组织的正常顺利运转。协调既包括部门之间的协调，也包括部门内部的协调。

组织的各项任务和工作分工以及彼此间的协调越合理顺畅，说明组织结构的设计越合理。反过来，组织结构设计合理能使组织工作的分工和协调合理顺畅。

2. 分工协调原则运用案例

《资治通鉴》中对分工协调原则运用的一个案例是西汉汉文帝时期的一个例子。

汉文帝时期，一次朝会时，文帝问右丞相周勃说："全国一年内判决多少案件？"周勃谢罪说"不知道"。文帝又问："一年内全国钱谷收入有多少？"周勃又谢罪说"不知道"。紧张和惭愧之下，周勃汗流浃背。文帝又问左丞相陈平，陈平说："陛下如果要了解诉讼刑案，应该责问廷尉；如果要了解钱谷收支，应该责问治粟内史。"文帝说："假若各事都有主管官吏，那么您是负责什么事情的呢？"陈平谢罪说："陛下由于不知道我平庸低能，任命我为宰相。宰相的职责是对上辅佐天子，理通阴阳，顺应四季变化；对下使万物各得其所；对外安抚四夷和诸侯；对内使百姓归附，使卿大夫各自得到能发挥其专长的职务。"文帝这才赞好。[66]

《资治通鉴》中对分工协调原则运用的另一个案例是三国时期魏国的一个例子。

公元223年，治书执法高柔代理廷尉。当时三公没有具体事务，又很少参与朝廷的政治决策，高柔向魏文帝上书说："三公辅佐大臣都是国家的栋梁，为百姓所瞩目。现在虽设置三公的职位，却不使他们参与朝政，他们只好各自修养，安度晚年，很少提出建议，这实在不是朝廷尊崇和使用大臣、要他们献计献策的本意。在古代，刑罚和政令有疑问时，都与三公和大臣在槐树、棘木之下商议。从今以后，朝廷在政治措施上有疑问，有关系到刑狱的大事，应该多征求三公的意见。三公在每月初一、十五上朝的时候，还要特别请他们分析讲解政策得失，以求尽量了解事实，这样既可以启发您的思路，弥补考虑不周之处，还能使您的威德更加发扬光大。"魏文帝很赞赏地采纳了这一建议。[67]

《资治通鉴》中对分工协调原则运用失败的案例是南北朝刘宋时期的一个例子。

刘宋明帝后期，随着萧道成逐渐掌握朝廷权力，明帝的亲信宠臣全部离开朝廷重位。沈约论曰：君王面向南面而坐，皇宫九重，与民间隔绝。早晚奉陪的都是受宠的左右侍从，与朝廷大臣相距甚远。上下情况的沟通，应该由固定的机构执行。到后来，这些侍从由于生活上亲近而受到恩宠，由于宠爱进而受到信任。在君王眼中，左右侍从没有使人畏惧的力量，而只有取悦于人的脸色。文帝、明帝虽独揽大权，可是刑事案件和政治事件纠缠复杂，不可能全部了解。把左右侍从作为耳目，于是事权就落到了他们手里。他们观察人主的喜怒哀乐，顺着人主

66 《资治通鉴》编委会．资治通鉴（文白对照）[M]. 北京：线装书局，2014：504.

67 《资治通鉴》编委会．资治通鉴（文白对照）[M]. 北京：线装书局，2014：2863.

的意思说话，言语行动都迎合人主的心意，从来没有违背人主的旨意。人主则认为他们地位卑微，身份低贱，不可能专权，擅作威福。没想到鼠凭地贵，狐假虎威。外面，他们没有对人主造成伤害的嫌疑；内部，他们受人主的驱使，却有独揽大权的际遇。当他们的权势膨胀到可以颠覆政权的时候，人主也许仍不能觉悟。明帝晚年担心皇子孤危，考虑到国家的盛衰，而受宠信的弄臣也恐惧皇族的压迫，打算使幼主陷于孤立，永远控制朝廷。于是，制造矛盾，挑起猜忌，使明帝的弟弟、皇家亲王先后遭到屠杀。刘氏天下很快倾覆，原因就在于此。[68]

（二）权责一致原则的运用

1. 权责一致原则

权责一致原则是指组织赋予部门或个人的职权和职责必须对等。职权是指一个部门或岗位具有的发布命令和让命令能够得到执行的一种权力。职责是指一个部门或岗位承担的一系列任务和工作的范围，以及完成这些任务和工作所要承担的相应责任。

组织的每个管理层次、各个部门和各个岗位既要有明确的职责范围，又要拥有完成其职责必要的管理职权。只有职责，没有职权或权限太小，部门或个人就不能或无法充分利用组织的相关资源，完成组织赋予的职责，也不可能承担起应有的责任。相反，只有职权，没有任何责任或责任太小，将会导致部门或个人滥用权力，不顾行使权力产生的不良后果。因此，职责和职权必须对等，并且必须形成规范，任何部门或个人必须遵守。

2. 权责一致原则运用案例

《资治通鉴》中对权责一致原则运用的案例是东汉时期的一个例子。

公元 107 年，汉安帝时期，太尉徐防因天灾、天象异常和叛匪作乱而被颁策罢免。太尉、司徒、司空三公由于天灾或天象异常而遭罢免，徐防乃是首例。后来，司空尹勤因大雨水灾被颁策罢免。

仲长统《昌言》曰：光武皇帝因西汉数世失去权柄而愤慨，对强悍之臣窃取帝位深为痛恨，因此他矫枉过正，权力不交给臣下，虽然设立了三公，政事却归尚书台总理。从此以后，三公的作用只是充数而已，但当国家治理不善的时候，仍对三公加以谴责。实权转移到皇后家族，宠信施加到皇帝身边的宦官，这些人亲近自己的同类同党，任用私己，在内充斥京城，在外遍布州郡，他们颠倒贤能

68 《资治通鉴》编委会 . 资治通鉴（文白对照）[M]. 北京：线装书局，2014：5753~5754.

和愚劣，利用举荐人才的机会进行私人交易，使无能不才者守卫疆土，贪婪凶残者统治人民，黎民百姓受到骚扰，四方外族又被激怒，终于导致反叛，带来战乱流亡和忧患疾苦。怨愤之气一时并发，阴阳失和，日、月、星三光出现亏缺，怪异不断降临，害虫吃掉庄稼，水旱带来灾难，这样的局面都是外戚、宦官造成的。朝廷反而颁策责备三公，甚至将三公处死、免官，足以使人为此呼叫苍天，号啕泣血！再者，从中期开始选任三公，都务必从清廉忠厚而又谨慎小心、循规蹈矩而又熟悉旧典的人中擢升，这乃是妇女的楷模，乡间的平常之人罢了，怎么足以身居三公高位呢！三公势力既然已经那样低落，人选又如此平庸，却又希望三公为国家建立功勋，为人民取得政绩，这岂不是遥远的事情吗！[69]

《资治通鉴》中对权责一致原则运用的另一个案例是西晋时期的一个例子。

公元284年，由于吏部不能审查核实天下的士人，所以陈群就命令郡国各自设置中正，州设置大中正，并选取本地区的人担任朝廷官职，只有富有德才的人才能够当选。按照士人的才能、政绩、资历分为九品等级。如果言行卓越显著，就可以被提升，道义缺损的就降职，吏部凭借这个来补充朝廷百官。这个制度实行的日子越来越长久，有的中正并不是合格的人选，于是邪恶敝败的风气一天一天地滋长。

尚书左仆射刘毅针对这种状况上书说："如今设立中正来决定官职的九品等级，品级的高与低，中正可以随自己的意愿来决定，别人的荣辱都攥在他们的手里。他们掌握着人君才能有的威与福，夺取了朝廷的权利。他们对公，不因为自己的考察失实而觉得有所亏负；对私，也不为揭人隐私而有所避忌。这种制度使人们以各种各样的用心从各个方面去钻营，廉洁谦让的风气消失了，争斗的习俗形成了，我私下为圣朝感到羞耻。中正制度的设立，对政治的损害有八点：品级的高下，随着势力的强弱为转移，是与非的标准，以个人的兴盛衰败来决定，同一个人，十天之内处境就发生了变化。上品官员没有出身于贫贱之家的，下品官员没有出身于有权势的大族的，这是第一。设置中正的目的，是要使州里公正的评论都能够归服顺从，以此来安定异同，使言论归于统一。现在却重视中正的职权而轻视担任中正的人选，使得违悖的言论在州中放任，在大臣之间结下了憎恶的仇怨，这是第二。本着设置这项制度的规则，之所以要把士人分为九个等级，就是因为人的才与德有优劣的不同，资历、辈分也有前有后。现在的做法却使得优与劣调

69 《资治通鉴》编委会．资治通鉴（文白对照）[M]．北京：线装书局，2014：1948.

换了位置，前与后颠倒，这是第三。陛下奖赏善良，惩罚邪恶，从来都是依法来裁决，唯独设置中正，把一国的重任托付给他，却没有控制他的奖赏与惩罚的办法。还禁止人们控告中正，这就使中正为所欲为，肆无忌惮，受了冤枉的人，有一肚子的怨言和真心话，却不能使陛下听到，这是第四。一个国家里的士人，多得可以以千计数，他们或者流徙于异邦，或者到别的地方谋求衣食。对这些人的相貌都不曾见过，更何况要发挥他们的才能！作为中正，对这些人无论是了解还是不了解，都应当评论、衡量他们的表现，不管是官府对他们的赞誉之词，还是败坏他们名声的流言蜚语，都应当全面地听取。但对这些意见如果只相信自己的判断，就会被不了解所蒙蔽，只听别人告诉你的话，就会因为彼此的局限而陷于片面与狭隘，这是第五。寻求人才的目的，就是为了用他们来治理民众。现在担任官职有显著成绩的人，有的却处于很低的等级，担任官职没有政绩的人，反而获得很高的级别，这就压抑了确实有功劳的人，崇尚空虚的名声，助长了浮华的风气，使得对官员政绩的考核被废除。这是第六。所有官职都是由不同的人担任的，各种各样的事情也需要不同才能的人来处理。现在不问其才能是否合适，只管让他登上九品。以品级来选取人，有的人才能与品级并不相符；若要根据具体人的情况来选取人，又被品级所局限，不过是句空话，官职的品级与人的才德不吻合，这是第七。九品中恶劣的人，也不彰明他的罪过，对所推荐的人也不陈述他们的好处，各自放任自己的爱憎，培植自己的亲信，那么天下人又如何不懈怠德行，专心于人情世故呢？这是第八。由此看来，职务名为中正，实际上是邪恶的官职；事务名称为九品，却有八点损害，古今的过失，没有比这更大的了。我愚昧地认为，应当罢免中正，废除九品，抛弃魏氏这一鄙陋之法，再重新建立一个美好的制度。”晋武帝虽然对这些建议很赞赏，但是最终也没能实行改革。[70]

《资治通鉴》中对权责一致原则运用的又一个案例是南北朝时期的一个例子。

公元 524 年，北魏的夏州、凉州、秦州等地寇盗蜂起，北魏广阳王元深上奏孝明帝：“先朝建都平城时，以北部边境为重，郑重挑选亲近贤能挂帅担任镇将，并且配以高门子弟，让他们拼死防止边患，不但不影响他们的仕宦前途，反而因此得到提升，当时的人们都欣羡能去那里守边。太和年间，仆射李冲掌权，凉州当地人全都免除服役，而平城的那些高门大姓，仍然要去防守边关，如果不是得罪了当权者，谁也不愿意加入其列。这些人来到边关之后，受镇将驱使，只能担

70 《资治通鉴》编委会．资治通鉴（文白对照）[M]．北京：线装书局，2014：3360~3362.

任虞侯或没有月俸的随从之类的卑下职务。一生之内，最高也只不过做到军主。然而，他们同姓中留在京城的那些人则能做到上品显官，于是身在边镇的那些人由于升迁之路与己隔绝，因而大量逃散。朝廷因此制定了更加严厉的边兵制度，规定不允许边镇上的人在外浮游，于是少年人不能从师学习，成年人不能出外游宦，只有这些人不被当人看待，说起来便让人心酸落泪！自从迁都洛阳以来，边防职务被看得更轻了，只有那些长期不能升迁的庸碌之才才出任镇将，这些人互相效仿，一心为自己聚敛财物，无心于本职之事。或者各地方的奸吏，因犯罪发配边关，这些人在背后为镇将尽出坏主意，贪赃枉法，以致贿赂成风，取代了正常的制度，边民对此无不切齿。阿那瑰背弃朝廷之恩，纵掠反叛而去，朝廷发兵长途追击。十五万大军越过沙漠，但不到几天工夫就返回来了。不能除尽反贼，边民见到这样的援军，于是便打心眼中瞧不起中原之国。”[71] 元深认为，正是因为边镇将领权责不一致，才导致了边境边民的叛乱。

（三）统一指挥原则的运用

1. 统一指挥原则

统一指挥原则是指一个组织既要实行统一领导，又要集权与分权相结合。统一指挥是指一个组织在正常情况下，每个机构以及每个人只能由一个上级来命令和指挥。上级的指示和命令从上到下逐级下达，既不允许越级指挥，也不允许越级汇报工作。下级只接受一个上级的领导，只向一个上级汇报并向他负责，上下级之间形成一个“指挥链”。集权与分权相结合，是指一个组织为了既要保证管理工作的高效率，又要加强灵活性和适应性，必须把该集中的权力集中到上级手中，保证工作任务的顺利完成；同时又必须把该下放的权力分给下级，以便更有效地调动下级人员的积极性和主动性。

统一指挥既能保证上级充分了解下级的情况，又能保证下级领会上级的意图，保证政令畅通，提高工作效率，保证命令和指挥的统一，避免产生多头领导和政出多门的问题，也避免下级部门或个人无所适从，致使命令和指挥无法贯彻执行的问题。

集权与分权相结合，赋予了下级人员完成工作所需的应有职权，以及必要时候的临机处置和事后汇报的权力，这样可以充分发挥下级人员的聪明才干，调动下级人员的积极性，保证工作任务的圆满完成。同时，也可以减轻上级领导的负担，

71 《资治通鉴》编委会．资治通鉴（文白对照）[M]．北京：线装书局，2014：6438~6439.

避免上级领导被淹没于繁琐的事务中，顾此失彼，保证上级领导集中精力做好高质量的领导工作。

2. 统一指挥原则运用案例

《资治通鉴》中对统一指挥原则运用的案例是西晋时期的一个例子。

公元 289 年，淮南相刘颂上疏晋武帝说："天下极其大，事物极其多，而君王极少，就像天空和太阳。因此，圣明的君王实行教化，要自己掌握根本，把事务委托给手下去办理，这并不是好逸恶劳，实在是由于国家的体制适宜如此。处理事情，在一开始的时候就去区分事情办得好还是不好是很难的，等到事情的发展显示出了成功与失败，这时候再去区分功劳与罪过就很容易了。如今陛下常常精心于初始的构建，却忽略对结局的考察，这正是治理功效不完美的原因。人君如果确实能够处于平易而抓住根本，在成败的结局之后考察功劳与罪过，那么手下的官员们就没有地方逃避奖赏与惩治了。""古时候六卿分工，各司其职，冢宰是统领。秦汉以来，九卿的职掌由丞相总管。现在事情都由尚书裁断，各官署奉行成规，与古时候的制度相比，尚书的事务太重。可以把众多的事务交给各官署办理，使各官署有专门负责的权力。尚书统领根本大纲，如同丞相所做的，年终考查功效，校阅簿籍，实行赏罚而已，这也就可以了。现在动不动就接受上面现成的决定，上面如果有失误、过错，就不能怪罪下属，等到年终，没有功绩上的建树，也不知道该由谁来承担责任。细微的过失，荒谬的言行，这是人的本性难免的。但是全都要用刑法来矫正，那么朝野上下就没有人能够立身了。近世以来，担任监察的官员，大都不抓根本大事，却对微小的过失抓住不放，这大概是因为畏惧、躲避豪强却又担心荒废了职责，因此就谨慎地使法律周密，以搜罗微小的过错，使得上奏揭发罪行的文状接连不断，表面看来是在为公事尽职，实际上却扰乱了法规。圣明的君王对那些琐碎细密的公事不感兴趣，而对那些揭发凶恶、奸诈大事的奏章一定要过问，这样一来，损害国家政事的邪恶的人或事自然就被抓住了。创立基业的功勋，在于设立政令，制定规章，使得遗留下来的风尚能够使后人的心有所寄托；遗留下来的功业，能够辅助、纠正年小而又软弱的后人。后代能够凭借前代制定的法规，即使是昏庸的人，仍然能做出明智的事情，即使是蠢笨无知的人，也如同有才智的人，使得后人足以得到帮助。"但对于他的意见，晋武帝都没有采纳。[72]

---

72 《资治通鉴》编委会．资治通鉴（文白对照）[M]．北京：线装书局，2014：3373~3374.

统一指挥原则的一个反例，是西汉时期汉宣帝对冯奉世一事的处理。汉宣帝虽然没有对冯奉世封侯，却任命他为光禄大夫。

公元前 65 年，西域前莎车王的弟弟呼屠徵联合邻国势力一同杀死其王万年和汉朝使者奚充国，自立为莎车王，派兵攻打其他国家，与其他国家结盟，背叛汉朝，使西域自鄯善国以西全部与汉朝断交。此时，汉朝出使西域的使者冯奉世与副使严昌商议，认为如不立即攻击莎车，那么莎车将日益强盛，难以控制，必定危及整个西域。于是，以皇帝符节告谕各国国王，征调各国军队，进攻莎车。结果莎车城被攻克，莎车王自杀，改立前莎车王其他兄弟的儿子为莎车王。冯奉世趁势率兵将各国全部平定，威震西域。汉宣帝非常高兴，打算封冯奉世为侯。丞相、将军等都认为可以，只有少府萧望之表示反对。萧望之认为："冯奉世作为朝廷的使臣，有指定的任务，而他违背使命，擅自用皇上的名义征调各国军队，虽然建立功勋，却不能让后人效法。如果封冯奉世为侯，以后奉命出使的人将以他为榜样，争着征调各国军队，以图建功于万里之外，使国家在外族地区多生事端，此风不可渐长，因此冯奉世不宜受封。"汉宣帝认为萧望之的话很有道理，于是任命冯奉世为光禄大夫，没有封侯。[73]

（四）管理宽度适度原则的运用

1. 管理宽度适度原则

管理宽度适度原则是指一个组织或管理人员，下属的部门或人员的数量要适度。一个组织或管理人员受到权限、能力等方面因素的制约，其所能有效地监督、指挥其直接下属的部门或人数是有限的。

为了保证组织或部门的管理效率，组织在设置部门或管理人员直接管理的下属数量时，要根据组织或管理人员的具体情况，考虑各种影响因素的影响大小，合理确定一个部门或管理人员直接管理的下属数量。

2. 管理宽度适度原则运用案例

《资治通鉴》中对管理宽度适度原则运用的案例是南北朝时期刘宋朝的一个例子。

公元 454 年，刘宋孝武帝诏令右仆射刘延孙前往荆州和江州，调查甄别忠奸曲直，就地进行奖赏和惩处，将这二州的地区进行分割，拟议再设置一个新州。当初，晋朝向南迁移时，曾经把扬州作为京畿，朝廷需要的布帛粮食等，都由扬州提供。

73 《资治通鉴》编委会．资治通鉴（文白对照）[M]．北京：线装书局，2014：996~997.

同时，晋朝又把荆州和江州作为军事要镇，全国的精锐部队全都聚集在这两州，常派大将驻守。这三个州的人口数目，占了长江以南地区人口总数的一半。如今，孝武帝嫌这三地的军力、民力过于强大，所以打算把他们分割开来。癸未，将京畿地区扬州分出浙江以东五个郡，设立东扬州，治所设在会稽。又从荆州、湘州、江州、豫州中分出八个郡，设立郢州，治所设置在江夏。撤销南蛮校尉，将其所属部队调回建康。

《资治通鉴》中对管理宽度适度原则运用的另一个案例是南北朝时期北魏的一个例子。

公元 529 年，北魏尔朱荣派大都督、尖山县人侯渊到蓟州讨伐韩楼。尔朱荣给侯渊的兵力很少，骑兵只有七百人。有人为侯渊说话，请求多派兵，尔朱荣却说道："侯渊善于临机应变，这是他的长处。如果让他统帅很多军队，反而未必能有效指挥调度。现在让侯渊率领这些军队讨伐韩楼这个叛贼，一定能取得胜利。"接受任命的侯渊大张旗鼓，多增设器具，亲自率领几百名骑兵深入韩楼的境地。在离蓟州一百余里的地方，正遇上贼将陈周的一万余骑兵和步兵，侯渊潜伏下来，从背后出击，大破陈周人马，俘获五千余人。之后又很快归还了这些人的战马和兵器，放他们回到蓟州城中。侯渊的左右劝谏道："我们既然已经俘获了贼军，为什么又资助他们让其回去呢？"侯渊说道："我军兵力很少，不能力战死拼，必须设奇计离间敌人，这样才能打败敌人。"侯渊估计那些被放还的敌兵已经到了蓟州城，便率骑兵连夜前进，在天亮之时到达蓟州城下，攻打城门。韩楼果然怀疑那些被放还的降卒要做侯渊的内应，于是便出城逃跑，侯渊追上并抓获了韩楼，幽州便平定了。之后北魏任命侯渊为平州刺史，镇守州治范阳。[74]

（五）因事设岗原则的运用

1. 因事设岗原则

因事设岗原则是指一个组织为了顺利实现组织的目标，在组织结构和组织岗位的设置上，必须以组织既定的目标为出发点，层层分解组织目标，层层设立组织机构和岗位，做到组织结构和岗位以"事"为中心，因事设置机构和岗位，保证组织的设置有利于目标的实现。

任何一个组织都有自己特定的总目标，都为一个特定的总目标而存在，组织结构和岗位都是紧紧围绕这一总目标设置的。机构的进一步细分也都紧紧围绕总

74 《资治通鉴》编委会．资治通鉴（文白对照）[M]. 北京：线装书局，2014：6571.

目标分解的分目标，这样建立起来的组织机构才是一个有机整体，才能为实现组织的目标奠定组织基础。

如果不因事设岗，而是因人设岗、因人设事、因人设职，有的组织结构和岗位与组织目标没有关系，没有存在的意义，就不能做到人与事高度配合，就会导致组织内部各个机构及岗位的具体目标与组织总目标不能保持一致，导致各个机构和岗位的分目标不能支持组织总目标的实现，甚至对组织目标的实现起到阻碍或相反的作用。

2. 因事设岗原则运用案例

《资治通鉴》中对因事设岗原则运用的案例是东汉时期的一个例子。

公元133年，汉顺帝召集三公九卿举荐的纯真、朴实之士，让他们提出对策，并特别向他们询问当代的弊病和应该如何为政。李固回答说："皇后、妃妾之家很少能够保全的原因，难道是他们天性自然邪恶？只不过是因为他们封爵太尊，官位太高，又总揽权柄，天道厌恶满盈，而他们不知道自我克制，所以导致衰败。先帝宠爱阎皇后及其家属，封爵和官位赏赐得太快，所以不久就遭受大祸。正如《老子》所说：'凡是前进太快的，后退也一定太快。'现在，梁商的女儿身为皇后，按照《礼经》所说，天子不把妻子的父母当作臣属，所以，对梁商本人尊之以高爵，还是可以的。然而，梁家的子弟晚辈兼有荣耀和显贵，明帝永平年间和章帝建初年间的旧例，恐怕不是这样的。陛下应该命步兵校尉梁冀，以及梁氏家族中担任侍中的人，仍退回到原来所居的黄门之官，使权力离开外戚，归还国家，岂不是一项美政？再说，诏书之所以禁止侍中、尚书以及宫廷其他官吏的子弟为吏，不得被州郡官府举荐为孝廉，是因为他们手中把持着威势和权力，可以私相请托的缘故。中常侍在皇帝和皇后身边，其声名和威势震动天下，他们的子弟享受俸禄，担任官职，都没有限度。尽管中常侍表面上保持谦让和沉默，不干预州郡官府，然而谄媚之徒望风举荐他们的子弟。因此，从现在起，也应该为他们设立固定的禁令，和宫廷中其他官吏一样。过去，馆陶公主请求任命她的儿子为郎，明帝没有答应，仅赏给她一千万钱。明帝之所以不在乎巨额赏赐，而在乎小小官位，是因为如果任命官吏失才，将会危害百姓。"[75]公元159年，梁氏家族及他们在朝廷和地方的亲戚，因为飞扬跋扈，贪赃枉法，全部被逮入诏狱，不论男女老幼，全部押往闹市斩首，尸体暴露街头。

---

75 《资治通鉴》编委会．资治通鉴（文白对照）[M]. 北京：线装书局，2014：2074~2075.

因事设岗原则运用的另一个案例是南北朝时期，南齐设置南蛮校尉的例子。在晋朝、刘宋时期，荆州刺史往往并不兼任南蛮校尉，朝廷另外委派重要官员担任此职。南齐豫章王萧嶷担任荆、湘两州刺史时，却兼任了南蛮校尉的职务。萧嶷罢职以后，公元 481 年，南齐高帝又让侍中王奂出任两州刺史兼南蛮校尉，王奂再三推辞说："西部疆土经受战火以后，遭到的破坏已经难以恢复。现在，朝廷又要分散州郡长官的权力，去设置一些偏将。推重大臣的名望不足以增强实力，说到实际的情况却能够造成弊病。何况物质和权力分散以后，职能部门就增多了，大家的劳务必须成倍增加，公文案卷愈加繁复。我个人认为若为国家利益着想，这种做法并不允当。"后来，南齐高帝取消了南蛮校尉的建置。[76]

第三节 《资治通鉴》中组织文化作用的运用

组织文化是一个组织在长期发展过程中形成的、被全体成员共同认可和接受的价值观念、思维方式、道德规范、团队意识、行为规范、行为方式、文化环境等的物质形态和精神财富的总和。组织文化对一个组织的发展、兴衰起着不可估量的作用。

一、组织文化作用

组织文化是组织的灵魂，是推动组织发展的不竭动力，对组织的影响十分巨大，甚至组织的成败往往是组织文化的影响所致。通过有意识、有步骤地培育和塑造组织特有的共同价值观念体系和共同的行为准则，组织促使全体成员具有共同的目标、共同的理想和共同的追求，进而影响组织成员的工作态度和工作行为，来保障组织目标的顺利实现。

二、组织文化作用的运用

（一）组织文化导向作用的运用

1. 组织文化的导向作用

组织文化的导向作用是指组织文化通过组织共同的价值观念、思维方式、道

76 《资治通鉴》编委会．资治通鉴（文白对照）[M]. 北京：线装书局，2014：5799~5800.

德规范、团队意识等不断地向个人的价值观念、思维方式、道德规范、团队意识等渗透和内化，引导组织成员的行为和活动，使组织成员自动生成一套自我调控机制，对组织每个成员的价值取向及行为规范取向产生引导作用，使组织成员逐渐适应组织的价值观念、思维方式、道德规范、团队意识等，并使之符合组织确定的目标。

2. 组织文化导向作用的运用案例

《资治通鉴》中组织文化导向作用的一个案例是三国时期魏国的一个例子。

公元230年，魏国尚书琅琊人诸葛诞、中书郎南阳人邓飏等互相结成朋党，他们之间还互相吹捧，以散骑常侍夏侯玄等四人为四聪，诸葛诞等八人为八达。夏侯玄是夏侯尚的儿子。中书监刘放的儿子刘熙、中书令孙资的儿子孙密、吏部尚书卫臻的儿子卫烈三人都不能与他们相提并论，但因他们的父亲高居权势之位，特别容纳三人参与题品，称为三豫。行司徒事的董昭上书说："凡拥有天下的帝王，无不崇尚尊重朴实忠信之士，深恶虚伪不实之人，这是因为后者毁坏教化，扰乱秩序，伤风败俗。近有魏讽在建安末年被诛杀，曹伟在黄初二年被处死。俯首思量陛下前后颁布的诏书，极为痛恶浮华虚伪，想要打破拆散朋党，常常因此而切齿痛恨；而执法的官吏，却畏惧他们的权势，不敢监督揭发，败坏风俗的行为越来越严重。我暗中观察，当今年轻人不再把做学问当作进取之本，而专门以互相结交朋友为业。国中士人不以孝悌清廉修身为第一，而以趋炎附势营利为先，结成朋党，连成群伙，互相恭维，叹息怀才不遇，把诋毁当作惩罚羞辱，把朋党赞誉看作封爵奖赏，对依附自己的人则连声赞叹，好话说尽，对不依附自己的人则百般挑剔。以至互相说：'当今之世什么忧虑不能消除，只怕人事关系不够，交结朋党不多而已，还担心什么别人不了解自己，只要奉承他几句好话，就会像吃了灵丹妙药对你温和服帖。'又听说有的人还指使家中奴仆宾客冒充属下差役，出入宫廷禁地，来往书信，探听消息。凡是这一类事情，都是法律所不容许，刑罚不能赦免的。即使魏讽、曹伟的罪过，也不比他们更重！"魏明帝同意董昭的说法，二月壬午（初四）下诏说："社会风气的朴实与浮华，随着教化而改变。兵荒战乱以来，儒家经典的教授完全荒废，年轻人进取的途径不在经典，这岂不是训导不恰当、对提拔任用的人不突出考察品德导致的吗？从现在起，郎官必须通晓一种经典才可以升任地方长官，博士课的考试，择取成绩优秀者马上录用，华而不实、不务正道的人罢免！"

于是，免去诸葛诞、邓飏的官职。[77]

（二）组织文化约束作用的运用

1. 组织文化的约束作用

组织文化的约束作用是指组织文化虽然需要长期培育，但是组织文化一旦形成，其倡导的价值观念和行为规范就会被组织成员接受和认同，就能从根本上改变组织成员的价值观念和行为规范，组织成员就会使自己的价值观念和行为方式符合组织发展的需要。

组织文化的约束作用体现在，如果组织成员违反了组织文化，就会受到来自各种环境因素的制约，迫使组织成员从内心感到内疚、不安和自责，不敢违反组织文化倡导的价值观念和行为规范。组织文化能够指导组织成员的日常行为方式，并且促使组织成员必须重视建立组织文化所需的各种环境因素。

2. 组织文化约束作用的运用案例

《资治通鉴》中组织文化约束作用的一个案例是东汉末年的一个例子。

公元219年，孙权上书曹操称臣，劝曹操顺应天命。侍中陈群等人都劝曹操称帝。曹操说："如果上天要我做皇帝，我还是当周文王吧。"东汉至此已经名存实亡。

对此，司马光曰：教化，是国家的紧要任务，而俗吏不加重视；风俗，是天下的大事，而庸君对此疏忽。只有明智的君子，经过深思熟虑，然后才知道它们的益处之大，功效之深远。

汉光武帝生逢汉朝中期衰落，群雄蜂起，天下大乱。他以一介平民，奋发起兵，继承恢复祖先的事业，征伐四方，终日忙碌，没有空闲，仍能够推崇儒家经典，以宾客之礼延聘儒家学者，大力兴办学校，昌明礼乐，武功既完成，教育和感化的德政也普遍推行开了。

接着是明帝、章帝，遵循先辈的遗志，亲临辟雍拜见国家奉养的三老五更，手拿经典向老师请教。上自公卿、大夫，下至郡县官吏，全都选用熟悉儒家经典、品行端正的人，就是虎贲卫士也都学习《孝经》，匈奴贵族的子弟们也要到国家设立的学校学习。教化建立于上，风俗形成于下，忠诚、厚道、重视道德修养的人，不仅受到高官的尊重，也为百姓所仰慕；卑鄙、邪恶、下流之徒，不仅不被朝廷容纳，也被乡里鄙弃。自从夏、商、周三代灭亡之后，教化风俗之好，还没有像东汉那样兴盛过。

---

77 《资治通鉴》编委会．资治通鉴（文白对照）[M]．北京：线装书局，2014：2918~2919.

可是，到了汉和帝以后，皇亲国戚独擅大权，奸佞小人得势妄行，赏罚没有标准，贿赂公行，贤良愚劣不分，是非颠倒，可以说是大乱了。东汉朝廷仍然能够延续，不至于灭亡，原因在于上有公卿、大夫袁安、杨震、李固、杜乔、陈蕃、李膺等人，不惜冒犯龙颜，在朝廷上据理力争，以民间舆论矫正已经败坏的社会风气。所以，政治虽然污浊，而风俗不衰败，甚至有人甘愿冒斧钺诛杀的危险，前面的人倒下了，后面的人忠义之心更加激奋，紧紧跟随，虽接踵被杀，仍视死如归。这难道只是他们几个人忠正、贤德吗？也是汉光武帝、明帝、章帝遗留的教化使他们如此。在那时，如果有贤明的君主发奋振作，则汉朝的皇统仍然不可估量。

不幸的是，经过伤害、衰败之后，又加上混乱暴虐的桓帝和灵帝，保护奸佞，胜过骨肉之亲；屠杀忠良，胜过对待仇敌；百官的愤怒积压在一起，天下的不满汇合到一处。于是，何进从外地召来了军队，董卓乘机夺权，袁绍等人以此为借口向朝廷发难，使得皇帝流亡，宗庙荒废，百姓遭殃，汉朝的生命已经结束，无法挽救。然而，各州郡掌握军队、占据地盘的人，虽然你争我夺，互相吞并，却没有不以尊崇汉朝为号召的。以魏武帝曹操的粗暴强横，加上对天下建立的大功，他蓄养取代君王的野心已经很久了。但是，直至去世，他都不敢废掉汉朝皇帝，自己取而代之，难道他没有做皇帝的欲望？只是畏惧名义不顺而克制自己罢了。

由此看来，教化怎么可以轻视，风俗又怎么可以忽略！[78]

（三）组织文化负作用的运用

1. 组织文化的负作用

组织文化对组织发展具有巨大的正面影响，但其对组织发展也存在一定的负面作用。

组织文化的负作用是指一个组织的文化对其生存和发展带来的不好影响或结果。当组织文化与组织的发展不相符时，组织文化就会束缚组织发展，对组织成员的价值观念和行为方式造成负面影响。当这些价值观念和行为方式形成组织成员的思维定式时，组织文化与组织发展就会产生矛盾，组织文化就会对组织发展起到负面作用，阻碍组织发展，可能还会给组织带来致命的打击。

2. 组织文化负作用的运用案例

《资治通鉴》中组织文化负作用的一个案例是西晋时期的一个例子。

公元316年，晋愍帝到后汉大司马刘曜的兵营投降，西晋至此宣告灭亡。于

78 《资治通鉴》编委会．资治通鉴（文白对照）[M]．北京：线装书局，2014：2798~2800.

宝评论说："基础广大就难以倾倒，根基很深就难以拔出，政务有条不紊就不会混乱，人心牢固地结连在一起就不可动摇。"过去拥有天下的人之所以能够长治久安，就是这个道理。周朝从后稷开始爱护百姓，经过十六代后到周武王才成为君主，他们积累的基础，树立的根本，是这样的坚固。今天晋朝兴起，开创基业，树立根本，已经与古代不同。加上朝廷中缺少纯正有德的人，乡野也缺乏不重犯同样错误的乡老，风俗靡淫怪癖，什么是羞耻，什么应当崇尚，都失去了标准。学习的人以老子、庄子学说为宗旨而废黜《诗》《书》《礼》《乐》《易》《春秋》六经，谈论的人以虚无放纵为明理而轻蔑礼教和谦逊，修身的人以放纵随意为通达而瞧不起节操信用，求官的人以能够用不正当的手段得到官职为高贵而鄙视遵循正道，当官的以不分是非、不问政务为崇高，而耻笑勤于政事，恪守职责。所以，刘颂屡次论说治世的道理，傅咸常常上书矫正错误，都被称为庸俗的官吏；但那些倚仗虚无旷废职守，依靠迎合放达恣意妄为的人，却都声名显赫于海内。像周文王理政从早晨忙到下午都顾不上吃饭，周朝仲山甫做事昼夜不懈怠，都被嗤笑贬低，认为是灰尘一样！从此在毁誉方面混淆了善恶的事实，感情和邪恶都投入到追逐财物私欲的路上。选官的人因人而不是因才来选择官员，当官的人为自己谋取利益，世家豪族皇亲贵戚的子弟破格超擢，不管资历和次序。悠悠人生，全都是追逐名利的士人；朝廷百官，没有举贤让能的行为。刘寔著《崇让论》提倡举贤让能却无人省悟，刘颂制定考核官员的九班之制却不能得到采用。不懂得纺织、刺绣的女工，随心所欲，有的忤逆公婆，有的杀戮姬妾婢女，而其父兄却不以为罪，天下也无人非议。礼制法度刑罚政令，因此受到严重破坏，"国家将要灭亡，根本一定会先颠倒"，说的大概就是这种情况吧？[79]可以说，西晋的灭亡与西晋的社会文化有极大的关系。

同样，东晋的灭亡与东晋的社会习俗也有很大的关系。

当初，何晏等人师法、陈述老子、庄子，他们树立的观点认为："天地万物，都以无作根本。所谓无，就是明了事物的真相，以成就天下的事务，这是无论走到哪里都存在的道理。阴阳赖此而发育滋长，贤能的人赖此而成就德行。所以无的功用，虽然没有爵位却很重要。"尚书令王衍之徒都很喜爱和尊重何晏。从此，朝廷士大夫都把虚浮放诞当作美好的行为，对自己的职务松懈荒废。

裴顾撰写《崇有论》解说这种风气的弊端说："利益和欲望可以减损却不可

79 《资治通鉴》编委会．资治通鉴（文白对照）[M]. 北京：线装书局，2014：3703~3704.

以断绝它的存在，事物可以节制却不可以完全没有。有装扮成为具有发表议论的才能的人，深刻地列举了有形的过失，盛赞空无的美好。有形的器物虽然有妨碍，但可以验证，空无的义理却难以考察。美妙善辩的文字能使人欢喜，似乎是那么一回事的言谈足以使人迷惑。众人听了这些言论为之迷乱，沉迷于已有说法，虽然有一些不赞同这些说法的人，但由于言辞不通，就屈从于形成的习俗，因此认为虚无的道理的确不可以掩盖。一人唱而百人应和，去而不返，于是看不起治理天下的事务，轻贱功劳业绩的作用，崇尚游手好闲的事务，蔑视有经世之实的贤能之人。人情这样趋向，名与利随之而来，于是，能文之士夸大其辞，言语迟钝的人赞美其宗旨。创立学说凭借于虚无的意旨，就被称为玄妙；居于官位而不亲临自己的职务，就被称为风雅深远。侍奉自身、疏略廉洁的操守，被称之为心胸开阔，没有拘束。所以磨炼节操与德行的风气，更加衰落。放纵的人借着这种风习，有的违背祭祀、丧葬的礼仪，忽视形貌举止的仪表，轻慢长幼次序，混淆贵贱等级，更有甚者，到了赤身露体不庄重的地步，真是无所不至，士大夫的操行又被毁坏。”“有形的万物，虽然是由无滋生出来的，然而既已生出来，有与无就已经有了区别，那么无就是被有所遗弃了。所以繁殖已经在生长的有，并不是无的作用能够达到的；治理已经存在的百姓，并不是无为就能掌管的。心并不就是事务，但是控制事务必须要通过心，然而并不能说心是无。工匠并不是器具，但是制作器具必须要有工匠才行，然而不能说工匠是不存在的。因此，要想捕捞深水中的鱼虾，并不是安卧就能得到的；想要让高墙上的鸟儿落下来，并不是安静地拱手就可以成功的。由此看来，增益有形的事物是有用的，虚无对于已有的百姓又有什么好处呢？”然而习俗已经形成，裴頠的议论也不能有所救助。[80]

第四节 《资治通鉴》中组织文化的塑造

组织文化是一个组织的价值观念、思维方式、道德规范、团队意识、行为规范、行为方式、文化环境等的物质形态和精神财富的总和，其内容十分广泛和丰富。组织文化是组织在长期发展过程中逐步形成的，不是一朝一夕能够形成的，需要一个有计划、有步骤的塑造过程。

80 《资治通鉴》编委会．资治通鉴（文白对照）[M]. 北京：线装书局，2014：3407~3408.

一、组织文化的塑造

（一）组织文化塑造的含义及其过程

组织文化的塑造是指组织通过有意识、有计划和有步骤的培育和塑造，使组织成员具有共同的价值观念和行为规范等，从而保障组织目标的顺利实现。

组织文化的塑造是一个长期、艰巨、细致的过程。

组织价值观念和行为规范等是整个组织文化的核心，是塑造良好组织文化的首要战略问题，因此首先要根据组织目标、发展阶段、内部因素、外部环境条件等，选择适合自身发展的组织价值观念和行为规范等的相关标准。

其次，在选择并确立了组织价值观念和行为规范等之后，就应该制定相应的方案，利用一切手段宣传方案内容，使其深入组织成员的心中。

再次，在宣传推广组织文化的基础上，详细分析组织文化推广的实践结果，之后再取其精华，去其糟粕。

最后，要建立必要的规章制度，采取必要的手段和方法，保证组织的每一位成员都能自觉地按照组织文化的要求去行动，使组织文化成为全体员工的习惯。

（二）组织文化塑造的案例

《资治通鉴》中组织文化塑造的一个案例是东汉末年的一个例子。

汉献帝时期，秘书监、侍中荀悦撰写《申鉴》五篇，上奏给献帝。书中主要内容是："治理天下的办法，首先是消灭'四患'，然后推行'五政'。以虚伪败坏风俗，用私心破坏法纪，行为放荡而超越正常界限，奢侈靡费而损害国家制度，不消灭这四种现象，就无法推行政令，所以称之为'四患'。振兴农业与桑蚕业，以保障百姓生活；分辨善恶，以纠正民间习俗；推行文化教育，以改善社会风气；建立武备，以维持朝廷的威严；赏罚分明，以统一政令，这就是'五政'……没有奸怪的习俗，民间没有淫乱之风，这就是纠正民俗。奖励与羞辱是赏赐、惩罚的核心，所以礼教规定，荣誉与羞辱只能施加于君子，以改变他们的内心，枷锁与鞭笞则专门用来对付小人，以改变他们的行为。如果不推行教化，就会使中等资质的人也堕落成小人，而推行教化，就能使这些中等资质的人升为君子，这就是改善社会风气……赏赐与惩罚，是执政的权柄。君王不随意赏赐，并不是爱惜财物，而是因为随意赏赐，就不能用赏赐来劝导人们行善；君王不随意惩罚，并不是姑息怜悯，而是因为随意惩罚，就不能用惩罚来打击犯罪。赏赐而没有起到劝导的作用，就是阻止人们行善；惩罚而没有起到打击作用，就是纵容人们作恶。作为统治者，能够不阻止下面的人行善，不纵容下面的人为恶，则国法确立，这就是统一法令。除去了‘四患’，又建立了‘五政’，诚心诚意地执行，长期坚持，简要而不懈怠，疏阔而不遗漏。这样，不需要劳神费力，天下就能太平了。”[81]

二、组织文化塑造中领导的作用

（一）组织文化塑造中领导作用的含义

领导是指挥、带领、引导和鼓励部下或追随者实现组织目标的领头人。

一般来说，领导者拥有影响部下或追随者的能力或力量，领导者在组织文化的塑造过程中具有不可替代的作用。领导者的价值观、人生观、世界观和行为风格等，影响着组织的各个方面，对组织成员能产生强大的示范效应，通过不断地传播和贯彻，长期坚持下去，就会在组织成员中形成共同拥有的价值观念和行为准则，最终演化为组织文化。

领导者是组织文化塑造的主导者，组织文化的塑造离不开领导者的推动。只有领导者的积极推动，组织文化塑造才能成功。如果领导者对组织文化的塑造不够积极主动，那么组织文化的塑造就难以成功。

（二）组织文化塑造中领导作用的案例

《资治通鉴》中组织文化塑造中领导作用的一个案例是春秋战国时期的一个例子。

公元前 284 年，齐闵王被淖齿处死后，荀况论之曰：君王如果提倡礼义，就可以称王，树立信誉就可以称霸，玩弄权术则必然灭亡。因为领导国家倡导礼义，就无人可以加害于他。即使做一件坏事，杀一个无辜的人便可以得到天下，仁爱的人也不会去干。君主守定意志，维护国家，坚如磐石，以礼待人，就可以产生众多的仁人志士。以此条陈布置国家刑事法律，就可以制定出良好的法律。君主极力如此主张，再率领群臣以身作则，就可以树立起礼义的风尚。这样，属下能够以礼义纲常尊崇上司，统治基础就稳定了。基础稳定，国家便安定，国家安定则天下太平。用国家的权力推行礼义，一天就可以做到众人皆知，商汤王、周武王便是如此，即所谓的以提倡礼义而称王。

---

81 《资治通鉴》编委会．资治通鉴（文白对照）[M]．北京：线装书局，2014：2647~2648.

即使道德还未达到完美，礼义也没有做到完善，然而已经可以掌握治理天下的大致条理，做到赏罚分明，取得天下的信任，使臣属清楚地看到它的重要性。政令一经颁布，不管成功还是失败，都不欺骗百姓；条约已经缔结，不管有利还是无利，都不欺骗合作的邻国。这样才能使军队强劲，城池坚固，使敌对国家畏惧。国家的方针一贯而明确，友邦就予以信任。即使是偏僻的小国，也可以威震天下。春秋时期的齐、晋、宋、秦、楚五霸主便是如此，即所谓的以树立信誉而称霸。

带领国家追逐功利，不伸张正义，不遵守信用，唯利是图；对内不惜为了一点小利去欺骗人民，对外为了追求大的利益不怕欺骗友邦。对内不好好治理自己已有的东西，却常常觊觎别人的成果。这样，臣下百姓就无不以奸诈之心对待上司。上欺下，下瞒上，于是上下关系分崩离析。这样便使敌对国家轻视，友好国家不信任，权术泛滥，国家日益削弱，走向极端，终于灭亡，齐闵王、孟尝君便是如此。齐闵王要强大齐国，不去提倡礼义，不去修明政治，不去统一天下的思想，只是成年累月地骑马在外面征战。所以齐国强大的时候，向南能够打败楚国，向西能够逼迫秦国，向北可以战胜燕国，在中原能够征服宋国。然而燕国、赵国一旦群起而攻齐，便如摧枯拉朽。齐闵王身死国亡，成为天下共同声讨的对象，后世提起暴君总要举他为例，这不是别的原因，就是因为他不崇尚礼义而沉溺权术。

以上三种，贤明的君王必须慎重地加以抉择，仁人志士必须认真地予以辨明。善于抉择的人可以控制别人，不善于抉择的人则被别人控制。[82]

《资治通鉴》中组织文化塑造中领导作用的另一个案例是春秋战国时期的一个例子。

春秋战国时期，荀况曾经与临武君在赵国国君孝成王赵丹面前辩论："君王贤明的，国家就太平；君王无能的，国家就混乱；推崇礼教，尊重仁义的，国家就治理得好，荒废礼教、仁义的，国家就动荡不安。秩序井然的国家便强大，纲纪紊乱的国家便衰弱，这即是强与弱的根本所在。君王的言行足以为人敬慕，百姓才可能接受驱使，君王的言行不能为人景仰，百姓也就不会服从召唤。百姓可供驱使的，国家就强大，百姓不服调遣的，国家就衰弱，这即是强与弱的常理所在。"[83]

《资治通鉴》中组织文化塑造中领导作用的又一个案例是西汉时期汉文帝、汉元帝的例子。

---

82 《资治通鉴》编委会．资治通鉴（文白对照）[M]. 北京：线装书局，2014：131~132.

83 《资治通鉴》编委会．资治通鉴（文白对照）[M]. 北京：线装书局，2014：208.

汉文帝时期，文帝自身谦逊自守，将相大臣都是老功臣，少文采而多质朴，君臣以导致秦灭亡的弊政为鉴戒，议论国政讲究以宽厚为本，耻于议论别人的过失。这种风气影响到全国，改变了那种互相检举、攻讦的风俗。官吏安于自己的官位，百姓乐于自己的生业，府库储蓄每年都有增加，人口繁衍。风俗归于笃实厚道，禁制法网宽松，有犯罪嫌疑的，从宽发落，所以刑罚大量减少，甚至一年之内全国只审判了四百起案件，出现了停止动用刑罚的景象。[84]

公元前 37 年，石显谋略变诈，迷惑汉元帝，取得皇帝的信任。荀悦说："奸佞迷惑君主的方法太多了。"所以孔子说："要远离奸佞！"不仅不用他，还要驱逐到远方，跟他隔绝，把源头塞住，态度至为坚决。孔子说："政治的意思就是端正。"治理国家最基本的一件事，无非端正自己而已。耿直诚实，则是端正的主干。对于品德，必须核实是真实的，才授给他官位。对于能力，必须核实是真实的，才让他做事。对于功劳，必须核实是真实的，才颁发奖赏。对于罪恶，必须核实是真实的，才加以惩罚。对于行为，必须核实是真实的，才可以尊重。对于言谈，必须核实是真实的，才能够相信。对于物器，必须核实是真实的，才可以使用。对于事情，必须核实是真实的，才能够去做。各种端正风气都汇集到朝廷，则下面万事没有虚伪。[85]

第五节 《资治通鉴》中的组织变革

组织变革是指当组织的外部环境和内部条件发生变化时，组织要对自身的组织结构、组织的层次和幅度、组织成员等及时进行相应的调整和改革，以适应外部环境和内部条件的变化，保证组织的健康发展。

组织存在于一定的环境当中，当外部的政治、经济、社会和技术等环境发生变化时，必然会引起组织目标的改变。组织目标的改变意味着组织原有的组织结构、组织的层次和幅度、组织成员等已经不再适应外部的环境，组织就产生了变革的需要，组织就需要进行改革和调整，以适应外部新的环境，保障组织的健康发展。

组织在发展壮大的过程中，组织的结构、组织的层次和幅度、组织成员等内

84 《资治通鉴》编委会．资治通鉴（文白对照）[M]. 北京：线装书局，2014：571.
85 《资治通鉴》编委会．资治通鉴（文白对照）[M]. 北京：线装书局，2014：1133~1134.

部条件本身也在不断发展和变化。当原有的组织结构、组织层次和幅度、组织成员等不再适应实现组织目标的要求时，组织也就产生了变革的需要，必须进行相应的调整和改变，通过改变自身的内部条件，去维持组织的生存和发展。

一、组织全面变革

（一）组织全面变革的含义

组织全面变革是指组织从组织结构、组织成员安排、组织工作方式等各个方面对组织进行整体调整和改革。

当一个组织经过一定时期的运行和发展后，有时会出现对外界环境的变化反应迟钝、决策缓慢，组织中的摩擦、冲突不断增多，组织成员工作效率不高、士气低落等问题，这就说明组织发展遇到了瓶颈。组织要适应环境的变化，加快自身的发展，必须从组织结构、组织层次和幅度、组织成员等各个方面对自身进行调整和改革。

（二）组织全面变革的案例

《资治通鉴》中组织全面变革的一个案例是春秋战国时期秦国的一个例子。

春秋战国时期，秦国的公孙鞅想要实行变法改革，秦国的贵族都不赞同。公孙鞅对秦孝公说："对下层人，不能和他们商议开创的计划，只能和他们分享成功的利益。讲论至高道德的人，与凡夫俗子没有共同语言。要建成大业，也不能去与众人商议。所以，圣贤之人只要能够强国，就不必拘泥于旧传统。"大夫甘龙反驳说："不对，按照旧章来治理，才能使官员熟悉规矩，百姓才能安定不乱。"公孙鞅说："普通人只知道安于旧习，学者往往陷于所知范围不能自拔。这两种人，让他们做官守法可以，但不能和他们商讨旧章之外开创大业的事。聪明的人制订法规政策，愚笨的人只会受制于人；贤德的人因时而变，无能的人才死守成法。"秦孝公评论说："说的好。"[86]

变法令颁布一年后，秦国百姓前往国都控诉新法使民不便的数以千计，这时太子也触犯了法律。公孙鞅说："新法不能顺利施行，就在于上层人士带头违犯。"太子是国君的继承人，不能施以刑罚，便将他的老师公子虔处刑，将另一个老师公孙贾脸上刺字，以示惩戒。第二天，秦国人听说此事，都小心翼翼地开始遵从法令。[87]

86 《资治通鉴》编委会．资治通鉴（文白对照）[M]．北京：线装书局，2014：45.

87 《资治通鉴》编委会．资治通鉴（文白对照）[M]．北京：线装书局，2014：46.

二、组织部分变革

（一）组织部分变革的含义

组织部分变革是相对组织全面变革而言的，指从组织结构、组织制度、组织成员安排、组织工作方式等某个方面或几个方面对组织进行调整和改革。

一个组织经过一定阶段的运行和发展后，会遇到外界环境变化的问题，或者组织内部出现反应迟钝、决策缓慢，组织中的摩擦、冲突不断增多，组织成员工作效率不高、士气低落等某个或几个方面的问题。这个时候，组织要保证自身的正常运行和发展，就要对自身的组织结构、组织制度、组织层次和幅度、组织成员等某个或几个方面进行调整和改革。

（二）组织部分变革的案例

《资治通鉴》中组织部分变革的一个案例是春秋战国时期韩国的一个例子。

韩国国相申不害曾经请求让他的堂兄做个官，韩昭侯不同意，申不害很不高兴。韩昭侯对他说："我之所以向你请教，是想治理好国家。现在我是批准你的私请来破坏你创设的法度呢，还是推行你的法度而拒绝你的私请呢？你曾经开导我要按功劳高低来封赏等级，现在你却有私人的请求，我该听哪种意见呢？"申不害便离开了自己正式居室，另居别处，向韩昭侯请罪说："您真是我企望效力的贤明君主！"[88]

《资治通鉴》中组织部分变革的另一个案例是东汉时期的一个例子。

公元 151 年，汉桓帝时期，崔寔撰写了一篇评论当代政事的文章，篇名叫作《政论》。文章说："圣人掌权，会根据当时面临的形势，制订相应的制度和措施。虽然采取的步骤会有差异，设置的制度和措施也各不相同，但都不会强迫人们去做根本做不到的事，也不会不做当前急需的事，而只是追求遥远空洞的理想。孔子回答叶公说，为政在于使远处的人都来归附；他回答鲁哀公说，为政在于选用贤才；他回答齐景公说，为政在于节约财富。这并不是说孔子对为政本身有不同的见解，而是针对他们面临的不同要务来说的。庸俗的人，只知拘泥于古书上的文字，不懂得根据不同的情势制订不同的制度和措施的道理。只看重从书中听来的古人古事，忽略眼前的现实，怎么可以和这种人讨论国家大事呢！……凡治理天下的君主，如果不是具有最好的品德，则采用严厉的手段，

88 《资治通鉴》编委会．资治通鉴（文白对照）[M]. 北京：线装书局，2014：53.

就能够治理天下；采用宽纵的手段，国家就混乱。何以知道是这样？近代孝宣皇帝，明白统治人民的道理，知道为政的真谛，所以采用严刑峻法，使为非作歹的人心胆俱裂，海内清平，天下安宁，总结他的政绩，要高于文帝。等到元帝即位，在许多方面放宽了政令，终使朝政衰败，皇帝的威势和权力开始下降，汉王朝的大祸，在他手中埋下了种子。为政之道的得失，可以从这里明鉴。过去孔子作《春秋》，褒奖齐桓公，夸奖晋文公，赞赏管仲。那么，孔子难道不赞美周文王、周武王的为政之道？实在是为了通达权变、拯救时弊的道理。圣人能够随着时代的前进而不断改变制度和措施，庸人苦于不知道随着时代变迁而改变自己的认识，以为上古时代采用的结绳记事的原始方法，仍然可以治理纷乱如麻的秦王朝；以为舞弄红色的盾牌和玉石制作的斧钺——干戚之舞，足以解除汉高祖受困的平城之围。像熊那样攀援树木，伸手展足，像鸟那样飞翔高空，伸腿展翅，虽然可以延年益寿，却治不了伤寒重病。用口不断吐出浊气，用鼻不断吸进清气，虽然可以使身体健康，却不能连接折断的骨骼。治理国家的方法和养护身体类似，平时注意营养和保护，有病时则使用药物进行治疗。刑罚是治理乱世的药物，德教是治理太平盛世的美食佳肴。如果用德教去铲除凶残，就好比用美食佳肴去治疗疾病；反之，如果用刑罚去治理太平盛世，就好比用药物去营养和保护身体，都是不合适的。”[89]

《资治通鉴》中组织部分变革的又一个案例是南北朝时期魏国的一个例子。

公元 495 年，五月甲午（二十六日），北魏皇太子在太庙举行加冠礼。

北魏孝文帝想要改变北方的风俗，为此特意召见文武群臣，问他们：“各位爱臣，希望朕远追商周呢，还是想让朕连汉晋都比不上呢？”咸阳王拓跋禧回答道：“群臣们都盼望陛下能超过前王。”孝文帝接着又问道：“那么应当改变风俗习惯呢，还是因循守旧呢？”拓跋禧再回答道：“愿意移风易俗，圣政日新。”孝文帝又问：“只是愿意自身实行呢，还是希望传之子孙后代呢？”回答说：“愿意传于百世万年。”于是，孝文帝说道：“那么，朕一定下令开始进行改革，你们一定不得有违。”拓跋禧回答：“上令而下从，有谁敢违抗呢？”孝文帝又说：“名不正，言不顺，则礼乐不能兴。现今朕想要禁止使用鲜卑语，全部改用汉语。年龄在三十岁以上的人，由于习性已久，可以宽容他们，不必一下子就改换过来。但是，年龄在三十岁以下的人，凡是在朝廷中任职者，不能允许他们仍然还讲过

89 《资治通鉴》编委会．资治通鉴（文白对照）[M]. 北京：线装书局，2014：2151~2152.

去的语言；如果有谁故意不改，就要降免其官职。所以，各位应当严加自警。对此，各位王公卿士同意不同意呢？”拓跋禧回答：“无不遵从圣旨。”[90]后来孝文帝下令，在朝廷中不得使用鲜卑语，违背者免去所任官职，北魏从此成功改用汉语。

90 《资治通鉴》编委会．资治通鉴（文白对照）[M]. 北京：线装书局，2014：6017~6018.

第四章 《资治通鉴》中的人力资源管理

人力资源管理是指一个组织对内部人员进行管理和服务的有关活动。人力资源管理工作包括人力资源计划、员工招聘、员工培训、员工职业生涯管理、绩效评估等活动。

在以人际关系为网络构成的人类社会的各个组织中，由于组织的工作效率和成就受到组织中每个人的工作效率及个人成就的明显影响，各个组织要高效率地完成任务，就要做到事得其人，人与事恰当配合，这些工作正是人力资源工作的内容。

人力资源是一个组织发展壮大的支柱，对组织的发展起到生死攸关的作用。一个组织要想健康成长，必须对人力资源进行科学管理。

西汉时期，公元前 61 年，汉宣帝听说蜀郡人王褒很有才干，就召见他，命他作了一篇《圣主得贤臣颂》。文中说到："贤才，是国家的工具。任用贤能的官吏，办事进退简易，又能普遍获得良好的功效；使用锋利的工具，花费很少的力量就能取得很多的成果。如果工匠使用的工具不够锋利，即使劳筋动骨，仍旧终日辛苦；使用精巧的工具，则能铸造出'干将'宝剑。假使派眼神好的离娄负责测量，鲁班砍削木材，测量百丈面积，修建五层高台也不会失误，这是因为用人得当。蠢人骑劣马，即使勒破马嘴，抽坏马鞭，也不能前进；若由精于骑术的王良骑乘名种良驹，由善于改进车辆的韩哀侯驾驶快疾的宝马拉着马车周游天下，即使是万里之遥，也不过喘口气的工夫就能到达。为什么这么快呢？因为人马相得益彰之故。"[91] 王褒对人才科学管理的论述很精彩，反映了人力资源科学管理的重要作用。

东汉时期，袁绍与曹操共同起兵讨伐董卓，袁绍问曹操："假如大事不成，

91 《资治通鉴》编委会．资治通鉴（文白对照）[M]．北京：线装书局，2014：1016.

有什么地方可以据守？”曹操说：“你的意思如何？”袁绍说：“我南据黄河，北方依靠燕代地区，召集北方蛮族兵力，向南争夺天下，大概可以成功吧！”曹操说：“我任用天下的贤能智士，加以正确指导，在什么地方都能成功。”[92]后来，事实的发展果然像曹操所说的那样，这说明人力资源在组织的各项资源中是最重要的。

组织要做好人力资源管理工作，就要合理选拔人才，科学使用人才，真诚尊重人才。

第一节 《资治通鉴》中的人才选拔

对一个组织或部门来说，选拔人才是一项非常重要的工作，关系到整个组织或部门的兴衰成败。组织或部门在选拔人才时，必须坚持正确的原则。

一、人才选拔

人才选拔是指一个组织或部门为了将来发展的需要，依照一定的标准，采取科学的方法，遵循一定的程序，寻找和吸引那些有德有才又有兴趣到本组织或部门工作的人员，并从中选出适宜人才予以聘用的过程。人才选拔是组织或部门人力资源管理活动的第一步，也是重要的一步。

对一个组织或部门来说，人才选拔具有十分重要的意义。

首先，人才选拔能够满足组织或部门生存和发展对人才的需要。组织或部门在发展过程中，不同时期需要不同类型和数量的人才，通过人才选拔能够保证组织人才可持续发展的需要。

其次，人才选拔能够确保一个组织或部门的员工具有较高的素质。一个组织或部门只有招到合格的人才，把合适的人安排到合适的岗位上，并在工作中注重人才队伍的培养，才能保证员工队伍的稳定，确保人才队伍的素质。

二、人才选拔原则的运用

一个组织要选拔到自身需要的人才，选拔人才时就要遵循尊重人才原则、德

92 《资治通鉴》编委会．资治通鉴（文白对照）[M]．北京：线装书局，2014：2634.

才兼备原则、全方位原则、内外兼顾原则和公开公正原则。

（一）尊重人才原则的运用

1. 人才选拔应遵循尊重人才的原则

选拔人才首先要尊重人才。组织领导者要从内心深处意识到尊重人才的重要性，能够容忍那些想法、做法与其不一致的人才，只有这样才能充分发挥人才的才能，激发人才的灵感、热情与责任心，充分调动人才的积极性。

2. 尊重人才原则的运用案例

尊重人才的一个案例是春秋战国时期的一个例子。

春秋战国时期，魏文侯魏斯以卜子夏、田子方为国师。他每次经过名士段干木的住宅，都要在车上俯首行礼，于是各地的很多贤才德士前来归附他。[93] 魏文侯通过对已有人才的尊重，对其他的人才产生了巨大的吸引作用，各国人才纷纷来到了魏国，魏国也一时成为各国中的霸主。

尊重人才的一个最经典、最耳熟能详的案例，是在楚汉相争中刘邦拜韩信为大将军的例子。

公元前 206 年，秦朝灭亡，项羽封刘邦为汉王，统辖巴、蜀、汉中等一带。刘邦手下的众将领和士兵都唱歌思念东归故乡，许多人中途就逃跑了。韩信投奔刘邦以后，好几次和萧何谈话，萧何感觉他不同于常人。韩信估计萧何等人已经多次向汉王荐举过他，但汉王没有重用他，便也逃走了。萧何听说韩信逃走了，没来得及向汉王报告，就亲自去追赶韩信。有人报告汉王："丞相萧何逃跑了。"汉王大发雷霆，仿佛失去了左右手一般。过了一两天，萧何来拜谒汉王。汉王又喜又怒，骂萧何道："你为什么逃跑呀？"萧何说："我不敢逃跑，我是去追赶逃跑的人呀！"汉王说："你追赶的人是谁呀？"萧何道："韩信。"汉王又骂道："将领们逃跑的已是数以十计，你都不去追赶，说追韩信纯粹是撒谎！"萧何说："那些将领很容易得到，像韩信这样的人，却是天下无双的杰出人才。大王您如果只想长久地在汉中称王，自然没有用得着韩信的地方；倘若您要争夺天下，除了韩信，就没有可与您图谋大业的人了，只看您作哪种抉择了！"汉王说："我也是想要东进的，怎么能够忧郁沉闷地老待在这里呀！"萧何道："如果您决计向东发展，那么能任用韩信，韩信就会留下来。如若不能使用他，他终究还是要逃跑的。"汉王说："那我就看在你的面子上任他为将军吧。"萧何说："即便

93 《资治通鉴》编委会．资治通鉴（文白对照）[M]．北京：线装书局，2014：18.

是做将军，韩信也不会留下来的。”汉王道：“那就任他为大将军吧。”萧何说：“太好了。”于是汉王就想召见韩信授给他官职。萧何说：“大王您向来傲慢无礼，现在要任命大将军了，却如同呼喝小孩儿一样，这就是韩信所以要离开的原因啊。您如果要授给他官职，就请选择吉日，进行斋戒后，设置拜将的坛台和广场，准备举行授职的完备仪式，这样才行呀！”汉王应允了萧何的请求。众将领闻讯都很欢喜，人人都以为自己会得到大将军的职务。但等到任命大将军时，竟然是韩信，全军都惊讶不已。[94]

韩信被拜为大将军以后，显示了杰出的军事才能，楚汉相争几次主要的大战役都是他指挥的，为汉王朝的建立立下了不朽功勋。

（二）德才兼备原则的运用

1. 人才选拔应遵循德才兼备的原则

德才兼备原则是指在人才选拔过程中，必须注意从“德”和“才”两个方面考核选拔人才，不可重德轻才或重才轻德。[95]所谓“德”，是指人才的思想道德品质；所谓“才”，是指人才具有的知识和能力。

德才兼备是中华民族各个历史时期一贯坚持的选拔人才的原则。“德”是政治原则，“才”是业务原则。一般来说，“德”既是根本，也是统帅，是人才是否合格的基本底线和内在标准；“才”既要服从于德，又要服务于德，是人才是否合格的外在标准。无才有德，无德有才，都不是一个合格的人才。

坚持德才兼备原则的关键，就是要做到正确处理德与才的关系。因为有德无才的人，做人基本可以信任，却不能担当大任，如果任用这样的人，势必会耽误一个组织的事业。有才无德的人，信任都不可能，更不能选拔任用，如果任用这样的人，有时会给组织造成重大危害。选拔人才必须德才兼备，既不能重德轻才，也不能重才轻德，二者应该相辅相成。

2. 德才兼备原则的运用案例

《资治通鉴》中人才选拔对德才兼备原则的运用案例是春秋战国时期的一个例子。

春秋战国时期，晋国的智宣子想以智瑶为继承人。族人智果说：“他不如智宵。智瑶有超越他人的五项长处，只有一项短处。美发高大是长处，精于骑射是长处，

94 《资治通鉴》编委会．资治通鉴（文白对照）[M]. 北京：线装书局，2014：349.

95 付国锋，夏东．人才选拔的原则与方法[J]. 人力资源开发，2009，09：33~34.

才艺双全是长处，能写善辩是长处，坚毅果敢是长处。虽然如此，却很不仁厚。如果他以五项长处来制服人，而做不仁不义的恶事，谁能和他和睦相处？要是真的立智瑶为继承人，那么智氏宗族一定灭亡。”[96]后来果然如智果所说，智瑶被杀死，智家族人被尽行诛灭。

司马光评论说：智瑶的灭亡，在于才胜过德。才与德是不同的两回事，而世俗之人往往分不清，一概而论之曰贤明，于是就看错了人。所谓才，是指聪明、明察、坚强、果毅；所谓德，是指正直、公道、平和待人。才，是德的辅助；德，是才的统帅……所以，德才兼备称为“圣人”，无德无才成为“愚人”，德胜过才称为“君子”，才胜过德称为“小人”。挑选人才的方法，如果找不到圣人、君子来委任，与其得到小人，不如得到愚人。原因何在？因为君子把才干用到善事上，而小人用才来作恶。有才干作善事，能处处行善；凭借才干作恶，就无恶不作；愚人尽管想作恶，因为智慧不济，才力不能胜任，好像小狗扑人，人还能制服它。而小人既有足够的阴谋诡计来发挥邪恶，又有足够的力量来逞凶施暴，就如恶虎生翼，他的危害难道不大吗！有德的人令人尊敬，有才的人使人喜欢；对喜爱的人容易宠信专任，对尊敬的人容易疏远，所以察选人才者经常被人的才干所蒙蔽，忘记了考察他的品德。自古至今，国家的乱臣奸佞，家族的败家浪子，因为才有余而德不足，导致家国覆亡的事情太多了，又何止智瑶呢！[97]

《资治通鉴》中人才选拔对德才兼备原则运用的另一个案例是西汉时期的一个例子。

公元 84 年，汉章帝时期，大鸿胪韦彪上书朝廷说：“朝廷以选拔贤才为职责，而贤才以孝顺父母为第一要务。想得到忠臣，就必须到孝子之门访求。人的才干、品行很少能够兼备，所以孟公绰能轻松胜任晋国赵、魏两家的家臣，却做不了滕、薛两国的大夫。忠孝的人，心地较为仁厚；干练苛刻的官吏，性情较为凉薄。选拔人才，应当首先考虑才干品行，不能只根据资历。”[98]

（三）全方位原则的运用

1. 人才选拔应遵循全方位的原则

全方位原则是指一个组织或部门考察人才时，必须综合考虑人才的道德品质、

96 《资治通鉴》编委会．资治通鉴（文白对照）[M]. 北京：线装书局，2014：9.
97 《资治通鉴》编委会．资治通鉴（文白对照）[M]. 北京：线装书局，2014：14~15.
98 《资治通鉴》编委会．资治通鉴（文白对照）[M]. 北京：线装书局，2014：1848.

处世的方式方法、交往的朋友、对待亲属的态度等，以利于全面考察一个人是否是真正的人才。

坚持全方位原则的关键就是要对一个人从360度进行考察，不放过任何一个方位，这样选拔出来的人才能是真正的人才。但在现实操作中，要做到360度无死角考察一个人，显然是做不到的，投入的人力物力过于庞大，也没有必要。现实中，全面性原则是指从几个主要方面对一个人进行考察。

2. 全方位原则的运用案例

《资治通鉴》中人才选拔对全方位原则运用的一个案例是春秋战国时期的一个例子。

春秋战国时期，魏文侯曾经询问李克："选相是魏成，还是翟璜？"李克回答说："看人，平时看他所亲近的，富贵时看他所交往的，显赫时看他所推荐的，贫困时看他所不做的，贫贱时看他所不取的，仅此五条，就足以断定一个人。"魏文侯根据李克确定的原则，选择了魏成作为国相。[99]

《资治通鉴》中人才选拔对全面性原则运用的一个反面案例是北魏孝明帝时期发生的人才选拔例子。

公元519年，北魏当时官员名额已经很少了，应选的人却很多。吏部尚书李韶停止选择录用工作，遭到很多埋怨。于是，朝廷便另外任命殿中尚书崔亮为吏部尚书。崔亮奏请制定了新的录用标准，规定不管应选者是贤是愚，只以其待选的时间为依据，时间长者优先录用，因此那些长时间待选的人都称赞他有才能。崔亮的外甥司空谘议刘景安给崔亮写信说："商周时期由乡间学校选拔官员，两汉时期由州郡推荐人才，魏晋两代因循汉代旧例，又在各州郡设置了中正的职位主管这件事，虽然没达到尽善尽美的程度，但是所选的人才每十人中也有六七人是应当入选的。然而朝廷选拔人才，只要求他们文采好，而不考察他们的整体如何，考察孝廉只根据他们的章句学问如何，而不看有无治理国家的方法。设立中正官职只辨识他们的姓氏，而不考察应选者的才能、品行，选取人的路途不广，淘汰的办法不严密。舅舅您被委任来主管遴选官员之事，本应该改换掉那些不妥的章程，为什么反而以年资长短为任用的标准，这样一来，天下的士人谁还会再注意修励自己的名节和品行呢！"崔亮回信说："你所说的的确有深刻的道理，但是我前不久采取那种办法，也有它的道理。古今不同，时机合适时应当加以改革。从前

99 《资治通鉴》编委会．资治通鉴（文白对照）[M]．北京：线装书局，2014：20.

子产铸造青铜刑书来挽救时弊，但是叔向以不合先王之法讥讽他，这和你用古代礼法来责难随时的变化有什么不同！”洛阳令代京人薛椒上书说：“百姓的性命，掌握在官吏的手上，如果选拔官吏只按他们的年资，不问他们的能力大小，像排队飞行的大雁一样按顺序来，或像穿在一起的鱼一样由先而后地拿着名册叫名字，那么吏部只需一名官吏就足够了，按顺序用人，怎能叫遴选人呢！”[100]

很多人对崔亮选拔人才的办法提出异议，于是北魏孝明帝让大臣讨论这件事，但是最后不了了之。后世许多人认为北魏选拔任用官员的办法不得当，是从崔亮开始的。

（四）内外兼顾原则的运用

1. 人才选拔应遵循内外兼顾的原则

一个组织或部门选拔人才时，既可以内部选拔，也可以外部选拔。

从组织或部门内部选拔出合格的人员补充到空缺或新增的岗位上去，首先可以降低选拔的成本。从内部选拔可以节约外部选拔所需要的大量人员餐旅费以及选拔机构花费等直接开支，还节约了人才熟悉组织的间接开支。

其次，内部选拔为组织或部门节约了时间。外部选拔的人才无法像内部人才那样熟悉组织或部门，必须花一定时间了解和适应新环境。内部选拔的人才熟悉组织或部门文化，了解组织或部门目标，更容易适应新职位，可以大大节约时间成本。

最后，内部选拔有利于激励人才辈出。内部人才能在选拔中获得新的发展机会，将对组织内部人员产生激励作用，激励他们更加积极地工作，对组织更加忠诚，还可以避免外来人才加入导致内部员工产生的抵触现象。

从组织或部门外部选拔符合空缺职位要求的人才，首先能够选拔到更合适的人才，因为内部选拔有时不能满足组织或部门发展的需求，对大量高素质人才的需求是内部资源无法满足的。外部选拔的选择范围更广，从四海之内选拔对组织或部门有兴趣的人，能吸引到足够多的求职者，使组织或部门有更大的选择空间，选拔到最合适人才的可能性更大。

其次，通过外部选拔的人才能够给组织或部门带来新的思想和知识，有助于组织或部门的创新和改革。

最后，外部选拔还可以避免因为内部选拔的不公平而产生的员工间矛盾冲突，

100 《资治通鉴》编委会．资治通鉴（文白对照）[M]．北京：线装书局，2014：6390~6391.

加强了组织或部门内部的团结。

内部选拔人才与外部选拔人才，二者既有自身的优点，也各有自身的缺陷。科学的做法是二者兼顾，公平对待。

2. 内外兼顾原则的运用案例

《资治通鉴》中对人才选拔内外兼顾原则运用的一个案例是春秋战国时期的一个例子。

公元前 237 年，秦国的王族大臣建议说："各诸侯国到秦国来做官谋职的人，大都是为自己的君主来游说，以挑拨离间我们君臣上下之间的关系，因此，请大王将他们一律驱逐出境。"于是，秦王下令全国实行大搜索，驱逐外来人。客卿楚国人李斯也在被逐之列。他在离开前上书秦王说："从前穆公招纳贤才，由西部戎地选得由余，东方宛城物色到百里奚，在宋国迎接了蹇叔，晋国寻求到丕豹和公孙支。如此，秦国得以兼并二十多个封国，从而称霸西戎。孝公任用商鞅实行变法，使各国都亲和服从，以至今日天下大治，国势强盛。惠王采纳张仪的策略，拆散六国的合纵联盟，使他们为秦国效力。昭王得到范雎的辅佐，加强了王室的权力，遏制了贵族家庭的势力。这四位君王都是依靠客卿的作用建功立业的。如此看来，客卿有什么地方辜负了秦国啊！美色、音乐、宝珠、美玉都不产在秦国，可大王搜集来使用、享受的则很多，但对人的取舍偏不是这样，不问可用不可用，不论是非曲直，凡非秦国人就一概不用，凡是客卿就一律驱逐，似此便是只看重美色、音乐、宝珠、美玉而轻视人才了。我听说泰山不辞让细小的泥土，故能成就其巍峨；河海不择细流，故能成就其深广；圣贤的君王不抛弃民众，故能明示他的恩德，这便是五帝三皇所以能无敌于天下的原因。现在您抛弃那些非秦国籍的平民百姓，使他们去帮助敌国，辞退那些外来的宾客，令他们去为各诸侯效力，这就是所谓的把武器借给入侵者，把粮秣送给盗匪了。"嬴政看了李斯上的这封信，即召他入见，恢复了他的官职，并撤销了逐客令。[101]

（五）公开公正原则的运用

1. 人才选拔应遵循公开公正的原则

公开原则是指一个组织或部门将要选拔人才的岗位、类型、对象、条件、标准、方法、时间、过程、结果等全部相关信息对所有参选的人才进行公开，使所有的参与人均有平等获得信息的机会。

101 《资治通鉴》编委会．资治通鉴（文白对照）[M]．北京：线装书局，2014：238.

公正原则是指一个组织或部门对所有的参与选拔的人才平等对待，保证所有参与人权利义务关系平等，保证各参选人作为平等的参与主体，分别承担义务并享有权利，人人平等和机会均等，选拔过程不受其他不正当因素的干扰，保证选拔结果公平合理。

人才选拔最重要的是公开公平，因为人才蕴藏在社会各个领域中，必须彻底改变封闭的神秘选人方式，面向全社会选拔人才，让所有人才平等地参与到选拔中来，按照优胜劣汰准则择优录用。只有这样，才能使所有的人才有平等的机会和公正的待遇，才能调动所有人才的积极性，积极参与到选拔中来，才能使有才之士脱颖而出，才能选拔到合格的人才，组织或部门的选拔目的才能实现，才可能选拔到真正的人才。

2. 公开公正原则的运用案例

《资治通鉴》中对人才选拔公开公正原则运用的一个案例是东汉时期的一个例子。

东汉后期，朝廷对人才的选拔不能采用公开公正的原则，导致不合格的人占据重要岗位，真正有才能的人不能充实到重要的岗位上，整个社会一片混乱，各个方面出现了许多问题，整个朝廷岌岌可危。议郎蔡邕一针见血地指出了问题所在。

公元 178 年，汉灵帝下诏，召集光禄大夫杨赐等人到金商门，向他们询问天象灾异的原因，以及消除的方法。议郎蔡邕回答说："我俯伏思虑各种灾异，都是亡国之怪。只因为上天对汉王朝仍有旧情，所以屡次显示妖孽变异的反常现象作为警告和谴责，希望让人君感动悔悟，远离危险，转向平安。而今青虹下坠，母鸡变成公鸡，都是妇人干涉朝政的结果。从前乳母赵娆位尊权重，闻名全国，谗害忠良，谄媚求宠，骄纵横溢。接着是永乐门史霍玉依仗国家的权势，作奸犯科。如今道路上纷纷传言，说宫内又出了一位程大人，看他的声势，将要成为国家的祸患。应该高筑堤防，明白设置禁令，以赵娆、霍玉作为深刻的鉴戒。现在的太尉张颢是霍玉推荐引进的，光禄勋伟璋是有名的贪官。还有长水校尉赵玹、屯骑校尉盖升，都同时得到宠幸，享尽荣华富贵。应该顾念小人在位的灾祸，退而思考抽身让贤的福佑。我曾见到廷尉郭禧忠纯笃厚，年高有德；光禄大夫桥玄聪明通达，端平正直；前太尉刘宠忠诚老实，笃守正道，都应该成为主谋的人，陛下应该多向他们征求意见。宰相等三公大臣是君王的四肢，应该委以重任，责令他们成功。优劣既已分明，不应该再听信小吏的谗言，罗织大臣的罪状。同时，宫廷百工技艺的制作，鸿都门学校创作辞赋的篇章，似乎应该暂时停止，以表示专心国家的忧患。出任州刺史、郡太守的孝廉，本是读书人中的优秀人才，近来因推荐征召不当，又下诏严词谴责三公。如今大家都只因为写了一篇小文章，便得到越级提拔，因而大开请托之门，违背圣明君王的典章制度，众心不服，却没有人敢说出来。我希望陛下忍痛割舍，专心致志治理国家大事，以报答上天的厚望。”[102]

第二节 《资治通鉴》中的人才任用

人才选拔是人力资源管理的第一步，选对人才是任用人才的基础。如果人才选择出了问题，则人才任用就成了无源之水。选拔到合适的人才，如果不能科学地使用，也不能充分发挥人才的作用。因此，人才任用关系到一个组织或部门的兴衰成败，至关重要。

一、人才任用

人才任用是指一个组织或部门在选拔到人才以后，根据组织或部门岗位职责的要求，以及选拔到的人的才能，把人才安排到合理的岗位上，以充分发挥人才的作用。

对一个组织或部门来说，人才任用之所以十分重要，是因为绝大部分人才不是全才，只是在某个领域、某个方面具有超出常人的才能，只有把人才安排到他所擅长的领域或地方，才能做到人尽其才。如果把一个人才安排到他不擅长的领域或地方，一是不能发挥人才的作用，这样的人才在这种领域或地方没有超出常人的才能，他在这样的领域或地方就算不上人才；二是组织或部门的岗位如果没有使用合适的人才，组织或部门的发展就达不到想要的速度和结果。因此，人才任用工作既是充分发挥人才作用的工作，也是促进组织或部门健康成长的工作。把合适的人安排到合适的岗位是人力资源管理的重要工作。

人才任用不恰当，会给组织或部门带来严重的后果。公元519年，北魏任城王元澄认为对北部边境的守将选择任用太轻率，难以放心，恐怕敌人会觊觎边境，皇陵受到危害，于是上书请求注重守边将领的选派，严整防守纪律。胡太后下令

102 《资治通鉴》编委会．资治通鉴（文白对照）[M]. 北京：线装书局，2014：2324~2325.

让百官商议这个意见，廷尉少卿袁翻认为："近来边境州郡中，封官从不按照人才选择，只是论资排辈。有时碰上贪污的官员，大量开设哨所，过多地设置将领，有的人重用他的亲属，有的人接受别人求官的贿赂，全无防范敌人的意识，只有聚敛钱财的贪心。那些勇猛有力的兵士，被驱赶着去抢劫掠夺，如果碰到强大的敌兵就被俘虏，如果捕获到东西就变成自己的财富。那些瘦弱年老和年少的人，稍微懂一些冶炼技艺以及木工手艺的，都从营垒中搜寻出来，让他们遭受百般的苦役。其余的人，有的在深山中伐木，有的在平地锄草，来回贩运做买卖的人在路上川流不息。这些人的钱饷不足，供给也有限，都收他们实绢，不给他们现粮，用尽他们的精力，减少他们的衣物，使用他们的人工，却限制他们的饮食，让他们一年四季不止息地干，再加上疾病劳苦，死在沟壕中的人十有七八。因此，境外敌人总是寻找时机来侵扰我们的边境，这都是由于边境官员任用不称职造成的。我认为从现在开始，南北边境各藩镇以及管辖的各郡县府佐、统军到戍主，都应由朝廷大臣中王公以下的人举荐他们所了解的人来担任，一定要选拔合适的人才，不拘出身等级。如果推荐的人称职或渎职，就连同举荐的人一同赏或罚。"胡太后没有采纳元澄的建议。到了正光末年，北部边郡强盗蜂拥而起，终于逼近旧都，侵犯皇陵，正如元澄所担心的那样。[103]

二、人才任用原则的运用

一个组织或部门要做到人尽其才，在任用人才时就要遵循用其所长原则、用人不疑原则、用当其时原则、顺序晋升原则。

（一）用其所长原则的运用

1. 人才任用应遵循用其所长的原则

"用其所长"出自《管子·小匡》，说的是齐桓公当了齐国国君以后，急需选拔一批管理国家的人才。一天，齐桓公召见管仲，让管仲帮忙推荐人才。管仲向齐桓公推荐了五个人，齐桓公按照这五个人的才能让他们担任了相应的职务。正是这五个人各自发挥了长处，工作非常出色，很快使齐国政治安定，经济繁荣。

这个故事告诉我们，每个人都有长处和短处，在用人方面，应该是用其所长。只要做到人尽其才，工作就一定能干好，事业就一定会兴旺。一个组织或部门在使用人才过程中，如果对人才的要求百般挑剔，求全责备，要求人才十全十美，

103 《资治通鉴》编委会．资治通鉴（文白对照）[M]. 北京：线装书局，2014：6364~6365.

十分成熟，将导致误才，导致人才流失，导致岗位找不到合适的人才，从而影响人才的使用。

2. 用其所长原则的运用案例

《资治通鉴》中人才任用对用其所长原则运用的案例是春秋战国时期的一个例子。

魏文侯曾经征求李克的意见，询问是否选用吴起。李克回答说："吴起为人贪婪而好色，然而他的用兵之道，连齐国名将司马穰苴也超不过他。"于是魏文侯任命吴起为大将，攻击秦国，攻占五座城池。[104]

《资治通鉴》中人才任用对用其所长原则运用的另一个案例也是春秋战国时期的一个例子。

春秋战国时期，孔伋向卫国国君推荐苟变说："他的才能可统领五百辆车。"卫侯说："我知道苟变是个将才，然而他做官吏的时候，有次征税吃了老百姓的两个鸡蛋，所以我不用他。"孔伋说："圣人选人任官，就好比木匠使用木料，取其所长，弃其所短。一根合抱的良木，只有几尺的朽烂处，高明的工匠是不会扔掉它的。现在，国君您处在战国纷争之世，正要收罗锋爪利牙的人才，却因为两个鸡蛋而舍弃了一员可守一城的大将，这事可不能让邻国知道啊。"卫侯一再拜谢说："我接受你的指教。"[105]

《资治通鉴》中人才任用对用其所长原则运用的又一个案例是汉王刘邦和西楚霸王项羽争夺天下时期的一个例子。

公元前 205 年，汉王刘邦和西楚霸王项羽争夺天下期间，周勃、灌婴等人对汉王说："陈平虽然外表俊美，如装饰帽子的秀玉，但腹中未必有什么真才实学。我们听说陈平在家时曾与他嫂子私通，为魏王做事时，因不能被容纳而逃走，投奔楚国；在楚依然得不到信用，就又逃奔来降汉。现在大王您却这么器重他，授给他很高的官职，命他来监督各部将领。我们获悉陈平接受将领们送的金钱，金钱给得多的人就能得到较好的对待，赠得少的人就会遭到极差的待遇。如此看来，陈平是个反复无常的乱臣贼子，望大王您明察！"于是汉王对陈平有了猜疑，即召他的引荐人魏无知前来责问。魏无知说："我推荐陈平时说的是他的才能，陛下现在责问的是他的品行。如今若有人具有尾生、孝己那样守信义、重孝顺的品

104 《资治通鉴》编委会．资治通鉴（文白对照）[M]. 北京：线装书局，2014：22.
105 《资治通鉴》编委会．资治通鉴（文白对照）[M]. 北京：线装书局，2014：34.

行，却对您的胜负命运没有帮助，陛下又有什么闲心去使用他啊！现今楚汉抗衡，我荐举腹怀奇谋异计的人，只是考虑他的计策是否确实对国家有利，至于私通嫂子，收取贿赂，又有什么值得怀疑的呢！”汉王随即再召陈平来见，责问他说：“你侍奉魏王意不相投，侍奉楚王而又离开，如今又来与我共事，守信义的人原本都是这样三心二意吗？”陈平说：“我侍奉魏王，魏王不能采纳我的主张，所以我才离开他，去为项羽服务。项羽不能信任使用人才，他任用宠爱的人，不是项姓本家，就是他老婆的兄弟，即便是有奇谋的人他也不用。我听说汉王能够用人，因此才来归附大王您。但我赤条条空手而来，不接受金钱就无法应付日常开销。倘若我的计策有值得采纳的地方，便望大王您采用它。假若毫无价值，那么金钱都在这里，请让我封存好送到官府中，并请求辞去官职。”于是，汉王向陈平道歉，重重地赏赐他，授他为护军中尉，监督全军所有的将领，众将领们也不敢再说三道四了。[106]

《资治通鉴》中人才任用对用其所长原则运用的又一个案例是西汉时期的一个例子。

西汉汉哀帝时，丞相王嘉上书说：“贤才难得，为了擢升提拔可以胜任的人，甚至有起用囚犯的事例。从前魏尚犯罪被羁押监狱，汉文帝被冯唐的一席话感动，派使节持符节去赦免了他的罪，任命他为云中太守，匈奴对冯唐深为畏惧。武帝从囚徒中选拔出韩安国，任命他为梁国内史，使得刘氏骨肉得以平安。张敞为京兆尹，犯了罪应当被免职，狡猾的小吏知道后故意冒犯，张敞逮捕了他，并把他杀死。死者家属鸣冤，使者再次进行审查，弹劾张敞凶残杀人，上奏天子要求逮捕张敞，宣帝搁置不批，不久免罪。张敞逃亡十来天后，宣帝征召他，授为冀州刺史，终于能够才为所用。前代君王并非偏爱这三个人，而是看重他们的才干对国家有益。”[107]

（二）用人不疑原则的运用

1. 人才任用应遵循用人不疑的原则

用人不疑是指一个组织或部门既然已经选拔到了一个人才，就要把需要他做的事明确地交给他去做，并给他相应的权力，让他能够充分发挥出自己的才干。如果组织要用这个人才，又怀疑他，就会使其产生消极心理，束手束脚，不敢放

106 《资治通鉴》编委会．资治通鉴（文白对照）[M]．北京：线装书局，2014：362~363.
107 《资治通鉴》编委会．资治通鉴（文白对照）[M]．北京：线装书局，2014：1321.

手工作，不能充分发挥才能，无法圆满完成工作，或完成的工作达不到应有的效果。

用人不疑，疑人不用，是用人的一项基本原则。选拔到人才并把人才安排到合适的岗位上，这时候组织或部门就要充分信任人才，并授予相应的职权，对其职权范围内的事不横加干涉，维护其威信，对来自不同方面的流言蜚语，不偏听偏信，为人才最大限度地发挥积极性和创造性提供有利的条件。要让人才充分感受到组织或部门的信任，感受到人格上的尊重，只有这样，他们才能放手一搏，充分施展自身的才能，发挥自身的专长。

2. 用人不疑原则的运用案例

《资治通鉴》中人才任用对用人不疑原则运用的一个案例是三国时期的一个例子。

在袁术与孙策的争战中，袁术曾派遣秘密使者，将印绶带给丹阳郡地方势力首领祖郎等，要祖郎去煽动山越人，共同打击孙策。刘繇被孙策打败，投奔豫章郡时，刘繇部将太史慈逃到芜湖地区的山中，自称为丹阳太守。

公元 198 年，孙策已经平定宣城以东地区，只有泾县以西的六个县还未征服。太史慈进驻泾县，大受山越人的拥护。于是孙策亲自率军到陵阳去征讨祖郎，将他生擒。孙策对祖郎说："你以前袭击我，曾砍中我的马鞍。如今我兴建军队，创立大业，抛除旧恨，只要是能用之人，就加以任用。我对天下人都是如此，不仅是你一个人，你不必害怕。"祖郎叩头请罪，孙策立即打开他的枷锁，任命他为门下贼曹。

孙策又进军勇里攻讨太史慈，将他生擒。战斗结束后，孙策解开捆绑太史慈的绳索，握着他的手说："还记得神亭相遇时的情景吗？如果你那时捉到我，会怎么对待我？"太史慈说："无法估量。"孙策大笑着说："今天的大事，我要与你一同开创。听说你有烈义，为人忠勇，是天下的智士，只是你跟随的并不是真正的明主罢了。我是你的知己，不要担心不能如意。"随即任用太史慈为门下督。孙策大军返回时，祖郎、太史慈一同在前面开道，全军都认为是荣耀。[108]

《资治通鉴》中人才任用对用人不疑原则运用的一个反面案例是春秋战国时期赵国的例子。

公元前 260 年，秦国进攻赵国长平，赵国派廉颇率军驻守。一开始赵兵屡次被秦军打败，廉颇便下令坚守营垒，拒不出战。赵王以为廉颇损兵折将后变得胆

108 《资治通鉴》编委会 . 资治通鉴（文白对照）[M]. 北京：线装书局，2014：2568.

怯，不敢迎敌，生气得多次斥责他。秦国又在赵国施行反间计，散布谣言说："秦国所怕的只是马服君赵奢的儿子赵括做大将，廉颇好对付，而且他也快投降了！"赵王中计，以赵括代替廉颇，后来赵括战死，赵军四十万人投降被杀。[109]

《资治通鉴》中人才任用对用人不疑原则运用的另一个案例是南北朝时期的一个例子。

公元 355 年，六月壬午，前秦任命大司马、武都王苻安都督中外诸军事。甲申，前秦国主苻健召唤太师鱼遵、丞相雷弱儿、太傅毛贵、司空王堕、尚书令梁楞、左仆射梁安、右仆射段纯、吏部尚书辛牢等人前来接受遗诏，辅佐朝政。苻健对太子苻生说："六夷酋长将帅以及大臣中握有权力的人，如果不听从你的命令，就应该逐渐把他除掉。"司马光对此评论说：天子临终前之所以要嘱托大臣辅政，是要靠他们来辅佐教导太子，以作为太子的羽翼。既然是羽翼，却又告诉太子翦杀他们，能不自取灭亡吗！如果知道他不忠诚，不加任用就可以了；既然委以重任，又横加猜忌，没有不招来祸乱的。[110]

（三）用当其时原则的运用

1. 人才任用应遵循用当其时的原则

用当其时是指对人才的使用有一个恰当时机的问题，一是要在人才才华横溢和精力充沛的最佳时期使用，二是在不同的时间使用不同的人才，三是一个人才在一个时期重用，在另一个时期不再重用。这样做的好处就是最大限度地发挥人才的作用。

使用人才之所以要用当其时，是因为人才使用的最佳时期因人、因地、因层次的不同而有所差异。一个组织或部门在使用人才时，一定要根据各类人才的不同特点，岗位的职责特点，不同层次需要不同能力的特点，因地制宜、因人制宜地使用人才，以便充分发挥人才的作用。只有这样，一个组织或部门才能充分利用人才的才能，人才的才能能够得到充分的施展。

2. 用当其时原则的运用案例

《资治通鉴》中人才任用对用当其时原则运用的一个案例是三国时期的一个例子。

公元 228 年，吴王孙权任用扬州牧吕范为大司马，印信和绶带还没有下达，

---

109 《资治通鉴》编委会．资治通鉴（文白对照）[M]. 北京：线装书局，2014：178.
110 《资治通鉴》编委会．资治通鉴（文白对照）[M]. 北京：线装书局，2014：4148.

吕范就去世了。最初，孙策让吕范掌管财经，当时吴王孙权年少，私下向吕范借钱索物，吕范一定要禀告，不敢专断许可，为此当时即被孙权怨恨。后来孙权代理阳羡长，有私下开支，孙策有时进行核计审查，功曹周谷就为孙权制造假账，使他不受责问，孙权那时十分满意他。但等到孙权统管国事后，认为吕范忠诚，对他深为信任，而周谷善于欺骗，善长伪造簿册文书，因此不予录用。[111]

（四）顺序晋升原则的运用

1. 人才任用应遵循顺序晋升的原则

顺序晋升是指一个组织或部门根据每个职位的头衔、所需能力、经验、薪水等，能够区分各个职位不同的职位序列，列出职位渐进的顺序，然后将人才参加工作的时间长短、资格的深浅和取得的绩效等作为晋升的主要标准，把人才选拔到一个比前一个工作责任更大、职权更多、更具挑战性的岗位。

顺序晋升与破格提升相比，有其自身的优点：一是顺序晋升是根据人才资历时间的长短、工作经验的丰富程度和工作成绩及能力对人才进行晋升，这样做可以避免人才使用的盲目性，使用的人才符合岗位需要的准确度高；二是顺序晋升是大多数人才喜欢的晋升方式，这种晋升方式标准明确，简单易行，可以避免由于领导者个人好恶或亲疏而产生的晋升不当现象，给人才以安全保障感，能够充分调动大多数人才的主动性和积极性，在组织或部门内部营造公平、公正、公开的竞争机制。

当然，顺序晋升也有缺点：一是人才的资历和任职时间长短并不一定与工作成绩及能力成正比，也不与绩效成正比，不能作为衡量才能大小、智慧高低的标尺。不论从工作成绩还是从能力上看，顺序晋升任用的人未必都是最佳人选。同时，顺序晋升既阻断了外部人才进入本组织或部门的渠道，也让本组织或部门内的人产生不求无功、但求无过、坐熬年头的消极心理，不利于留住本组织或部门的人才。

2. 顺序晋升原则的运用案例

《资治通鉴》中人才任用对顺序晋升原则运用的一个案例是西汉时期的一个例子。

西汉时期，大司空朱博对汉哀帝说："依照前例，选拔郡国守、相，考绩优异者，可被定为官秩中两千石的高级官员。然后再从两千石的官员中物色御史大夫的人选，御史大夫能胜任的，则晋升为丞相。这样，晋升官位就有了一定的顺序。

111 《资治通鉴》编委会. 资治通鉴（文白对照）[M]. 北京：线装书局，2014：2905.

按顺序晋升的目的在于尊崇圣德，加重国相的权威。现在两千石的官员，不经御史大夫这一官阶，就直接被任命为丞相，权威太轻，不是加强国家统治的方法。”[112]

反映顺序晋升缺点的一个案例是西汉时期董仲舒上书汉武帝的例子。

公元前140年，董仲舒上书汉武帝：“官吏大部分出自郎中、中郎、两千石官员的子弟，选任郎官又以家庭资财为条件，所选的人未必是贤能的人。而且，古代所说的‘功’，是按照任官政绩的好坏来区分大小的，并不是指任职的累积时间。所以，本事小的人，即使任职时间很长，也仍做小官。贤能的栋梁之材，即使任职时间很短，也不妨做辅政大臣。所以官吏们都尽心竭力，一心做好本职工作，建功立业。现在就不是这样了。累积时日，相互转化掺杂，贤能和不肖混淆，不能判明真伪……不要用任职时间长短计算功劳，而以实际考察出来的贤能为上，根据个人才能大小给以不同的官职，核查品行的高低确定不同的地位，就会使廉洁和耻辱、贤能与不肖区别得很清楚了！”[113]

第三节 《资治通鉴》中的绩效考核

绩效考核是人力资源管理的重要内容，是一个组织或部门对要考核的人，一般按照年度逐人逐项从德、能、勤、绩等方面进行考核，根据考核结果的优劣论功行赏，进行相应的任用、加薪与职务升降。绩效考核能充分调动相关人才的积极性，从而大大提高管理的科学性，增强组织或部门的效能。

绩效考核把工作实绩作为考核最重要的内容，是提高一个组织或部门工作效率的中心环节，能够帮助组织或部门对人才的表现和实绩进行实事求是的评价，帮助组织或部门了解人才的能力和工作适应性等方面的情况，作为奖惩、职务升降等的依据。

一、绩效考核

绩效考核是指一个组织或部门在既定的战略目标下，采用一定的标准和相应的指标，对组织或部门中每个人才所承担的工作，应用定性和定量的方法，对人

112 《资治通鉴》编委会．资治通鉴（文白对照）[M]．北京：线装书局，2014：1316.
113 《资治通鉴》编委会．资治通鉴（文白对照）[M]．北京：线装书局，2014：647.

才工作行为产生的实际效果及其对组织或部门做出的工作业绩或价值进行考核和评估，并运用评估结果对人才进行奖惩，以期从正面引导整个组织或部门将来的工作行为和工作业绩。

绩效考核是一个组织或部门对人才进行管理的强有力的手段之一，是不可或缺的管理工具，考核的形式和方法包括日常考评、定期考评、主管考评、自我考评、同事考评和下属考评、定性考评、定量考评、客观考评、主观考评等，目的是通过绩效考核确定每位人才对组织或部门的贡献或不足，并作为公平合理地对人才进行职务升降、薪酬奖惩的依据，帮助组织或部门不断地发现问题、解决问题，找到差距，进行提升，从而提高每个人才的效率，最终实现组织或部门的目标。

不论采用何种考核形式，在绩效考核过程中必须坚持公平原则、公开原则、公正原则，结合奖惩原则、客观考评原则等。否则，绩效考核不但达不到预期目标，反而会起到相反的作用。

由于绩效考核受到个人偏见、考核指标科学性、近因效应、晕轮效应等各种各样因素的影响，对绩效考核的作用要客观对待。绩效考核不是万能钥匙，只是对人才进行管理的众多管理工具中的一种或管理工作的一部分。对人才的管理不能只依靠绩效考核，要系统地做好人才的管理工作，不能用考核代替管理。考核体系要做到简单实用，考核指标和考核体系既不能过于复杂，也要设计科学合理，注重对人才的长期引导，把人才的长远利益和组织或部门的长远利益结合起来，克服平均主义与老好人思想，以免绩效管理变成走过场。考核的时间长度要把握准确，频率既不能太高，也不能太低，否则不是无法及时发现考核对象存在的问题，就是无法将考核对象的奖惩和其工作成果对应上。

二、绩效考核的运用

（一）绩效考核需要公开透明

一个组织或部门要做到合理使用人才，必须对人才进行科学合理的考核，根据考核结果对人才进行奖惩。绩效考核的规则和程序必须公开透明，否则，将产生任人唯亲等影响组织或部门正常发展的问题。

公元237年，魏明帝颁布诏书，让散骑常侍刘邵制定考课法。刘邵制定《都官考课法》七十二条，又作《说略》一篇，下诏让百官讨论。

黄门侍郎杜恕说：“公开考核官员的能力，三年进行一次考绩，确实是帝王最完善的制度。然而经过六个朝代，考绩办法没有明著于世，经过七位圣人，考核条例也没能流传下来，我的确认为这是由于考核原则只可以作为粗略的依据，详细规定很难一一列举的缘故。俗语说：‘世上有恶人，没有恶法。’如果法制是万能的，那么唐尧、虞舜可以不需要后稷、子契的辅佐，商朝、周朝也不会推崇伊尹、吕尚的辅助了。而今主张考绩的人，陈述了周朝、汉朝的所说所为，辍叙了汉代京房考功课吏的本义，可以说是使考课的要旨显明了。盼望用这种方法崇尚谦恭推让的世风，振兴美好的治绩，我认为还不是尽善尽美。打算让州、郡举行任官考试，必须经由四科，都有实际成效，然后保举，经官府考试征用，任命为地方官吏，根据功绩补升为郡守，或者增加禄秩，赐予爵位，这是考核官吏的当务之急。我认为应当使任职的官员身份显贵，采用他们的建议，命他们分别制定州郡官吏考核办法，切实施行，确立可信的必赏制度、可行的必罚制度。至于三公九卿及内职大臣，也应当就他们的职务进行考核。古代的三公，坐在君王身旁讨论治国大道，内职大臣时时弥补君王的疏忽和错误，再小的善行也要记载，再小的过失也要纠举。况且天下如此之大，大事如此之多，绝非一盏明灯就能照亮每个角落。君王好比是头脑，大臣好比是四肢，必须明白同属一体、互相依赖才能成事的道理。古人说廊庙所需的木材，绝非一根木头就能支撑，帝王的宏大事业，绝非只靠一个臣僚的谋略。由此看来，怎么可能只靠大臣守职尽责办理课试，就可以使天下太平和乐呢？如果容身保位没有被放逐之罪，为国尽节也处于被怀疑的形势中，公道没有树立起来，私下议论却成为风气，这样即使是孔子来主持考核，恐怕也不能发挥一点点才能，何况世俗的普通人呢？”

司空掾北地人傅嘏说：“设置官吏分担职责，管理百姓，是治国的根本。依照官职考察官员的实际工作，依照规章进行督促检查，是治国的细枝末节。大纲不举而抓细小之事，不重视国家大政方针，而以制定考课之法为先，恐怕不足以区分贤能和愚昧，显示出明暗之理。”于是，久议不决，此事竟没有实行。

司马光曰：治理国家的关键，没有比用人更重要的了。然而识别人才的办法，连圣贤也感到困难，所以只好求助于舆论的毁谤和赞誉，于是个人爱憎争相掺杂进来，使善良和邪恶混淆。用档案进行考核，于是巧诈横生，真假不明。总之，识别人才的根本在于主上的至公至明而已。居上位的人至公至明，那么下属有没有能力就会清清楚楚地反映在眼中，无所遁形。如果不公不明，那么考绩之法，恰好能够成为徇私、欺骗的凭借。

为什么这样说呢？所谓至公至明，是要出自内心。所谓档案，反映的是外在表现。自己的内心都不能理正，要去考察别人的表现，不也很难吗？居上位的人，如果真能做到不以亲疏贵贱改变心思，不因喜怒好恶改变意志，那么，想要了解谁是擅长经学的人，只要看他博学强记，讲解精辟通达，那他就是饱学之士了；想要了解谁是执法人才，只要看他断案穷尽真相，不使人含冤受屈，那他就是善于执法了；想要了解谁是理财专家，只要看他能使仓库充盈，百姓富足，那他就是善于理财了；想要了解治军的将领，只要看他战必胜，攻必取，能使敌人畏服，那他就是善于治军了。至于文武百官，莫不如此。虽然要听取别人的意见，但决断在于自己；虽然考核要看实际表现，审察却在自己内心。探讨实情而斟酌是否适宜，最为精密，最为细微，不可以口述，也不可以笔录，怎么可以预先定出法规而全部委派给有关部门办理呢？

有的人因为是皇亲显贵，虽然无能，但仍被任官授职；有的人因为关系疏远，出身卑贱，有德有才但仍被排斥。当权者喜欢的人，即使失职也不被罢免，恼怒厌恶的人，即使有功也不被录用。向人咨询，毁誉各半而不能决断；考核事迹绩效，文书具备、内容空洞而不能觉察，即使制定再好的考核办法，增加考核条目，完备档案文簿，又怎么能得到真实情况呢？

有人说：“君主治国理政，大到天下，小到封国，里里外外的官吏成千上万，要一一考察任免，怎么能不委派给有关部门而独自承担呢？”回答是：“当然不是这个意思。居上位的人，不只是君王而已；太守居于一郡之上，刺史居于一州之上，九卿居于属官之上，三公居于百官之上。如果各级都用这个办法考察任免自己的下属，君王也用这个办法考察任免三公、九卿、郡守，还会有什么烦劳呢？”

有人说：“考绩之法，是唐尧、虞舜制定的，京房、刘邵不过是加以陈述及修订罢了，怎么可以废除呢？”回答是：“唐尧、虞舜的官吏，任职时间长，所担职责专，设立法规宽，完成期限长。所以姒鲧治水，历经九年尚未完成，然后才治他的罪；大禹治水，等到九州全部安定，四方土地都可以居住，然后才嘉奖他的功劳。不像京房、刘邵的办法，要考核官吏琐琐碎碎的功绩，检查他们一朝一夕的成效。事情本来就有名同而本质不同的一面，不可不明察。考绩之法并不是只在唐尧、虞舜时才可能实行，而在汉、魏不可以，是由于京房、刘邵没有弄清根本问题而只追求细枝末节的缘故。”[114]

114 《资治通鉴》编委会．资治通鉴（文白对照）[M]．北京：线装书局，2014：3006~3008.

（二）绩效考核需要采用科学合理的办法

科学合理的绩效考核方法是组织在进行绩效考核时运用的既科学又合理的各种途径、手段、规则和模式。如果绩效考核采用的方法存在问题，就会产生绩效考核结果与实际工作不相符的问题，就会造成负面的影响，与绩效考核的本意背道而驰。

绩效考核需要采用科学合理办法的一个案例是三国时期的一个例子。

公元 232 年，尚书郎乐安人廉昭因有才干受到宠信，他喜好收集群臣的微小过失，用以向上献媚。黄门侍郎杜恕上书魏明帝说："我看见廉昭上奏说，左丞曹璠有罪罚应当禀报，但曹璠不依据诏书，应深入追究责问。还说：'其他应当处罚的人另行奏报。'尚书令陈矫上奏说自己不敢逃避处罚，也不敢陈述理由，辞意恳切悲恻，我暗自哀怜而为朝廷惋惜。古代帝王能矫正世风、抚育人民的原因，没有不是远得百姓爱戴，近靠群臣竭尽智力。而今陛下日理万机，担忧劳苦，有时还在灯光下处理公务，但很多事情仍不能安顿，刑法禁令日渐松弛。察纠原因，并非只是群臣不尽忠心，也是主上不能恰当地使用他们。百里奚在虞地愚钝而在秦国足智多谋，豫让在中行氏那里马马虎虎过日子，而在智伯那里显出了节操，这些都是古人的明证。如果陛下认为当今之世没有良才，朝廷缺乏贤能辅佐，难道可以追望稷、契的遥远踪迹，坐等来世的俊杰吗？现在所谓的贤能都做了大官，享受着厚禄，然而侍奉君王的节操没有建立，奉公守法的心思不专一，这是由于对委任的职责没有独断的权力，时俗有许多禁忌的缘故。我以为忠臣不必是亲信，亲信不一定就忠心耿耿。现在被疏远的人批评别人，陛下怀疑是挟私报仇，赞誉别人，陛下则怀疑是出于私情偏爱。左右亲信有的就乘机顺着您的心意说话，于是使被疏远的人不敢提出批评或赞誉，以至政事中的变更也都受到猜嫌。陛下应当思虑如何使群臣的心胸开阔起来，鼓励有道之士的气节，使他们自行向古人看齐，名垂史册，可是现在反而让廉昭这种人在中间扰乱，我恐怕大臣们将只求安身保位，坐观国家得失，成为后世的鉴戒。古代周公警告鲁侯说：'不要使大臣抱怨不任用他们。'这是说不是贤能就不可用为大臣，凡是大臣就不可不用。《尚书》举出舜的功劳，称他除去四凶，不是说有罪的人可以不问大小一概赶走。而今朝廷大臣不认为自己没有才干，而是认为陛下不任用；不认为自己无知，而是认为陛下没有询问。陛下为什么不遵照周公任用贤能，大舜排除奸恶的做法，使侍中、尚书坐则在帷幄中侍候，行则跟随在御驾左右，亲自答对陛下诏问，各尽所知，那么群臣的品德行为都可以了解，忠诚贤明的人进用，愚笨恶劣的人降职，谁还敢模棱两可而不竭尽才能。以陛下的圣明，亲自与群臣商议国家大事，使群臣人人能竭尽才能，是贤能还是愚劣，在于陛下使用恰当。这样办理事情，什么事不能办；这样建立功勋，什么功勋不能成就！每有什么军机大事，诏书上常说：'谁能忧虑这些呢？我只能自己忧虑。'最近诏书上又说：'忧公忘私的人必定不能这样，但先公后私自己就可以看到。'恭读圣明诏书，才知道陛下对下情了解得很深很透，然而也对陛下不从根本上治理，只忧虑枝节问题感到奇怪。人贤能与否，当然有先天本性，就是我也认为朝廷大臣不都完全称职。圣明的主上用人，是使贤能的人不敢保留他的能力，而使没有才能的人不得占据不能胜任的官位。推选不是贤能之人，未必是有罪过；满朝上下都能容得这种不适当的人，这才是怪事。陛下明知某人没有尽力而为他的职责忧虑，知道某人没有才能而教他办事，岂不只是主上辛劳而臣下安逸吗？即使圣贤同时并存于世，也终究不能认为这样就算是治理国家。陛下还担心台阁禁令不够严，人情请托不能断绝，定出迎客出入的制度，让凶恶的官吏守卫官府大门，这实在不是实行禁令的根本做法。以前汉安帝时，少府窦嘉征召廷尉郭躬无罪的侄儿，当时还有人上书指控，纷纷弹劾。最近司隶校尉孔羡聘用大将军狂妄无理的弟弟，而主管官员不说一句话。这种望风迎合的态度，甚于接受嘱托，这是不按实情选用人才的结果。窦嘉有皇亲的宠信，郭躬不是国家重臣，还尚且如此；用今天的情况和古代相比，这是陛下自己没有做出必要的处罚用以杜绝结党营私的源头。出入禁地的制度，让恶吏守门，不是治世的办法。假使我的话有一点承蒙陛下明察采纳，还怕什么邪恶不除灭，而豢养廉昭之辈！本来检举揭发奸恶，就是尽忠的举动；然而世人憎恨小人来这样做，是因为他们不顾情理，只是迎合以求提拔。如果陛下不再察究事情的来龙去脉，一定以为违背众议抵牾世事是奉公，窥人过失向上告发是尽忠节。那么为什么真有才能的人反而不去做这种事？实在是顾及正道而不去这样做而已。使天下的人都背离正道而去谋取私利，本是君王最忧虑的，陛下还有什么可高兴的呢？"[115]

绩效考核需要采用科学合理办法的另一个案例是南北朝时期刘宋朝的一个例子。

公元458年，刘宋孝武帝不希望把大权交给自己的臣属。六月，吏部尚书分设两名，任命都官尚书谢庄、度支尚书吴郡人顾觊之分别担任，同时撤销了五兵

115 《资治通鉴》编委会．资治通鉴（文白对照）[M]．北京：线装书局，2014：2942~2944.

尚书这一官位。裴之野论曰：选用适当的人任某一官职，是件很困难的事，前代君王早已说过，这已经很久了。按照周朝的礼仪来说，从学校开始就要注重人才的培养，首先在他的家乡加以评论，把评论的结果告诉给各个州郡的六事，再由六事把这些人的姓名呈报给朝廷。在汉王朝时代，各个州郡搜集一些有才能有功劳的人的情况，再由五府任命他们为幕僚。三公前来具体考察他们工作的得失，尚书把考察结果呈报给天子。一个人才经过这么多道的审查，因此为官者能够称职，人尽其才，很少把事情做坏。魏、晋时代不是这样，选用官员的失误特别多。有些人长着一副忠厚诚恳的面孔，内心却阴险狡猾得很，就好像万丈深渊一样难以摸透。即便是听其言、观其行，恐怕也还是不能全面了解。何况现在千千万万的为官者，只靠偶尔见过一面的印象，就要决定是晋升还是削免；成百属僚的任用，由一个部门独断专行，从此投机钻营的恶劣风气猖獗，不能遏止。为了能升官晋爵，满足自己的贪欲，就用尽一切手段去谄媚，渎职枉法，廉耻之风荡然无存，官吏们不再有谨慎宽厚的操行。贪官污吏作恶多端，致使国家政局混乱腐败，不能再加约束。纵使是舜帝面南主持朝政，让龙作尚书，要想使国家达到太平盛世，恐怕也未必做得到，更何况后代那些为官的人呢。如今，孝武帝虽然把吏部尚书一分为二，却也无法再回到周、汉时代了。仅仅是朝三暮四，更改名称，这岂不是变本加厉吗？[116]

（三）绩效考核要注重实绩

实绩是一个组织或个人实际工作的结果、努力程度和贡献大小的具体体现。绩效考核就是考核一个组织或个人在实际工作中做出的实实在在的贡献。用实际工作成绩对一个组织或个人进行考核，可以有效地克服绩效考核中的主观主义倾向，更加全面、深入地了解和评价一个组织或个人，减少绩效考核工作的盲目性和随意性，这既是绩效考核的要求，也是绩效考核工作中必须遵循的基本原则。

公元 132 年，东汉尚书令左雄上书说："过去宣帝认为，地方官吏经常调动，人民就不能安居乐业；任职的时间长，人民就能接受教化。对于有政绩的官吏，每每用诏书勉励，增加官秩，赏赐黄金，公卿大臣职位空缺，就按照次序录用他们。所以，地方官吏都很称职，人民安居乐业。汉代优秀的地方官吏，以那一时期最为鼎盛。现在，一个县的县令或县长经常更换，各人都抱着临时观点，没有长久打算。滥杀无罪小民的，被认为有威严，擅长搜刮钱财的，被认为贤良能干；

116 《资治通鉴》编委会．资治通鉴（文白对照）[M]. 北京：线装书局，2014：5516.

相反，能够约束自己、安定人民的，被认为低劣懦弱，奉公守法被认为没有治理能力。一点小的怨恨，则处以髡钳之刑，一时的喜怒，可以酿成伏尸惨祸。把人民看作仇敌，征收苛捐杂税，比虎狼还要凶暴。朝廷派出的监察官吏，前后相继，他们和地方官吏具有同样的弊病，见到错误不检举，听到邪恶不调查。仅在驿站视察政情，要求地方官吏做出政绩，而把期限定在一年之后……我认为，郡太守、封国相和县令等官吏中，恩惠和慈爱人民有明显成效者，可以就地增加官秩，不要调动；不是因父母死亡，不让离职。而不遵守法令，不尊奉王命的人，要将其终身禁锢，不许再做官，即使遇到赦令，也不把他们包括在内。对于受到弹劾就弃官逃亡，不愿接受法办的人，将他和家属放逐到边郡，以惩戒后来的赃官。对于在乡、部直接和人民接触的官吏，都要选用家世清白，有能力从政的儒生担任，减免他们应交的税赋，增加俸禄。任职一年以后，丞相和州郡官府才能征辟保举。如能这样，地方官吏作威作福的路被堵塞，弄虚作假的端绪被断绝，送旧迎新的差役减少，横征暴敛的根源止息，奉职守法的官吏得以完成其教化，全国各地的人民就能各得其所了。”[117]汉顺帝认为左雄对官员的奖惩措施是正确的，应该施行，但由于受到宦官的阻挠，该办法未能实施。

绩效考核要注重实绩的另一个案例是北魏时期高祐给孝文帝上书的例子。

北魏时期，高祐上书建议说：“现在朝廷选用官吏，不是看他治理地方的政绩优劣，而是看他任期的长短，资历的深浅，这样不能说是人尽其才。应该停止这种浅薄的区分，摒弃那些没用的年资阅历，唯才是举，这样官吏才能清廉严正。另外，对于功勋老臣，虽然可以承认功劳资历，但如果没有治理安抚人民的才能，朝廷可以增加他们的爵位封赏，不应该再让他们担任地方要员，这也就是所说的，帝王可以因个人的喜好去赏赐钱财，却不可以因个人的好恶派人做官！”孝文帝认为言之有理。[118]

（四）绩效考核的结果要落到实处

绩效考核产生结果后，组织或部门要根据绩效考核的结果有赏有罚，有升有降。利用绩效考核的结果进行赏罚、升降，这是把绩效考核的结果和部门与人员的利益紧密结合起来。组织的部门和人员之所以重视绩效考核，是因为绩效考核结果与他们自身的利益紧密相关，不与利益挂钩的绩效考核是没有意义的。所谓的利

117 《资治通鉴》编委会．资治通鉴（文白对照）[M]．北京：线装书局，2014：2061~2062.
118 《资治通鉴》编委会．资治通鉴（文白对照）[M]．北京：线装书局，2014：5852.

益必须既包括物质上的利益，也包括精神上的激励。如果采取平均主义与老好人思想，不能体现真正的奖惩，那么绩效考核就失去了激励作用，最终结果就变成了走过场。

北魏孝明帝时期，二荆、西郢、汝水等地的群蛮都反叛了，孝明帝想要亲自出征讨贼，中书令袁翻劝谏阻止了他。辛雄从军中上书孝明帝说："人们之所以临阵而忘身，白刃触身而不害怕，一是为了求取荣华之名，二是贪得重赏，三是害怕刑罚，四是逃避祸难。不是这几种原因，即使圣人也指使不动他的臣子，慈父也不能激发起他的儿子。圣明的君主深知这一情况，所以赏必行，罚必信，使亲近的、疏远的、尊贵的、卑贱的、勇敢的、怯弱的、贤德的、愚顽的各种不同类型之人，听到钟鼓之声，看见旌旗之列，莫不奋发激励，争赴敌阵，这难道是他们厌恶活得太久了，喜欢速死吗？正是因为利害摆在眼前，欲罢而不能啊。自从秦、陇之地叛逆，豫地蛮人作乱，已经有几年之久了，近来派军队讨伐，败多而胜少，查其原因，在于赏罚不明。陛下虽然颁下诏书，赏不移时，立即兑现，但是将士们的勋位，历年而不定，开小差的兵卒，安然住在家里，导致节义之士无所向往，庸碌之辈无所畏惧慑服；将士们前进而击贼，死亡近在眼前而奖赏遥不可见；后退而逃散的人，能保全自身而不承担罪责，这就是望见敌人便奔逃沮散，不肯尽力的原因。陛下如果能做到号令必信，赏罚必行，则军威必振，盗贼必平。"[119]辛雄给孝明帝的上书，明确指出了群蛮反叛的原因是北魏朝廷赏罚不明，对做出成绩应该奖励的不奖励，对出现错误该惩罚的不惩罚。只要朝廷赏罚分明，群蛮一定能平定。

119　《资治通鉴》编委会．资治通鉴（文白对照）[M]．北京：线装书局，2014：6481.

第五章 《资治通鉴》中的领导

领导活动是管理活动的重要组成部分，优秀的领导者及领导活动能够助力组织发展。《资治通鉴》作为一部中国古代的史学巨著，是历代君王的必读之书。唐太宗李世民曾经说过：“以铜为镜，可以正衣冠；以古为镜，可以知兴替；以人为镜，可以知得失。”《资治通鉴》是中国优秀传统文化对领导艺术的高度凝练，对现代领导行为理论的拓展，对完善中国特色领导学研究以及现代领导工作实践具有深远的指导意义。

应该怎样定义“领导”活动呢？不同理论的定义有所不同。从传统理论的视角来看，领导源于领导者被赋予的职位和权力，领导者通过运用这些法定的权力带领下级完成组织的任务，实现组织的目标。从管理心理学理论的视角，领导又被定义为一种行为和影响力，是领导者运用影响力在一定条件下引领下级向组织目标迈进的行为过程。

从表面来看，传统理论和新兴理论对领导的理解存在很大差别，其实二者对领导的解释并不矛盾，前者强调的是领导的形式，即领导必须运用职位和权力。后者不否认职位和权力是领导者影响力的重要来源，但更强调领导的实质，即领导不能将职位和权力与领导简单地等同起来，仅有职位和权力并不一定能做好领导工作。

唐敬宗三天两头游乐，亲近左右小人，每月上朝不过几次，即使大臣也很难进见。二月壬午（初八），浙西道观察使李德裕向敬宗奉献《丹扆六箴》，第一叫《宵衣箴》，规劝敬宗勤政爱民，上朝不要太少太晚；第二叫《正服箴》，规劝敬宗遵循法度，服饰不要杂乱而不合制度；第三叫《罢献箴》，规劝敬宗禁止各地奉献，不要向地方征求珍宝古玩；第四叫《纳海箴》，规劝敬宗虚心纳谏，不要侮弄和抛弃百官的忠直上言；第五叫《辨邪箴》，规劝敬宗辨别忠正奸邪，不要信用左右的小人；第六叫《防微箴》，规劝敬宗提高警惕，不要轻易外出游玩。其中，《纳海箴》的大意说："汉成帝刘骜沉湎酒色，日夜饮宴；魏明帝曹睿骄纵奢侈，修筑陵霄宫阙。他们对逆耳忠言虽然不加拒绝，但也不予采纳。如果一定要把别人的善意规劝当作塞耳用的装饰物，那就是自我堵塞言路，拒绝使自己耳聪目明。"《防微箴》说："自古以来，乱臣贼子密谋造反的事件不胜枚举。汉宣帝时，霍光的外曾孙任章乘黑夜不辨服色的机会，身着黑衣混进禁军侍从行列，密谋暗杀宣帝而未遂。汉武帝时，侍中仆射马何罗密谋行刺武帝，不慎碰到宫中的宝瑟跌倒而被擒。武帝曾私服到柏谷巡访，被人怀疑是奸盗，不得饮食，险遭围攻，幸赖一个村妇看武帝面貌似非常人，因而杀鸡献食，武帝方才脱险，平安回家。这些前车之鉴，实在是应当引以为戒的！"[120]

这说明，领导的组织、激励、控制功能要充分发挥，需要掌握领导科学和领导艺术，只有职位和权力是不足以成为优秀的领导者的。

第一节 《资治通鉴》中的领导理论

一、领导的内涵

领导是指领导者运用组织赋予的职位和权力影响、带领下级实现组织目标的一种管理活动。

领导是领导者发挥影响力的过程。在开展领导活动过程中，领导者应当身先士卒，身体力行，以身作则，只有这样才能更好地实现组织目标。在这一过程中，并不要求也不可能要求领导者独自完成全部工作。

领导者要带动、激励下级发挥作用，使其为完成组织任务而积极努力地工作。这不仅要靠领导者手中权力的强制力，更重要的是要发挥领导者的影响力，通过影响力去鼓动下级积极工作。

唐文宗生性节俭朴素，他命令神策护军中尉以下官员不得穿纱绫罗之类的高级丝织品。文宗在处理朝政以外的闲暇时间，仅仅以读书观史为乐，对于女色、

120 《资治通鉴》编委会．资治通鉴（文白对照）[M]. 北京：线装书局，2014：10744~10745.

音乐和外出打猎从来不曾留意。一次，驸马韦处仁头戴夹罗巾，文宗对他说："朕羡慕你家门第清高素雅，所以挑选你做驸马。像这样贵重的头巾，让那些达官贵戚去戴，你最好不要戴。"[121]

二、领导模式及分类

领导模式是指领导过程的行为方式，领导模式有多种分类方法。

（一）按权力集中的程度分类

按照权力集中程度，领导模式可分为以下三种。

（1）集权型领导。这种领导模式强调领导者的绝对权威，领导者往往总揽一切权力，运用权力推行工作。虽然这种领导模式能够令行禁止，能够更好地发挥领导者的影响力，但不利于调动下属的主动性和积极性。

（2）分权型领导。这种模式中，领导者更愿意向下属授权，使下属能在授权范围内自由自主地开展工作，领导者只对下属的工作发挥监督和控制作用。这种模式能够调动下属的积极性，然而，如果领导者对下属分权不当，则可能造成权力失控，无法把控下属的工作状况，最终影响组织目标的实现。

（3）集权与分权相结合的领导。这种模式中，领导者依据权责相符的原则，合理授权，实行大权总揽，小权分散，既能保证统一领导，又能使下属有一定自主权。如能掌握好集权与分权的结合艺术，这种领导模式是较为理想的。

（二）按领导者关心的重点分类

按照领导者关心的重点，领导模式可分为以下五种。

（1）贫乏型领导。这种领导模式中，领导者对组织的任务和组织内的人际关系都漠不关心。倘若组织内人与人之间的关系不融洽，通常会使生产任务难以实现。

（2）乡村俱乐部型领导。这种领导模式中，领导者深切关怀职工，注重维护组织内部良好的人际关系。因此，领导者力求建立起一种轻松的、乡村俱乐部式的组织氛围。他们在组织中具有良好的人际关系，但对任务的完成并不在意。

（3）任务型领导。与乡村俱乐部式领导相反，任务型领导者只关心组织任务的完成情况，很少关心下属和员工，组织内的人际关系较差。

（4）协调型领导。这种领导模式中，领导者既关心组织任务，也关心下属和

---

121 《资治通鉴》编委会．资治通鉴（文白对照）[M]．北京：线装书局，2014：10784.

员工，组织内的人际关系较好，组织任务也能高效地完成。

（5）中间型领导。这种领导模式中，领导者追求一般化的人际关系和任务完成情况，任务完成过得去，组织内的人际关系不是特别好，也不特别差，领导者比较安于现状，缺乏进取精神。

（三）按领导者的工作作风分类

按照领导者的工作作风，领导模式可分为以下四种。

（1）压迫式领导。这种模式中，领导者表现出对下属的不信任，在解决问题时很少听取下属的意见和办法，下属没有权力和机会同上级讨论工作，领导者往往依靠恐吓、威胁、惩罚以及偶尔的奖赏激发下属的工作意识。在这种模式下，上下级之间往往存在较为严重的对立，机构中的下层人员通常也缺乏责任感。

（2）专制式领导。这种模式中，领导者自视甚高，通常把对下属的信任视为对下属的恩赐，在赏罚的影响下，下属具有一定的工作意识。相比压迫式领导，下属对组织目标的实现具有一定的责任感。上下级之间以领导下达命令的沟通方式为主，下属反馈的信息有投上司所好的倾向，可能存在失真情况。

（3）商量型领导。这种模式中，领导者比较信任下属，下属有较大机会自由地同上级讨论工作，领导者能够积极听取并采纳下属的意见，并通过奖赏、偶尔的惩罚和参与来激发下属的工作热情，部分机构人员具有较强的责任感，组织内能够保持较为高效的信息沟通，下属更容易接受领导的命令。

（4）参与式领导。这种模式中，上下级之间具有充分的信任，下属在同上级讨论工作时具有充分的自由，领导者经常征求下属的意见并积极采纳。通过奖励来激发员工的工作意识，员工对组织目标具有很高的责任感。信息沟通方面，除有上行和下行的信息流动外，还有横向的信息流动。下达的命令容易为下属接受。虽然有时会受到公开的质问，但组织内充满协调的气氛。

从上文中可以看出，领导模式的分类方法多种多样，没有一种是普遍适用的。上述领导模式各有优劣，要依据具体情况而定。

《资治通鉴》中记载的李广和程不识带兵的典故，就反映了不同的领导模式。

汉武帝时期，公元前135年，卫尉李广担任骁骑将军，驻守云中郡，中尉程不识担任车骑将军，驻守雁门郡。六月，朝廷罢免了他们二人的军事职务。李广和程不识都以边境郡守的身份指挥军队，当时很有名气。李广指挥行军没有固定的编制和行列阵势，选择水甜草肥的地方驻扎下来，人人自便，夜间也不派设巡更士兵敲打刁斗警卫营盘，军中指挥部的文书简单便宜。但是，他派出哨兵远远地监视敌军，军营从未遭到袭击。程不识则整肃军事编制，讲究队列和布阵安营，夜间敲刁斗巡逻，军中官佐处理军队文书一直忙到天明，军队不能随意休息，然而也没有遇到危险。程不识说："李广的军队很简单便宜，但是，如果敌人突然袭击它，就没有办法抵御；但李广的士兵很自在，都心甘情愿地为他拼力死战。我的军队虽然军务烦扰，但敌人也不能侵犯我。"不过，匈奴人更害怕李广的谋略，汉军士兵也多数愿意跟随李广作战，而苦于跟随程不识。

从这一典故中可以看出，李广治理军队较为随意，没有严格的队列和阵势，属于"协调型领导"。与之相比，程不识则治军严格，属于典型的"任务型领导"。从治军角度来说，司马光对这两种领导模式褒贬不一。

司马光评论说：《易经》说，军队一出动就要有严格的军纪，否则，不论胜败都是凶。这是说统领大军而不用法纪来控驭，没有不凶的。李广统领军队，使人人自便。凭李广的奇才，这样做是可以的，但不能把他的方法引为楷模来效法。为什么呢？沿用这一方法很难，更何况与李广同时做将领的人呢！说到普通人的本来性情，大都喜好安逸，不知道接近祸害的危险。那些士兵们既然认为程不识治军严苛烦扰，愿意跟随李广作战，势必仇视他们的长官而不服从指挥。这样说来，指挥军队简单便宜的危害，就不仅仅是李广的军队无法防御敌人突然袭击这一点了，所以说"军队的事情要始终严格"。统领军队，也就是严格而已。如果这样的话，仿效程不识用兵，即便是打不了胜仗，还可以保证不失败；如果学习李广的方法，很少能避免全军覆灭的结局啊！

由此可见，领导模式的选择要结合组织性质等更加具体的情形而定。

三、领导体制

领导体制涉及组织内领导层的职责分工、权力划分和机构设置等方面的制度和规定。作为决定组织效率的重要因素，领导体制的选择对组织目标的实现具有很大的影响。一方面，合理的领导体制不仅会提高领导效率，创造性地实现领导功能，而且还会使整个组织充满活力。另一方面，若领导体制选择不合理，领导层内部就会出现权责不明、互相掣肘的情况，这必然会对领导效率产生消极影响，严重的甚至会使组织走向衰亡。没有哪一种领导体制是十全十美的，合理的领导体制总要依据组织的具体情况而定。

领导体制的选择受到组织性质和规模、领导者素质及外部环境的影响。

（一）组织的性质

不同的组织具有不同的功能，承担的任务也不相同。企业的目标是获取利润，学校的目标是培养出合格的学生，政府机关的任务是管理社会经济活动，军队的任务是保卫国家。组织目的的差别决定了组织机构、行为模式、管理方式的差别，因此要求的领导体制不可能完全相同。

（二）组织的规模

在某种程度上，组织的规模决定了管理的复杂性和难度。组织的规模越大，领导者面临的问题越复杂，要掌握和分析的信息也越多。一方面，大多数领导者仅仅依靠个人能力和学识是难以胜任有关工作的，常常会因考虑不周出现决策失误；另一方面，领导者的个人精力有限，面对复杂和棘手问题时可能会因心有余而力不足出现失误。因此，不同的组织规模会影响领导体制的选择。

（三）领导者的素质

作为管理活动的掌舵人，领导者本身的素质条件制约着领导体制的选择。集权程度较高的组织，对最高领导者个人素质和能力的要求更高，它要求最高领导者的业务知识更全面，精力更充沛，同时还应拥有丰富的经验和高超的能力。在分权的组织中，领导者往往能够积极听取下属建议，与下属保持良好的沟通，其做出的决策往往集中了各方智慧，因此对领导者个体素质和能力的要求相对要低一些。

（四）外部宏观环境

在不同历史时期，由于外部条件和内部环境的变化，领导行为必须根据国家法律和政策等宏观条件变化，采取不同的政策措施。

《资治通鉴》中大量典故表明领导行为要根据外部环境条件变化，因时因地制宜地采取相应措施。

公元830年，西川自从遭南诏国侵掠以后，残破凋敝。郭钊由于身体多病，因而未暇修补。李德裕上任后，修建筹边楼，派人绘制西川的地形图，南到南诏国，西到吐蕃国。他又每天召集那些长期在军队中供职，熟悉边防情况的将士，即使是士卒或夷人、蛮人也不放过，向他们仔细询问山川、城市、道路的险易、宽窄和远近情况。不到一个月，就对情况了如指掌，如身历其境一般。唐文宗命令李德裕派人堵塞清溪关，以断绝南诏国入侵西川的通道，如果没有土的话，就用石头垒。李德裕上言说："西川通往南诏国的小路很多，所以不能阻塞清溪关，只能派重兵镇守，才可万无一失。同时，只要从黎州、雅州招募一万人，从成都招募二万人，加强训练，南诏必然不敢轻举妄动。边防戍兵不宜太多，关键在于能够驾驭，听从指挥。过去，崔旰杀节度使郭英义，张朏驱逐节度使张延赏，依靠的都是边防戍兵。"这时，北方各道援救西川的兵马大多已返回本道，只有河中、陈许三千人仍留在成都，朝廷下诏，命令他们在次年三月也一并撤回。于是，西川人都恐惧不安，担心各道兵马撤走后，南诏国再乘虚进犯。李德裕上奏朝廷，请求留郑滑五百人，陈许一千人，继续镇守西川，并且说："西川兵士本性懦弱，最近又刚刚被南诏打败，都胆战心惊，不堪再用于征战戍防。如果北方各道救援西川的兵马都撤走，那就和杜元颖担任西川节度使时边防空虚一样，西川肯定难以保全。我担心朝廷有人可能说，西川自从遭受南诏侵犯以后，本道已经增加兵力。其实，前不久直到南诏已经逼近时，杜元颖才开始招募成都市民为兵，总共得三千多人，徒有其数，实际上毫无战斗经验。郭钊仅在东川招募了一百多人，我又招募二百多人，此外都是杜元颖的原有兵力。我还担心朝廷中有人听信蜀道险阻，一夫当关，万夫莫开，就认为只要堵塞清溪关，就可以阻挡南诏国的侵扰了。我曾访询过西川的老将，得知在清溪关的旁边还有三条大路，小路不计其数，这都是东蛮为南诏国临时开通的道路。如果认为只要堵塞清溪关，就能阻挡南诏国的侵扰，那就是欺骗朝廷。关键是应当在大渡河以北另外修建一个城堡，和黎州连绵相接，用重兵屯守，才可能抵挡南诏国的侵犯。况且我听说南诏国把他们俘掠的二千西川人和大批金钱财宝用来贿赂吐蕃，如果他们知道西川的虚实，两国联合入侵，国家的安危就很值得忧虑了。现在，朝廷有些人轻率地提出建议，都是由于他们不负责任的缘故。希望朝廷责令他们把自己的建议写成状子，留在政事堂存档，一旦将来出了问题，有案可查，不能找我一个人担当罪责。"朝廷全部批准了他的请求。于是，李德裕训练士卒，修补城堡边障，积储军粮，以便加强边防，西川人民初步安定下来。[122]

122 《资治通鉴》编委会．资治通鉴（文白对照）[M]. 北京：线装书局，2014：10793~10794.

第二节 《资治通鉴》中领导的功能

一、领导功能的内涵及分类

领导的功能是指领导者在领导过程中必须发挥的作用，主要包括激励功能和控制功能。

（一）激励功能

激励功能是指领导者在领导过程中，通过激励方法调动下级和职工的积极性，使之积极努力地实现组织目标的功能。实现组织的目标是领导者的根本任务，但完成这个任务不能仅靠领导者一个人亲力亲为。领导应在组织的基础上，通过激励功能的作用，将全体职工的积极性调动起来，共同努力。“众人拾柴火焰高”，领导的激励功能，就是要激励众人都去拾柴。

公元 928 年，王都占据定州，守备坚固，四周巡察很严。他部下有些将领曾多次想翻城出来响应官军，但都没有成功。后唐帝派遣使者去催促王晏球进攻，王晏球同使者一起骑着马沿定州城看了看，他指着城对使者说：“城墙修得如此高大险峻，即使城主听任外面的士兵登城，也不是云梯冲车能够办到的。只是白白地死伤精锐士卒，对敌人一点也不会损伤，像这样还攻城干什么呢？不如让三州将租税供给军队，爱民养兵耐心等待，他们一定会从内部崩溃。”后唐帝听从了他的意见。[123]

（二）控制功能

控制功能强调领导者对下级和员工以及整个组织活动要发挥驾驭和支配的作用。在实现组织目标的过程中，随时会产生偏离组织目标的情况。这种“偏差”的产生既可能受到很多不可预见的外部因素的影响，也可能受到内部不合理的组织结构、规章制度，不合格的管理人员或员工的影响。领导的控制功能就体现在纠正“偏差”，消除导致“偏差”的各种因素的过程中。

123 《资治通鉴》编委会．资治通鉴（文白对照）[M]．北京：线装书局，2014：12308.

公元832年，唐文宗任命荆南节度使段文昌为剑南西川节度使。这时西川监军王践言入朝担任枢密使，多次上言说："朝廷命令西川把吐蕃降将悉怛谋捆绑送还，使吐蕃人心大快，以后无人再敢来降，这种处置办法实在有害。"文宗也感到后悔，埋怨中书侍郎、同平章事牛僧孺失策。依附李德裕的官员于是乘机上言说："牛僧孺和李德裕有矛盾，所以他故意阻碍李德裕立功。"于是文宗更加疏远牛僧孺，牛僧孺内心十分不安。这天，文宗亲临延英殿，对宰相说："天下什么时候能够太平，你们是否也有意向这方面努力？"牛僧孺回答说："太平没有固定的标准。现在，周边夷蛮族不至于来侵犯，百姓不至于流离失所，虽非天下大治，也可谓小康了。陛下如果还不满足，在此之外追求什么太平，那就不是我们所能考虑到的了。"退朝后，他对同僚说："皇上对我们如此责备抱怨，我们岂能久居宰相职位！"于是，牛僧孺接连上表请求辞职。不久，文宗加封牛僧孺同平章事的头衔，派任淮南节度使。

司马光评论说：君主圣明而臣下忠正，上司发令而下司服从；德才兼备的人被委以重任，奸邪小人被黜贬流放；国家的礼乐制度都能严格遵守执行，刑罚清明，政令平允；犯上作乱的行为都被清除干净，国家刀枪入库，马放南山，地方诸侯无不服从朝廷诏令，周边夷族都被安抚而顺服，百姓家给人足，这就是天下太平的景象。然而，就在唐文宗和宰相讨论什么是天下太平的时候，宦官专权，在宫廷中胁迫皇上，却未能黜贬流放。藩镇叛乱，在朝廷之外凌辱皇上，却未能讨伐制服。士卒驱逐杀害主帅，抗拒朝廷命令而自立为节度使，却未能严加斥责。战乱连年不断，征税天天紧急。原野中横遍男人的尸骨和鲜血，村庄里不见女人的踪影。牛僧孺却认为这就是天下太平，难道不是在公然欺骗吗！当唐文宗孜孜不倦地励精图治的时候，牛僧孺身为宰相，被擢拔时苟且偷安，阿谀奉迎以便窃取宰相的职位，辞职时又欺骗皇上，诬蔑时事以便盗取名声，他的罪行实在是太大了！[124]

二、领导功能的价值

如上所述，领导要求领导者在实现组织目标的过程中身先士卒，身体力行，以身作则，但并不要求也不可能要求领导者去完成全部工作。领导的功能在于能带动、激励下级为完成组织任务而积极努力地工作，使得组织内各司其职，人尽其才，人尽其用，人尽其责，以保证高效地实现组织目标。

124 《资治通鉴》编委会．资治通鉴（文白对照）[M]．北京：线装书局，2014：10807.

公元826年，唐文宗自从被封为亲王后，深知穆宗、敬宗两朝的弊政，因此即位以后励精求治，除去奢侈，厉行节俭。他还下诏：凡宫女未担任后宫职务者全部放出，共放三千多人。五坊使所养的鹰和猎狗，按照元和年间唐宪宗的规定，除保留少数用于游猎外，其余一律放出。度支、盐铁、户部和州府每年供应宫中的日常用品，一律按照贞元年间唐德宗规定的数额供给，不得增加。裁减教坊、翰林院和宫苑总监所辖多余人员一千二百多人。停止唐敬宗对内诸司所辖宦官增加的衣粮待遇。皇家养马坊场和近年来为皇上另外积存钱谷占用的水田，一律归还当地州县收管。此前，敬宗在各地按规定贡奉朝廷的数额之外下诏勒索的绣缎、镂等物，一律停罢。敬宗在世时，每月上朝不过一二次，文宗开始恢复过去的制度，每逢单日都去上朝，向宰相和群臣百官访询朝政大事，很晚才罢朝。过去，朝廷虽然设置了待制官，但未曾召集咨询，这时才多次被文宗召集顾问。另外，凡是对大臣去世表示哀悼等原因而辍朝，以及因酷暑或雨雪天气而放朝，也都尽量安排在双日，以便不影响单日上朝商议朝政大事。于是，朝廷内外都一致相互庆贺，认为天下太平大有希望。[125]

第三节 《资治通鉴》中的领导者影响力

领导活动是通过领导者激励、带领下属实现组织目标来完成的。发挥领导作用不仅要靠领导者手中权力的强制力，还要依靠领导者对下属的影响力。

一、领导者的影响力

影响力人皆有之，但不同的人影响力强度不同。即使是同一个人，其影响力大小也会随着交往对象、交往环境等因素的改变而改变。关于影响力的定义，可以认为是一个人在与他人交往过程中影响和改变他人心理与行为的能力。因此，领导者的影响力可以定义为领导者在实施领导活动的过程中有效地影响和改变被领导者心理与行为的能力。

领导者影响力的大小对其实施领导职能、做好管理工作有着十分重要的影响。其中，非权力影响力的作用十分重要，往往直接决定着领导效能。一个领导者的

125 《资治通鉴》编委会．资治通鉴（文白对照）[M]．北京：线装书局，2014：10762.

职位和权力产生的强制性影响力，只能使下级因为职权屈从于领导者的命令。但如果这个领导者在品格、才能等方面有所不足，无法赢得人们的尊重和信任，则会造成下属在执行命令时态度消极，或是勉强执行命令，有时甚至做出错误的行为。

领导者威信的建立和有效的领导行为，主要不在于其权力影响力，而取决于非权力影响力。领导者的职务和权力可以通过法定方式取得，但威信只能靠自己的努力建立起来。当一个领导者有了很高的非权力影响力，树立了很高的威望，下级对他真正心悦诚服，他才可能做到令行禁止，其权力才能真正发挥作用。这就是人们所说的，权力为下级接受了，其管理效率必然是高的。

二、领导者影响力的影响因素

一个组织的领导者领导力的形成与其个人品行、自身才能、知识储备有着密切的联系。

（一）领导者的个人品格

1. 领导者应注意培养自身良好的品格

领导者的品格是指人的道德、品行、人格、作风等，它们往往体现于领导者的言行举止之间。品格是一个人的本质表现，优秀的品格会使领导者对他人产生巨大的影响力，为领导者赢得别人的尊敬和喜爱，同时能吸引和感染下属进行模仿。相反，若一个领导者品格低下，无论其职位多高，他的影响力都会被大大削弱。所以，领导者要提高自己的影响力，必须注意培养自己的优秀品格，注意自己的一言一行。

2. 品格对领导者影响力的重要作用

司马光特别强调领导者要保持自身良好的品格，他指出："圣明的君王，对待戎狄外族的态度应当是：如果背叛，就发兵征讨；如果臣服，就不再追究。如今楼兰王既已服罪，却又加以诛杀，则以后再有背叛者，就不能使他们归附了。如果认为楼兰王有罪，一定要征讨，也应堂堂正正地派遣军队，公开施行惩罚。而今竟派使臣用金宝财物进行引诱，然后乘机将其杀死，以后再有奉命出使各国的使者，还能让人信任吗！况且以大汉朝的强盛，竟然用盗贼的诡计来对付蛮夷外族，实在令人羞耻！"[126]

战国时期，魏国国君魏武侯顺黄河而下，在中游对吴起说："稳固的山河真美啊！这是魏国的宝啊！"吴起回答说："国宝在于德政而不在于地势险要。当

126 《资治通鉴》编委会．资治通鉴（文白对照）[M]．北京：线装书局，2014：925.

初三苗氏部落，左面有洞庭湖，右面有彭蠡湖，但他们不修德义，被禹消灭了。夏朝君王桀的居住之地，左边是黄河、济水，右边是泰华山，伊阙山在其南面，羊肠阪在其北面，但因朝政不仁，也被商朝汤王驱逐了。商朝纣王的都城，左边是孟门，右边是太行山，常山在其北面，黄河经过其南面，因他施政不德，被周武王杀了。由此可见，国宝在于德政而不在于地势险要。如果君主您不修德政，恐怕就是这条船上的人，也要成为您的敌人。”魏武侯听罢说道：“对。”[127]

南北朝时期，刘宋文帝性情宽厚仁慈，恭谨勤俭，勤奋刻苦，从不荒怠朝廷政务。他遵循法规而不苛刻，对人宽容却不放纵。朝廷的文武百官都能久居职位，郡守、县宰也都以六年为一任期。官吏不轻易免职，百姓才有所依托。三十年间，刘宋境内平安无事，人口繁盛。至于租赋徭役，从不增加，只收取常赋，从不额外征收。百姓早晨出去耕作，晚上回家休息，可以随意做事，安居乐业。乡里街巷之间，读书的声音不绝于耳。士大夫重视操守，乡下人也讨厌轻薄无识的人。江左的风俗，在这个时代最为美好。后代评论前世政治得失的人，都称道元嘉治世。[128]

西汉时期，东郡太守韩延寿被任命为左冯翊。当初，韩延寿担任颍川太守时，颍川郡前任太守赵广汉鼓励人民相互告发，民间多结怨仇。韩延寿改变这一做法，教导百姓们讲究礼让，又征召年纪大、阅历丰富的长者，与他们共同研究、决定嫁娶、丧葬、祭祀的礼仪，基本上依照古礼，不许超过规定，百姓们都遵从韩延寿的教导。凡贩卖纸车纸马以及其他陪葬用的各种假器物者，将其物品没收，抛弃于街市之上。后黄霸代韩延寿为颍川太守，继续韩延寿的方法，将颍川治理得非常出色。韩延寿为官崇尚礼义，爱好古人古事，推行教化，每到一地，必定聘请当地贤士，以礼相待，广泛听取建议，采纳他们的批评意见。韩延寿还注意表彰孝顺父母、友爱兄弟的品行高尚之人，修建地方公立学校。每年春秋两季，都要进行古代的“乡射”之礼，用比赛射箭的办法选拔人才。届时，赛场上陈列钟鼓、管弦，举行隆重的仪式。人们上下赛场时，都相互作揖礼让。每年检阅地方武装举行“都试”时，在考场上设置斧钺、旌旗，命将士们演练骑马射箭之事。修理城池，收取赋税，都于事前明白布告日期，把按期集合作为一件大事。官吏和百姓非常敬服畏惧，都奔走前往。又在民间设置“正”“伍长”等管理人员，督率百姓孝顺父母，友爱兄弟，禁止收留奸邪之人，街巷、村落之中如有不寻常之事发生，官

127 《资治通鉴》编委会．资治通鉴（文白对照）[M]．北京：线装书局，2014：27.
128 《资治通鉴》编委会．资治通鉴（文白对照）[M]．北京：线装书局，2014：5264.

吏立即就会闻知，所以奸邪之人不敢进入韩延寿管辖的地界。开始时，各项事务似乎有些繁琐，后来官吏却因此没有追捕盗寇之苦，百姓也因此不必担忧遭受杖责，所以都感到安全便利。对待下级官吏，既施以十分深厚的恩德，又加以严格约束。如有人欺瞒、辜负韩延寿，韩延寿就痛切自责："难道我有什么事对不起他，否则他怎会如此！"属下听说后，都深自愧悔，其所属某县尉甚至因此而自杀。有一位门下官吏也因此自刎，被人救活，韩延寿感动得流下眼泪，派官吏和医生探视医治，并大大减免他家的赋税徭役。韩延寿在东郡三年，有令必行，有禁必止，刑狱大为减少，因此调入京师任左冯翊。韩延寿出外巡视各县，来到高陵县，百姓中有两兄弟，因争夺田产相互控告，分别向韩延寿申诉。韩延寿为此深感悲伤，说道："我有幸被摆在左冯翊这一职位上，是全郡的表率，如今却不能宣明教化，致使民间出现亲骨肉因争夺产业相互控告的事，既伤风化，又使贤德的地方长官及啬夫、三老、孝弟等民间乡官蒙受耻辱，过错在我，我应首先退下。"当天就自称有病，不再处理公事，躺在客舍中闭门思过。全县官员见韩延寿如此，都不知如何是好，县令、县丞、啬夫、三老也都自己把自己关起来，等待处罚。于是诉讼的两兄弟同宗族的人相互责备，两兄弟也深自悔恨，都自己剃去头发，袒露身体，前来谢罪，表示愿将土地让给对方，终生不敢再争。全郡上下一片和睦，都传播此事，互相告诫劝勉，不敢犯同样的错误。韩延寿的恩德威信遍及所属二十四县，无人敢自己挑起诉讼争端。韩延寿以至诚待人，官吏和百姓都不忍心欺骗他。[129]

西汉时期，汉元帝喜好儒家学说，又喜爱文章辞语，对宣帝的法令制度多有改变。谈论政事，提出建议的人，多数都被召见，每人都认为受到皇帝的注意。这时候，傅昭仪和她的儿子济阳王刘康，正受到元帝特别的宠爱，超过皇后和皇太子刘骜。太子少傅匡衡上书说："我曾经听说，治乱安危的关键，在于人主是不是慎重用心。接受天的旨意的君王，任务在于开创大业，使它世代相承，无穷无尽地传下去。继任的君王，心思要放到继承和发扬祖先的恩德功勋上。从前，周成王继承王位之后，追思祖父周文王、父亲周武王成功的道理，用以培养自己的心性，把美好的声誉和荣耀，都归功于祖父和父亲两位先王，不敢自己居功。因此上天享受他的供品，连鬼神也都保佑他。陛下圣明的恩德，像天一样覆盖大地，像爱护儿女一样爱护四海之内的百姓。可是阴阳没有调和，奸诈邪恶也没有禁止。

129 《资治通鉴》编委会．资治通鉴（文白对照）[M]．北京：线装书局，2014：1042.

这大概是因为臣子未能发扬光大先帝的盛大功业，反而争先恐后地抨击过去的法令规章不可用，一定要加以改变。然而，很多制度改变了之后无法执行，只好再恢复原状。结果是，在下位的人发生纠纷，官吏和平民无所遵信。我常在内心痛恨，国家放弃了人心所乐的已成的功业，白白地去做那些纷乱的事情。但愿陛下仔细回顾汉室世代相继的事业，留意遵守先帝的法制，弘扬先帝的功业，用以安定臣僚的心。《诗经·大雅》说：'不要忘记祖先的教诲，努力修养自己的德行。'这是达到'德'的根本方法。《诗传》说：'知道应喜爱什么，应厌恶什么，使性情变好，圣王的道路就是如此。'修养性情的方法，必定要知道自己的长处，弥补自己的缺欠。聪明通达的人，警惕苛察；见识不广的人，警惕被蒙蔽；勇猛刚强的人，警惕过于暴烈；仁爱温良的人，警惕没有决断；恬淡安静的人，警惕贻误时机；胸襟广阔的人，警惕疏忽大意。必须了解自己应当注意纠正的缺失，以大义来弥补它，然后才能达到万事和谐的美好境界。那些伪善的乖巧之徒，才无法结党搭帮，企望挤进朝廷。务请陛下警惕自己，使陛下的圣德更为崇高。"

欧阳修论曰：礼、义、廉、耻，是国家赖以生存的四条纲维，这四条纲维不能张立，国家就会灭亡。礼、义，是统治人民的根本大法；廉、耻，是安身立命的基本节操。况且身为大臣而毫无廉耻，天下岂有不乱，国家岂有不亡的啊！冯道《长乐老叙》自述不讲礼义廉耻反以为荣耀，真可谓是毫无廉耻的人了，那么天下国家的命运也就由此可知了。

由此可见，优秀的品德对领导者的影响力至关重要。正如司马光所说："信誉，是君主至高无上的法宝。国家靠人民来保卫，人民靠信誉来保护；不讲信誉无法使人民服从，没有人民便无法维持国家。"[130]"所以，古代成就王道者不欺骗天下，建立霸业者不欺骗四方邻国，善于治国者不欺骗人民，善于治家者不欺骗亲人。只有蠢人才反其道而行之，欺骗邻国，欺骗百姓，甚至欺骗兄弟、父子。上不信下，下不信上，上下离心，以至一败涂地。靠欺骗所占的一点儿便宜救不了致命伤，所得到的远远少于失去的，这岂不令人痛心！当年齐桓公不违背曹沫以胁迫手段订立的盟约，晋文公不贪图攻打原地而遵守信用，魏文侯不背弃与山野之人打猎的约会，秦孝公不收回对移动木杆之人的重赏。这四位君主的治国之道尚称不上完美，公孙鞅可以说是过于刻薄了，但他们处于你攻我夺的战国乱世，天下尔虞我诈，斗智斗勇之时，尚且不敢忘记树立信誉以收服民心，又何况治理一统天下

130 《资治通鉴》编委会．资治通鉴（文白对照）[M]. 北京：线装书局，2014：44~46.

的当政者呢！”[131]

（二）领导者的自身才能

1. 领导者应注意提升自身的领导才能

领导者必须具备一定的才能。领导者才能的高低决定了其能否胜任领导工作，领导下属完成组织的目标任务，实现在工作中不断创新。才干卓越的领导者令人信服，其领导者的影响力自然会随之提升。

一个人的能力是多方面的，对个人的影响力都有作用，但对领导者来说，领导才能才是决定自然影响力的主要因素。较高的领导才能跟其他优秀的才能相互补充，往往会使领导者的影响力更大。倘若其他方面的才能不错，而领导才能低下，领导者的影响力会被明显削弱。所以，领导者在提升其他才能的同时，也要注意提高领导才能。

2. 领导才能对领导者影响力的重要作用

司马光认为才干对领导者的影响力十分重要。一个人倘若只有品德，没有领导才干，只能称得上是一个好人。一个优秀的领导者应当具备领导才干。

后秦时期，武昭帝姚苌在安定城以东打败了苻登。苻登退到路承堡据守。姚苌摆下酒席大宴将士，各位将领都说："这要是在魏武王姚襄执政的时候，他就不会让苻登这个奸贼猖狂到今天这种地步，陛下未免谨慎稳重得太过度了吧！"姚苌笑着说："我有四个地方赶不上我死去的哥哥：第一是不像他那样身高有八尺五寸，两臂下垂长过膝盖，让人一看就畏惧他。第二是不像他那样能统领十万人的庞大部队，与天下所有的英雄争高低，相抗衡，手下的将士望见军旗所指的方向奋勇冲杀，没有人可以阻挡。第三是不像他那样通晓历史，了解时势，能够讲解论说道理和艺文，并能广泛招揽、集结贤能英才。第四是不能像他那样统帅大军，使上下全部都心悦诚服，人人能尽死力战斗。我之所以还能够建立一些功业，领导指挥你们这么多俊杰，正是在计谋策略上还算有那么一点长处罢了。"文武大臣听后都口称万岁。[132]

司马光说：有人问臣下，五代帝王之中，唐庄宗、周世宗都号称英武，两位君主中谁更贤明？臣下回答说：天子统治万方国家，讨伐不肯降服者，安抚微小虚弱者，实行其号令，统一其法度，敦厚信用，昭明大义，是用以兼爱亿万百姓

---

131 《资治通鉴》编委会．资治通鉴（文白对照）[M]．北京：线装书局，2014：1121.

132 《资治通鉴》编委会．资治通鉴（文白对照）[M]．北京：线装书局，2014：4524.

的。唐庄宗灭梁以后，天下震动，湖南马殷派遣儿子马希范入朝进贡。唐庄宗说："近来听人说马氏的家业，终将被高郁夺取。如今他有这样的儿子，高郁怎么能得到马氏家业呢？"高郁是马氏的优秀辅佐大臣。马希范的哥哥马希声听了唐庄宗的话，结果假造他父亲的命令杀死了高郁。这只是街市道路上的行商坐贾所干的事，哪里是帝王的风度啊！唐庄宗是个善于打仗的人，所以能以弱小的晋国战胜强大的梁国，但是取得梁国以后，居然不出几年，众叛亲离，没有安身之处。实在是因为只知用兵方术，不知治理天下道理的缘故啊。周世宗以信用驾驭群臣，以正义要求各国，王环因不投降而受奖赏，刘仁赡因坚守不屈而蒙褒扬，严续因尽忠报国得以生存，后蜀士兵因朝三暮四而被杀戮，冯道因丧失臣节被遗弃，张美因私人恩惠被疏远；江南没有归服，就亲身冒着飞矢流石打仗，抱定必胜的信念。降服以后，便像对待子女那样爱护，推心置腹地把话说尽，为之作长远考虑。他的宏伟规制，博大襟怀，哪能与唐庄宗同日而语啊！《尚书》说："不要偏袒，不要结党，为王之道浩浩荡荡。"又说："大国畏惧它的实力，小国怀念他的恩德。"周世宗可谓接近《尚书》上的话了。[133]

（三）领导者的知识储备

1. 领导者应不断强化知识学习

一个人掌握的知识是能力的基础，才能出众的人往往也具有丰富的知识。知识丰富的领导者，不仅可以提高领导能力，而且更加平易近人，能够博得人们的信任，从而提高影响力。当然，决定领导者影响力的首先是专业知识。如果领导者在自身专业知识上存在严重缺失，那么即使拥有丰富的其他方面的知识，也难以做好领导工作。对于优秀的领导者来说，要注意更新知识，补充知识，丰富知识。

2. 知识储备对领导者影响力的重要作用

三国时期，吕蒙因功被任命为偏将军，兼任寻阳令。一次，孙权对吕蒙说："你现在担任要职，执掌权力，不能不学习。"吕蒙推辞说军中事多，没有时间学习。孙权说："我难道是要你研究儒家经典，去做博士吗？我只是要你去浏览书籍，了解过去发生过的事情。你说事多，但谁会像我这样忙？我经常读书，自认为得到很多好处。"于是吕蒙开始读书。等到鲁肃经过寻阳时，与吕蒙谈话，大吃一惊说："你今天的才干谋略，再不是吴郡那里的阿蒙了！"[134]

---

133 《资治通鉴》编委会．资治通鉴（文白对照）[M]．北京：线装书局，2014：13073~13074.
134 《资治通鉴》编委会．资治通鉴（文白对照）[M]．北京：线装书局，2014：2701.

再如，公元843年，仇士良以左卫上将军、内侍监的职位退休。他的党羽送他返回家中，仇士良教给他们保持权力和恩宠的秘诀，说："对于天子，不能让他有闲暇的时间。应当经常变换花样，供他游戏玩乐，以便沉湎于骄奢侈靡的生活之中，无暇顾及朝政，这样我们才可以得志。千万不要让他读书，亲近读书人。如果天子喜爱读书，明白了以前各个朝代兴亡更替的经验教训，惧怕丧失政权，就会励精图治，那么我们就会被斥责疏远。"他的党羽都下拜感谢，然后离去。[135]

三、提高领导者影响力的方法

对一个领导者来说，提高自己的影响力，更好地发挥领导作用，促进组织的健康发展，要注意运用合适的方法。

（一）合理、合法地运用组织赋予的权力

领导者拥有了权力，自然就拥有了一定的影响力。如果一个领导者不能合理地使用权力，而是用来谋取私利，滥用职权，那就无法建立起非权力影响力，同时也会大大削弱职位带来的权力影响力。由此可知，要想建立权力影响力，领导者必须做到大公无私，自觉地为人民服务，为人民谋利益。同时，还要学会赏罚分明，一视同仁，人人平等，不能拉帮结派，打击异己。领导者要做到合理、合法地运用组织赋予的权力。

公元840年，李德裕上朝向唐武宗谢恩。他对武宗说："治理天下的关键，在于辨别群臣中谁是邪恶的小人，谁是正直的君子。邪恶和正直之间难以相容，所以君子指斥小人邪恶，而小人也指斥君子邪恶，以致皇上难以辨别。我认为，正直的君子就像松柏一样，独立生长，不必依赖别的器物。邪恶的小人就像藤萝一样，如果不攀附其他器物，就不能自立。所以，正直的君子一心一意地侍奉皇上，邪恶的小人则争先恐后地朋比为党。先帝文宗皇帝深知朋党的危害，然而，他所信用的官员大多是朋党的成员，这主要是由于他自己没有主见，所以奸邪小人得以乘间而入。我认为，宰相不可能人人都是忠臣，皇上有时发现一个宰相欺骗自己，心中就开始猜疑其他宰相，于是通过身边的侍从和宦官了解宰相的情况。例如德宗在他晚年的时候，只信任裴延龄一人，其他宰相不过在朝廷的敕书中签名而已，这是当时朝政紊乱的主要原因。陛下如果真的能谨慎地选拔德才兼备的官员担任宰相，把那些奸邪虚罔的官员立即罢免，同时诚心诚意、坚定不移地委任宰相，

135 《资治通鉴》编委会．资治通鉴（文白对照）[M]. 北京：线装书局，2014：10960.

凡是朝廷的政令，都由政事堂审定颁布，那么就不必忧虑天下不会大治了。”李德裕又说：“先帝文宗皇帝在大臣面前很注意自己的言行举止，对于群臣小的过失，一般都容忍不言，这样日积月累，以至酿成大祸，这实在是一大失误，希望陛下引以为戒。今后，如果我们有罪，陛下应该当面责问。假如事实不符，应当允许我们申辩清楚；假如确是事实，我们就会在申辩时理屈词穷。对于群臣小的过失，应当允许他们改过自新；如有大罪，则加以惩罚，甚至诛杀。这样，君臣之间就不会产生猜疑了。”武宗称赞并采纳了他的意见。[136]

春秋战国时期，卫国卫平侯去世，其子嗣君即位。卫国有个苦役犯逃到魏国，为魏国王后治病。卫嗣君听说后，要求用五十金把他买回来。经过五次反复，魏国仍是不给，嗣君便打算用左氏城去换。左右侍臣劝谏说：“用一个城去买一个逃犯，值得吗？”嗣君答道：“这你们就不懂了！治理政事不忽略小事，就不会有大乱子。如果法度不建立，当杀的不杀，即使有十个左氏城，也是无用的。法度严明，违法必究，失去十个左氏城，也终无大害。”魏王听说这件事，感叹说：“国君的愿望不满足他，恐怕会不吉利。”于是用车把逃犯送回卫国，未取报偿。[137]

再如，西晋时期，陈寿评曰：诸葛亮当丞相，安抚百姓，显示法度准则，限制官员的职权，遵照法令制度，开诚布公，坦白无私。对尽忠而有益于国家的人，即使是仇人也必加奖赏，对违法而怠慢的人，即使是亲近者也必定处罚；对真心诚意认罪悔改的人，即使罪行较重也必定释放，对花言巧语进行掩饰的人，即使罪行较轻也必定诛杀；再小的善行也予以赞扬，再小的恶行也予以贬责。精熟各种事物，能从根本上治理，要求名义与实际相符，极端厌恶虚伪，最终是蜀国上下都对他怀有爱戴之情。刑罚虽然严苛，但没有怨恨，这是因为他用心公正，而且劝诫分明。可以说他是懂得治国之道的卓越人才，与管仲和萧何并列。[138]

又如，战国时期，韩国丞相申不害曾经请求让他的堂兄做个官，韩昭侯不同意，申不害很不高兴。韩昭侯对他说：“我之所以向你请教，就是想治理好国家。现在我是批准你的私请来破坏你创设的法度呢，还是推行你的法度而拒绝你的私请呢？你曾经开导我要按功劳高低来封赏等级，现在你却有私人的请求，我该听哪种意见呢？”申不害便离开了自己的正式居室，另居别处，并向韩昭侯请罪说：

136 《资治通鉴》编委会．资治通鉴（文白对照）[M]．北京：线装书局，2014：10908.
137 《资治通鉴》编委会．资治通鉴（文白对照）[M]．北京：线装书局，2014：75.
138 《资治通鉴》编委会．资治通鉴（文白对照）[M]．北京：线装书局，2014：2968.

"您真是我企望效力的贤明君主！"[139]

司马光说：君子和小人之间不能相容，就像冰和炭火不能放在同一个器具中相处一样。如果君子执政，就排斥小人；小人得势，就排斥君子，这是很自然的道理。君子提拔德才兼备的人，撤免庸俗无能的人，办事出于公心，实事求是；小人则阿谀奉迎，投其所好，毁其所恶，办事出于私心，捏造事实。办事出于公心，实事求是的人，被称为正直君子；办事出于私心，捏造事实的人，则被称为朋党。究竟是正直的君子还是朋党，关键在于君主认真辨别。凡是英明的君主执政，会根据国家的需要设置不同的职位，根据官员的才能大小授予他们不同的职务。对于有突出政绩的官员，加以提拔赏赐；有严重罪行者，则撤免惩罚。既不被奸臣的谗言所迷惑，也不因他们的花言巧语而改变自己的主见，如能这样做，又怎么能够产生朋党呢？凡是昏庸的君主执政，则恰恰相反。他们既不能明辨是非，处理问题又优柔寡断，以致奸邪小人和正人君子都被任用。朝廷的大政方针自己不能做主，决策权渐渐移到他人手中，于是奸邪小人得志猖狂，朝廷中必然出现朋党。凡是树木腐朽，就会产生蠹虫；食醋酸败，就会集聚蚋虫。如果朝廷出现朋党，君主应当首先自我引咎，而不应当责备群臣百官。唐文宗如果忧虑群臣朋比为党，为什么不去核查他们诽谤和赞誉的是事实还是捏造？他们所荐举的官员是德才兼备还是庸俗无能？办事是出于公心还是出于私心？他们本人是君子还是小人？如果他们的言行实事求是，荐举的官员德才兼备，办事出于公心，那么他们就一定是君子，朝廷不但应当采纳这些人的意见，而且应当提拔他们。如果他们捏造事实，荐举的官员庸俗无能，办事出于私心，那么他们就一定是小人，朝廷不但应当拒绝这些人的意见，而且应当惩罚他们。如果唐文宗能够这样去做，那么就是命令百官结党营私，也肯定没有人胆敢那样去干！唐文宗不去这样做，反而埋怨群臣百官难以驾驭，这就好像一个农夫，自己不种田也不锄草，反而抱怨田地荒芜一样。[140]

（二）注重修养，以身作则

一个领导者的非权力影响力形成的基础中，品格是第一位的因素。领导者具备优秀的品格才能为下属敬仰，为下级尊敬。唐穆宗看到夏州观察判官柳公权的书法墨迹，十分喜爱，任命柳公权为右拾遗、翰林侍书学士。穆宗问柳公权："你

139 《资治通鉴》编委会 . 资治通鉴（文白对照）[M]. 北京：线装书局，2014：53.

140 《资治通鉴》编委会 . 资治通鉴（文白对照）[M]. 北京：线装书局，2014：10836.

的书法为什么写得这么好？”柳公权回答说：“写字运笔关键在于用心，心正则笔正。”穆宗听后默然不语，神色改变，知道柳公权以用笔作譬来规劝自己。领导者必须严格要求自己，时时处处带头示范，以身作则。一些领导干部在实践中体会到：要当好一个领导者，就应做到“要群众做到的自己先做到，要群众不做的自己绝不做”。这可以说是领导者树立非权力影响力的座右铭。

战国时期著名政治家荀况就提出：“国家集中了天下的利益和权势，有道行的人主持，可以得到大的安乐，大的荣耀，成为幸福的源泉。无道行的人主持，却带来大的危险，大的拖累，有君王的地位还不如没有。等到形势极度恶化，他即使想当一个普通老百姓，也做不到了。”[141]

再如，赵国一个收田租的小官赵奢到平原君赵胜家去收租税，他的家人不肯交。赵奢以法处置，杀死平原君家中管事人九名。平原君十分恼怒，想杀死赵奢，赵奢便说：“您在赵国是贵公子，如果纵容家人，不奉公守法，法纪就会削弱，法纪削弱国家也就衰弱，国家衰弱则各国来犯，赵国便不存在了，您还到哪里找现在的富贵呢！以您的尊贵地位，带头奉公守法则上下一心，上下一心则国家强大，国家强大则赵家江山稳固，您作为王族贵戚，难道会被各国轻视吗？”平原君认为赵奢很贤明，便介绍给赵王，赵王派赵奢管理国家赋税，于是国家赋税征收顺利，人民富庶，国库充实。[142]

北魏国主拓跋焘壮健勇敢，沉着稳重，无论是攻打城池，还是两军对阵，短兵相接，都能亲冒乱箭飞石，身先士卒。他的左右士卒相继倒下，或死或伤，他却神色自若，毫不畏惧，因此，将士们对他无不畏惧钦佩，都愿尽力效死。[143]

又如，南北朝时期，刘宋文帝性情宽厚仁慈，恭谨勤俭，勤奋刻苦，从不荒怠朝廷政务。他遵循法规而不苛刻，对人宽容却不放纵。朝廷文武百官都能久居职位。郡守、县宰也都以六年为一任期。官吏不轻易免职，百姓才有所依托。三十年间，刘宋境内平安无事，人口繁盛。至于租赋徭役，从不增加，只收取常赋，从不额外征收。百姓早晨出去耕作，晚上回家休息，可以随意做事，安居乐业。乡里街巷之间，读书的声音不绝于耳。士大夫重视操守，乡下人也讨厌轻薄无识的人。江左的风俗，在这个时代最为美好。后代评论前世政治得失的人，都称道

141 《资治通鉴》编委会．资治通鉴（文白对照）[M]．北京：线装书局，2014：131．
142 《资治通鉴》编委会．资治通鉴（文白对照）[M]．北京：线装书局，2014：162．
143 《资治通鉴》编委会．资治通鉴（文白对照）[M]．北京：线装书局，2014：5151．

元嘉治世。[144]

司马光认为，领导国家只要提倡礼义，就无人可以加害于他。即使做一件坏事，杀一个无辜的人便可以得到天下，仁爱的人也不会去干。君主守定意志，维护国家，坚如磐石，以礼待人，就可以产生众多的仁人志士。以此条陈布置国家刑事法律，就可以制定出良好的法律。君主极力坚持这一主张，再率领群臣以身作则，就可以树立起礼义的风尚。这样，属下能够以礼义纲常尊崇上司，统治基础就稳定了，基础稳定国家便安定，国家安定则天下平定。因此说：用国家的权力推行礼义，一天就可以做到众人皆知，商汤王、周武王便是如此，即所谓的以提倡礼义而称王。即使道德还未达到完美，礼义也没有做到完善，然而已经可以掌握治理天下的大致条理。做到赏罚分明，取得天下的信任，臣属能清楚地看到它的重要性。政令一经颁布，不管成功还是失败，都不欺骗百姓；条约已经缔结，不管有利还是无利，都不欺骗合作的邻国。这样才能军队强劲，城池坚固，使敌对国家畏惧。国家的方针一贯而明确，友邦就会予以信任。即使是偏僻的小国，也可以威震天下。春秋时期的齐、晋、宋、秦、楚五霸主便是如此，即所谓的以树立信誉而称霸。带领国家追逐功利，不伸张正义，不遵守信用，唯利是图；对内不惜为了一点小利去欺骗人民，对外为了追求大的利益不怕欺骗友邦。对内不好好巩固自己的治理成果，却常常觊觎别人的成果，这样臣下百姓就无不以奸诈之心对待上司。上欺下，下瞒上，于是上下关系分崩离析，使敌对国家轻视，友好国家不信任，权术泛滥，国家日益削弱，最终走向极端，导致灭亡，齐王、孟尝君便是如此。齐王要强大齐国，不去提倡礼义，不去修明政治，不去统一天下的思想，只是成年累月地骑马在外面征战。所以齐国强大的时候，向南能够打败楚国，向西能够逼迫秦国，向北可以战胜燕国，在中原能够征服宋国。然而燕国、赵国一旦群起而攻齐，便如摧枯拉朽。齐王身死国亡，成为天下共同声讨的对象，后世提起暴君总要举他为例。这不是别的原因，就是因为他不崇尚礼义，经常沉溺于权术。[145]

（三）密切联系群众，与群众打成一片

一个人权力再大，能力再强，如果高高在上，脱离群众，得不到群众的支持和拥戴，也会成为孤家寡人，难以带领群众一起奋斗，也就难以建立起非权力影响力。领导者必须重视联系群众，主动地与群众、与下级交流感情，和他们打成

144 《资治通鉴》编委会．资治通鉴（文白对照）[M]. 北京：线装书局，2014：5264.
145 《资治通鉴》编委会．资治通鉴（文白对照）[M]. 北京：线装书局，2014：131.

一片。只有这样，领导者的影响力才会有所提高，才会得到人们真心诚意的拥护和爱戴，才能上下齐心协力地实现组织的目标。

秦朝末期，刘邦将各县的父老和有声望的人全都召集起来，对他们说："父老们遭受秦朝严刑苛令的苦累已经很久了，我与各路诸侯约定，先入关中的人为王，据此我就应该在关中称王了。如今我与父老们约法三章：杀人者处死，伤人者和抢劫者抵罪。除此之外，秦朝的法律统统废除，众官吏和百姓都照旧安定不动。我之所以到这里来，是为了替父老们除害，不是来欺凌你们的，请你们不必害怕！另外，我所以领兵回驻霸上，不过是为了等各路诸侯到来后，订立一个约束大家行为的规章罢了。"刘邦随即派人和秦朝的官吏一起巡行各县、乡、城镇，向人们讲明道理。秦地的百姓都欢喜异常，争相拿着牛、羊、酒食来慰问款待刘邦的官兵。刘邦辞让不肯接受，说道："仓库中的粮食还有很多，并不缺乏，不想让百姓们破费。"于是百姓们更加高兴，唯恐刘邦不在秦地称王。[146]

公元 929 年，后唐帝和冯道从容地聊起近年来五谷丰登，四方无事。冯道说："我经常记起，过去在先帝幕府任掌书记时奉命出使中山，经过井陉险要的地方，我常担忧马会摔倒，因此会非常小心谨慎地抓住缰绳，幸好没有失误。等到了平路时，就放开缰绳让马自由奔跑，不久反而跌倒了。治理天下的道理，也和这差不多。"后唐帝深深感到他讲得很对。后唐帝又问冯道说："今年虽然丰收了，百姓们的赡养是否充足？"冯道说："种庄稼的人遇上灾年就饿殍满道，遇上丰年又为粮食价格便宜而发愁，无论丰年还是灾年，都有困苦，只有庄稼人是这样呵！我曾记得进士聂夷中的诗中写道：'二月卖新丝，五月粜新谷；医得眼下疮，剜却心头肉。'语言虽然粗俗，但说出了庄稼人的甘苦。农民是士、农、工、商四种人中最勤苦的，陛下不可不了解这些情况啊！"后唐帝听了之后非常高兴，命令他身边的人把这首诗抄录下来，经常朗读背诵它。[147]

第四节 《资治通鉴》中的领导艺术

领导是一门科学，更是一门艺术。狭义上的领导艺术就是领导者在领导活动

146 《资治通鉴》编委会．资治通鉴（文白对照）[M]．北京：线装书局，2014：336.
147 《资治通鉴》编委会．资治通鉴（文白对照）[M]．北京：线装书局，2014：12318.

中遵循领导规律，结合自身的知识经验、聪明才智和胆识魄力，以保证组织目标能够高效完成的领导方法和技巧。从广义上来说，领导艺术是领导者基于自身经验创造性地、卓有成效地解决重大问题的技术和能力。领导者的工作效率和工作效果，在很大程度上取决于他们的领导艺术。在履行领导职能的过程中，科学是与艺术相互结合、彼此交织在一起的。《资治通鉴》作为中国优秀传统文化的产物，具有中国特色的厚重文化底蕴，其中的领导艺术也为历代君王学习和运用。

领导艺术是一门博大精深的学问，其内涵极为丰富。领导者要具备灵活运用各种领导方法和原则的能力与技巧，才能率领和引导组织中的其他成员克服前进道路上的困难，保证组织目标顺利实现。

一、领导要学会授权

授权指的是领导者将自有的部分权力和责任下放给下属，使下属在适当的监督下有相当的自主权。授权不仅使下属得到信任和尊重，而且还得到成长和发展机会。同时，授权也使领导者节省了精力，有更多精力去处理具有战略性、突发性和方向性的重要事项。

领导者有条不紊地处理事情是一种艺术。在组织中，经常看到一些领导者整天忙忙碌碌，深陷各种常规事务之中，总是感到时间不够用，这在很大程度上是因为没有充分授权，事必躬亲，导致分身乏术。一个优秀的领导者必须明白，凡是下属可以做的事，尽量授权让他们去做。只有这样，才能保证组织中的成员各司其职，富有积极性，组织高效运转，从而更好地实现组织目标。

三国时，诸葛亮曾经亲自校对公文，主簿杨颙径直入内劝他说："治理国家是有制度的，上司和下级做的工作不能混淆。请您允许我以治家作比喻：现在有一个人，命奴仆耕田，婢女烧饭，雄鸡报晓，狗咬盗贼，以牛拉车，以马代步。家中事务无一旷废，要求的东西都可以得到满足，主人生活过得悠闲自得，高枕无忧，只是吃饭饮酒而已。忽然有一天，所有的事情他都要亲自去做，不用奴婢、鸡狗、牛马，结果劳累了自己的身体，陷身于琐碎事务之中，弄得疲惫不堪，精神萎靡，却一事无成。难道他的才能不及奴婢和鸡狗吗？不是，是因为他忘记了作为一家之主的职责。所以古人说'坐着讨论问题并做出决定的人是王公；执行命令并亲身去做事情的人，称作士大夫'。因此，丙吉不过问路上杀人的事情，却担心耕牛因天热而喘；陈平不去了解国家的钱粮收入，而说'这些自有具体负责的人知道'，他们都真正懂得各司其职的道理。如今您管理全国政务，却亲自校改公文，终日汗流浃背，不是太劳累了吗？”诸葛亮对杨颙说的这番话深表感谢。[148]

只有合理授权，才能取得良好的管理效果。授权是领导者成事的分身术，是一种领导艺术。

二、领导要掌握决策的艺术

领导者必须根据组织发展目标，充分考虑外部环境和内部条件的制约，科学决策，同时要十分注意决策艺术。决策应遵循系统原则、可行原则、信息原则、民主原则、效益原则。

后周世宗时期，比部郎中王朴进献策文，认为："中原朝廷丧失吴地、蜀地、幽州、并州，都是由于丧失了治国之道。如今一定要首先考察丧失土地的根本原因，然后才能知晓收取失地的方法。当开始丧失国土时，没有不是因为君主昏庸，臣子奸邪，军队骄横，百姓穷困，奸人乱党在朝内炙手可热，强将武夫在外面横行霸道，问题由小变大，积微成著。如今要收取失地，只不过反其道而行之罢了。进用贤人，斥退坏人，是收罗人才的办法；布施恩泽，讲究信用，是团结人心的办法；奖赏功劳，惩罚罪过，是鼓励大家贡献力量的办法；革除奢侈，节约费用，是增加财富的办法；按时使用民力，减少赋税，是使百姓富足的办法。等到群贤毕集，政事理顺，财用充足，士民归附，然后起兵并依靠他们，千秋功业没有不成功的！对方的人民看到我方有必定取胜的形势，知道内部情况的就愿意当间谍，熟悉山川地理的就愿意当向导，民心归附，那么天意也必然会顺从了。”“大凡进攻夺取的方法，必定先从容易的地方下手。南唐与我们相接的国境将近两千里，从地势上说很容易骚扰对方。骚扰对方应当从没有防备的地方开始，防备东面就骚扰西面，防备西面就骚扰东面，对方必定东奔西走去救援。东奔西走之间，就可以探明对方的虚实强弱，然后避实击虚，避强击弱。不须大举进攻时，暂且用小部队骚扰。南方人生性懦弱胆小，听说有小小的警报，必定出动全部军队去救援。军队频繁出动，就会使百姓疲劳，财物耗竭。他们不出动全国军队救援，我们就可以乘着空虚夺取土地。像这样，长江以北各州将全部被我们占有。取得长江以北，就可利用他们的百姓，实行我们的办法，那长江以南也容易夺取了。取得江南，

148 《资治通鉴》编委会．资治通鉴（文白对照）[M]．北京：线装书局，2014：2859.

那么岭南、巴蜀之地就可以传递檄文并获得平定。南方既已平定，那么燕地必定望风披靡，归附中原；倘若它不归顺，就调动军队进攻，犹如卷席子那样很快可以平定了。只有河东北汉是必然要拼死一战的敌人，没法用恩惠信义诱导，应当用强大的军队制服它。然而北汉从高平失败以后，国力空虚，士气沮丧，必定不能再起边患，应该暂且放在以后谋取，待天下已经平定，然后瞅准时机，一举就可以获取。如今士兵精干，武器齐全，部下畏服军法，众将愿意效力，一年以后可以出师，应该从夏季、秋季就开始积蓄粮草，充实边疆了。”后周世宗欣然接受。当时群臣大多墨守成规，苟且偷安，提出的策略很少有可取的，只有王朴神情峻逸，气势刚劲，有智谋，能决断，凡是有规划和建议，都符合世宗的心意，世宗因此看重王朴的气质胆识，不久迁升他为左谏议大夫、知开封府事。[149]

三、领导要善于倾听

领导者从谏如流，是提升其领导力的前提。同下级沟通也是一种领导艺术。在实施指挥和协调职能时，领导者要保证其与被领导者之间的双向信息交流。一方面，领导者必须把自己的想法、感受和决策等信息传递给被领导者，对其行为产生影响；另一方面，为了进行有效的领导，领导者需要了解被领导者的反应、感受和意见。在与下属沟通时，如果领导者不能聆听下属的真实意见，独断专行，就会失去同事和下属对自己的尊重和信任，甚至还会造成冲突和隔阂。所以，领导者必须掌握好与下属沟通的技巧，用心倾听，广纳谏言，只有如此，才能及时了解自身的不足，做出有利于组织目标实现的决策。

在《资治通鉴》中，司马光就提到了领导者广纳谏言的重要性。

三国时期，吴国大司马吕岱去世，终年九十六岁。起初，吕岱亲近吴郡人徐原，徐原慷慨大方且有才志，吕岱知道他能够取得成就，就赐与他巾帻、单衣等庶人穿戴的礼服，并与他一起交谈。后来就推荐提拔他，官至侍御史。徐原性情忠厚豪放，喜好直言，吕岱有时出现失误，徐原就直言进谏争辩，还会公然在众人面前议论。有人告诉吕岱，吕岱感叹地说：“这就是我看重徐原的原因。”徐原死时，吕岱哭得十分哀痛，说：“徐原啊，我的好朋友，如今你不幸而去，我今后从何处听人指出我的错误？”谈论的人都十分赞美这件事。[150]

149 《资治通鉴》编委会 . 资治通鉴（文白对照）[M]. 北京：线装书局，2014：12975~12976.
150 《资治通鉴》编委会 . 资治通鉴（文白对照）[M]. 北京：线装书局，2014：3147.

司马光评论说：错误是人人都无法避免的，但只有圣贤能知而改正。古代圣明的君主，怕自己有错误不知道，所以设置批评君主的诽谤木和劝阻君主的敢谏鼓，哪里会怕百姓知道自己的过错呢！所以仲虺赞美商汤王说："改正错误决不吝惜。"傅说劝诫商王武丁道："不要因为怕别人耻笑而不改正过失。"由此可见，做君王的人，本来就不是以不犯错误为贤明，而是以改正错误为美德。[151]

反之，若领导者不善于倾听谏言，或者下属不对其发表真实的意见，则会使领导者失去对组织真实情况的掌握，从而做出错误的决策，不利于组织目标的实现。

春秋时期，卫侯提出了一项不正确的计划，大臣们却附和如出一口。孔伋说："我看卫国，真是'君不像君，臣不像臣'呀！"公丘懿子问道："为什么竟会这样？"孔伋说："君主自以为是，大家便不提出自己的意见。即使事情处理对了没有听取众议，也是排斥了众人的意见，更何况现在众人都附和错误见解，助长邪恶之风呢！不考察事情的是非而乐于让别人赞扬，是无比的昏暗；不判断事情是否有道理而一味阿谀奉承，是无比的谄媚。君主昏暗而臣下谄媚，这样居于百姓之上，老百姓是不会同意的。长期这样不改，国家就不像国家了。"[152]

四、领导要善于协调关系以增强凝聚力

领导者要有较强的沟通协调能力，能够协调好各种工作关系，营造良好的工作环境。任何一位领导者展开工作，都需要组织内其他参与者的支持与配合。在组织中，领导者只有积极协调好上下级之间的关系，增强组织内部的凝聚力，才能提高工作效率，确保实现组织目标。

西汉时期，汉宣帝出身于民间，了解下层人民的艰难困苦。霍光死后，汉宣帝开始主持朝政。他励精图治，每隔五天就要召集群臣，听取大臣对朝政事务的意见。自丞相以下，群臣各就自己负责的事务分别奏报，再将他们陈述的意见分别下达有关部门试行，考察、检验其效果。凡任侍中、尚书的官员，有功应当升迁，有特殊成绩就厚加赏赐，甚至赏及他们的子孙，这种政策长久不改变。中枢机构严密，法令、制度完备，上下相安无事，没有人抱着苟且敷衍的态度办事。至于任命州刺史、郡太守、封国丞相等高级地方官吏，汉宣帝总是亲自召见询问，观察他的抱负和打算，再考察他的行为，看是否与他当初说的一样。凡查出有言行

151 《资治通鉴》编委会．资治通鉴（文白对照）[M]. 北京：线装书局，2014：475.

152 《资治通鉴》编委会．资治通鉴（文白对照）[M]. 北京：线装书局，2014：34.

不一的，一定要追究其原因何在。汉宣帝常说："老百姓之所以能安居家乡，没有叹息、怨愁，主要就在于为政公平清明，处理诉讼合乎情理。能与我一起做到这一点的，不正是那些优秀的郡太守和封国丞相等二千石官员吗！"汉宣帝认为，郡太守治理官吏和百姓的关键是保持官员稳定，如变换频繁，容易引起治下百姓的不安。百姓们知道他们的郡太守将长期留任，不可欺罔，才能服从郡太守的教化。所以，凡地方二千石官员治理地方有成效的，汉宣帝总是正式颁布诏书加以勉励，增加其官阶俸禄，赏赐黄金，甚至赐爵为关内侯。遇有公卿职位空缺，则按照他们平时所受奖励的先后、多少，依次挑选补任。因此，汉朝的好官以这一时期最多，号称中兴。[153]

司马光说道："《易经》上说：'飞龙在天，有利于选拔贤才。'《诗经》上说：'济济贤才，生于周国。'所以，世道太平，君主圣明，才俊之士自会到来。君王勉力于上，人臣恭谨于下，聚精会神，相得益彰，即使用伯牙演奏他的'递钟'名琴，逢蒙使用他的'乌号'神弓，也不足以比喻君臣之间的融洽。所以圣主必须等待贤臣来辅佐，才能光大功业；贤臣只有等待圣主的赏识，才能显示才干。上下互相需要，彼此欣悦，这是千载难逢的际遇，言论见解无所猜疑，犹如羽毛遇到顺风，巨鲸纵横大海，如此得意，那么何禁不止，何令不行？圣贤的教化，必将传播四方，永无穷尽。所以，圣主不必处处窥望就已看得明白，不必时时侧耳就已听得清楚。假使天下太平的责任已经尽到，安乐悠闲的愿望已经实现，祥瑞自然降临，寿命自然无疆，何必像彭祖那样俯仰屈伸，像王侨、赤松子那样呼吸吐纳，去寻觅与世隔绝的仙境呢！"[154]

由此可见，《资治通鉴》中独特而丰富的案例和典故，蕴含了中华传统文化中的领导智慧，为研究现代领导理论提供了生动鲜活的历史样本，从而帮助研究者以史为鉴，更深刻地理解管理学中复杂的学术概念和领导艺术。同时，也弥合了现代领导科学存在的理论与实践的鸿沟，彰显了具有中国特色的管理理论，是中国传统经典为管理学贡献的智慧。

153 《资治通鉴》编委会．资治通鉴（文白对照）[M]．北京：线装书局，2014：968.
154 《资治通鉴》编委会．资治通鉴（文白对照）[M]．北京：线装书局，2014：1017.

第六章 《资治通鉴》中的激励

古人有云："凡将举事，令必先出。日事将为，其赏罚之数，必先明之。"也就是说，领导者要影响被领导者工作的绩效，就必须从被领导者的角度出发，综合考虑组织活动的需要和个人素质与能力的差异，满足被领导者的愿望，以此提高下属的工作积极性。只有这样，才能使组织更高效地实现目标。成功的领导者懂得如何激励下属，即用什么样的方式才能有效调动下属的积极性。

第一节 《资治通鉴》中的激励理论

人是决定组织成败的最关键因素，任何组织都是由人创建，由人来管理的。组织内的一切物流、资金流、信息流都是由人来运作的。由于个人的利益、目的不尽相同，所以他们工作的动力大小存在差异，并不能保证每个人都能充分发挥他们的工作潜力。

组织中员工工作绩效直接受到内部人员工作积极性的影响。激发人们工作的积极性离不开激励活动。作为管理活动的重要组成部分，激励对组织利益的贡献往往无法直观地反映出来，却是组织目标能够得以实现的最可靠保证。

虽然激励在组织管理中被广泛应用，但对它下一个确切定义则有相当大的难度，因此需要深刻理解激励的作用过程。

一、激励的内涵

通过对激励过程的深刻解析可知，从管理学的立场来看，激励就是通过管理者的行为或组织制度的规定，给被管理者以某种刺激，使其产生努力实现管理目标，完成组织任务的管理过程。通俗地讲，管理中的激励要解决的主要问题就是：如何调动被管理者的积极性？

从关于需要、动机和行为的关系中可知，人们的行为产生于需要。总的来看，激励是需要得到满足、新需要不断产生的循环过程。因此，激励活动的展开可以从两方面着手：一方面，激发人们没有意识到的潜在需要，或激发人们已经意识到但没有欲望的潜在需要；另一方面是提供实现需要的条件，从而强化人们的行为。在实现激励的过程中，领导者的方法和技巧能够体现出管理的艺术性。

从激励的过程来看，激励主要包括这样几个阶段：第一阶段，刺激人的需要产生；第二阶段，在需要的作用下产生动机；第三阶段，在动机作用下引发行为；第四阶段，比较行为结果，如果行为结果与期望的目标一致，就会产生一种满足感，从而产生新的需求，强化行为，如此不断地循环往复。反之，如果行为无法满足其期望的目标，行为者就会产生挫折感。在此情形下，行为者可以通过调整目标和行为，使其在较低的程度上获得满足，然后产生新的需要。

实施激励行为需要一定的方法和技巧。在组织行为中，激励是十分常见的管理活动。因为种种原因，不同的人虽然行为相同，但可能有着不同的动机，亦或是相同的动机，由于在寻找方法上存在差异，造成行为上的不一致。这些都说明，调动人们积极性的激励，对不同的人，在不同的情况下，应当应用不同的方法。因此，不存在对任何人都适用的激励模式。

二、激励的作用

激励的主要作用在于激发、调动人的积极性，从而使人们更加努力工作，以取得最大的成效。管理学研究表明，个人的工作成效取决于个人能力和工作积极性。通常来说，个人能力变化是比较缓慢的，工作积极性的高低则能在短期内发生较大的变化，从而对工作成效产生较大影响。通过有效的人事管理，如果能使个人能力与工作任务相匹配，那么工作积极性就是决定工作效率高低的关键因素，激励的作用正在于此。激励恰恰能够使人保持旺盛的工作热情和积极性，从而起到挖掘潜力、吸引人才和激发创造性的积极作用。

（一）激励能够挖掘人的潜力

在一定条件下，人的潜在能力往往会在很大程度上超出其平时表现出来的能力。领导者采用科学的激励制度和激励方法，能充分调动下属的积极性，使其在相关工作领域的潜能更容易发挥出来。

南北朝时期，东晋太尉刘裕抵达阌乡，沈田子等将领准备进攻峣柳。后秦国主姚泓打算亲自统兵出征，抵御刘裕的大军，又害怕沈田子等人突袭他的后方，就想先消灭沈田子等人，然后出动全国的兵力向东攻打刘裕。于是，姚泓率领步、骑兵数万人，突然抵达青泥。沈田子这支部队，本来就是为迷惑敌人布置的疑兵，一共才一千多人。沈田子听说姚泓亲征，打算迎战，建威将军傅弘之认为敌众我寡，无法抵敌，因而劝止他。沈田子说："用兵贵在出奇制胜，不一定在人数多。况且如今敌我众寡悬殊，看形势不能并存。如果等到敌人集结，阵势稳固，我们就无处可逃了。不如乘他们刚刚到达，营地和战阵还没有建立起来，我们主动挑战，定能成功。"于是，沈田子率领他的部众首先出动，傅弘之作为后继援军紧跟其后。后秦兵把这支东晋军重重包围，沈田子安抚激励士卒们说："各位不畏艰险，远道而来，就是为了今天这样的会战和生死对决，封侯升官的大业就在这里了！"士卒们大声疾呼，跃跃欲试，手执短兵器奋勇杀敌。后秦军大败，共被斩杀一万多人，缴获了姚泓的御车御衣以及王家专用的器物，姚泓兵败后逃回灞上。

在正常情况下，当敌我双方实力悬殊时，实力较弱的一方赢得战斗的可能性是很小的。在这则故事中，沈田子以"封侯升官"激励士兵在敌众我寡的局面下保持极高的战斗士气，发掘战士们潜在的战斗力，最终大破敌军。由此可以看出，激励可以充分挖掘人的潜力。[155]

（二）激励能够吸引优秀的人才

有效的激励制度不仅可以充分调动组织内现有的人力资源，还有助于改变和引导组织外部的人才流向，使其服务于组织内部发展。有效激励的实质就是能够合理满足人们的需要，使被领导者感受到公正的待遇，才能得到充分的发挥。这样的激励制度，自然会吸引那些才能难以得到充分发挥的人才。

战国时期，燕国贵族共同推举太子姬平为燕昭王，昭王是在燕国被齐国攻破后即位的。即位后，他凭吊死者，探访贫孤，与百姓同甘共苦，自己纡尊降贵，用重金来招募人才。他问郭隗："齐国乘我们内乱而攻破燕国，我深知燕国国小力少，不足以报仇。然而招揽贤士与他们共商国是，以雪先王的耻辱，始终是我的愿望。先生您如果见到合适的人才，我一定亲自服侍他。"郭隗说："古时候

155 《资治通鉴》编委会．资治通鉴（文白对照）[M]．北京：线装书局，2014：5016.

有个君主，派遣一个负责洒扫的涓人用千金去购求千里马，那个人找到一匹已死的千里马，用五百金买下马头带回。君主大怒，涓人解释说：‘死马您还买，何况活的呢！天下人知道了，好马就会送上门来的。’不到一年，果然得到了三匹千里马。现在大王您打算招募人才，就请先从我郭隗开始，比我贤良的人，都会不远千里前来的。”于是，燕昭王为郭隗翻建府第，尊他为师，各地的贤士果然争相来到燕国：乐毅从魏国来，剧辛从赵国来。昭王赐乐毅以亚卿高位，委托他管理国家大事。燕昭王正是通过礼贤下士，重用郭隗，激励了其他渴求受到重用的贤才，使他们自愿追随、襄助燕昭王建立功业。[156]

公元880年，唐凤翔节度使郑畋回到凤翔，召集部下将佐议论如何抗拒黄巢军，部将们都声称：“黄巢贼众的势力正处于强盛阶段，应该缓慢地进行准备，等待各路军队聚集后，再图收复京师。”郑畋失望地说：“你们是否要劝我投降贼寇呢！”郑畋因气愤而昏倒在地，并被砖瓦碰伤脸部，从中午一直到第二天早上都不能言语。恰巧黄巢派使者带着赦免诸军的赦书赶到，监军袁敬柔与众将佐对黄巢使者毕恭毕敬，并草写降书宣示于众，代郑畋署名，对黄巢的赦免表示感谢。监军袁敬柔为黄巢所派使者举行宴会，音乐奏起时，将佐以下兵卒都失声痛哭。使者感到奇怪，节度使府幕客孙储解释说：“由于军府相公郑畋因病不能来参加宴会，所以大家感到悲痛。”民间百姓闻知后无不流泪。郑畋得知这些情况后说：“我以此知道天下人心尚未对大唐王朝感到厌恶，黄巢贼身首异地指日可待！”于是他刺破手指，用血书写表文，派遣自己亲信的人走小路赶到唐僖宗的行营，以表忠心。又召集部下将佐，谕以逆顺忠义的道理，部下官兵都表示愿意听命。郑畋再次刺血与大家盟誓，然后将凤翔的城墙壕堑修复完好，将兵器军械修复完善，训练士卒，并秘密约请邻道合兵攻讨黄巢。邻道也都许诺愿意发兵，一齐到凤翔会合。当时神策军八镇兵分别坐镇于关中的还有数万人，听说唐僖宗逃往西蜀，一时无所归从，郑畋派人往各军招抚，诸军都赴凤翔听从郑畋的调遣，郑畋于是将财产分给诸军，以连结诸军的心，于是军势大振。[157]

再如，东汉末年，公元215年，曹操抵达南郑。十一月，张鲁率领家属出来投降。魏公曹操亲迎，授予张鲁镇南将军官职，按照宾客的礼节接待他，封他为阆中侯，食邑万户。同时，封张鲁的五个儿子以及阎圃等人为列侯。习凿齿评论说：阎圃

156 《资治通鉴》编委会．资治通鉴（文白对照）[M]．北京：线装书局，2014：94.

157 《资治通鉴》编委会．资治通鉴（文白对照）[M]．北京：线装书局，2014：11310~11311.

劝谏张鲁不要称王，曹操却追封他，以后的人哪有不愿归顺曹操的！堵塞水的源头，其下游的水自然不再流动，说的不正是这个道理吗！[158]

这个典故中，曹操厚赏重用归降的张鲁，百姓和其他有志之士受到激励鼓舞，认为归降曹操能够受到赏识，能一展胸怀抱负，从而使曹操觅得良民忠将，助其鼎立一方。

（三）激励能够激发员工的创造性

有效的激励不仅可以调动被领导者的劳动积极性，而且还会促使其在工作中努力克服困难，完成任务，发挥自己的创造力。这种工作态度和热情对完成组织任务和组织的发展具有重大意义。

公元869年，徐州叛贼侵掠海州。当时唐诸道军队在海州戍守的已有几千人，官军砍坏贼军必经桥梁的桥墩而不使桥断绝，以等待贼军过桥时自陷，又在要害处埋下伏兵。贼军到来，桥崩塌下陷，士兵们仓皇溃散，官军伏兵齐发，将贼军全部歼灭。庞勋派往进攻寿州的贼车也被南方淮、浙诸道兵击败，被斩和被俘的有好几千人。辛谠率领浙西军队赶到楚州，宦官敕使张存诚率领船队来协助。徐州叛贼在水上和陆上布置军队，封锁截断了淮河水流，浙西军队畏惧贼军强大，不敢前进。辛谠对张存诚及诸将领们说："我请求当前锋，得胜，你们就跟着我前进，失败，你们就赶快撤退。"这个意见仍然得不到同意。于是，辛谠招募军中的敢死士兵数十人，用牒写下每个人的职位姓名，先驾驶装米的船三艘，装盐的船一艘，乘风逆流而进，直冲泗州城。贼军在两岸夹击，箭头射在船板上，犹如急雨。船行至贼军封锁河道的铁锁前，辛谠率领部众奋力死战，用斧砍断铁锁，船得以通过，泗州城上欢呼之声震天动地，杜及部下将佐都哭着赶来迎接。乙酉（二十七日），泗州城上官军望见有战船张帆自东方来，认出船上的旗帜是浙西军；离泗州城十余里，徐州贼军排列火船进行阻挡，使浙西船队拉下船帆无法前进。杜命令辛谠率领敢死士兵出城迎接，辛谠乘战船冲向贼军阵地，冲过敌船后，看见张存诚率领装米的船九艘停在河中，张存诚喊："将士们惧怕贼军不敢前进，在河道中停留，我几次要自杀，才将船开到这里，现在船又不敢前进。"辛谠扬言说："贼军不多，前进并不太难。"于是率领众军扬起军旗，击鼓喧噪，奋力前进。贼军见浙西船队来势相当凶猛，躲避不敢迎战，于是船队得入泗州城。[159]

---

158 《资治通鉴》编委会．资治通鉴（文白对照）[M]. 北京：线装书局，2014：2755.

159 《资治通鉴》编委会．资治通鉴（文白对照）[M]. 北京：线装书局，2014：11177.

唐至德二载，公元757年，叛军大将尹子奇率大军来进攻睢阳。张巡对将士们说：“我身受国恩，要死守此城，为国家效命。但想到大家为国家献身，血染原野，而赏赐难以酬劳所建立的功勋，感到万分痛心。”将士们听后都情绪激动，奋勇请战。于是张巡杀牛设宴，犒劳士卒，率全军出战。叛军看见官军兵少而嘲笑官军。张巡手执战旗，率领众将直冲叛军阵中，叛军全军溃败！斩敌将三十余人，杀死士卒三千余人，追赶敌军数十里。第二天，叛军又集兵逼临城下，张巡率兵出战，昼夜交战数十回合，屡次挫败叛军进攻的锋锐。[160]

张巡以言语和行动鼓舞士气，使得将士们在作战时表现得异常英勇，这正是激励发挥出的巨大作用。

第二节 《资治通鉴》中激励的原则

在管理中，激励是充分展示管理者管理艺术的管理活动。同一行为可能源于不同动机，同一动机可能产生不同行为，没有适用于一切人和一切环境的激励制度和激励方法。在管理过程中，激励必须因时、因人、因地而异，但这并不等于说激励就没有一定的规律可循，有效的激励需要遵循一定的原则。这些原则主要包括：理解与尊重原则，时效原则，功过分开、一视同仁原则，以奖为主、以罚为辅原则，物质奖励与精神奖励相结合原则，实事求是、奖罚合理原则。

一、理解与尊重原则

（一）理解与尊重原则的内涵

激励的根本目的是要调动人的积极性。与其他管理职能相比较，激励是做人的工作的艺术，激励活动恰当与否，对人工作热情和工作积极性会产生直接影响。做好激励活动的前提，是要学会给予人充分的理解和尊重。

人的行为具有多变性、多样性和创造性，但又遵循一定的规律，理解人就要认识这种规律。一个人工作态度的好坏，工作积极性的高低，都有一定的原因。首先，想要找到并抓住这种原因，就要对人有一个比较深刻的认识和了解。其次，做好激励工作，还必须理解人。仅了解人，知道事情为什么是这样还不够，还应

160 《资治通鉴》编委会．资治通鉴（文白对照）[M]．北京：线装书局，2014：9645.

该站在当事人的立场上考虑问题，由此才能找到解决问题最有效的办法。最后，做好激励工作，还必须尊重人。无论是正激励的表扬，还是负激励的批评，都必须考虑受激励者所处的情境，采取合适的方式。只有真正地尊重他人，奖励不被人们认为是恩赐，批评不被人们当作是打击，激励才会为人们所接受。

（二）理解与尊重原则的运用

魏晋南北朝时期，北魏南部边境发生严重的水灾，百姓多半饿死。尚书令刘絜对太武帝拓跋焘说："自从宋寇侵犯我们国土，我们屡次抗击。上天帮助，皇上圣明，保佑我们的军队所向披靡。如今，战事已经平息，有功的将领也都得到了赏赐。各个州郡和封国的老百姓，虽然没有亲自出征讨伐，但是他们勤奋地务农养蚕，供应国家和军队的需要，实在是治理国家的根本，更是国库薪饷的重要来源。现在，崤山以东遍地洪水成灾，应该妥善抚慰和可怜这些受灾的百姓，弘扬朝廷一向保护和养育百姓的恩德。"拓跋焘同意他的劝告，下诏免除全国百姓一年的田赋和捐税。[161]

可见，尚书令刘絜以州郡百姓的现实情况为依据，上书建议拓跋焘抚恤百姓，充分考虑了民情民意，使得君主得到百姓的拥戴，正是因为他在理解民意的基础上实施了恰当的激励行为。

再如，隋朝时，隋文帝赐给并州总管李穆诏书说："您既素有德望，并且又是家父的同辈好友。您劝我顺天受命的来函，我不敢违背。已经于本月十三日恭承天命，登上帝位。"[162]不久，李穆自并州入朝，文帝即任命李穆为太师，特许他在朝拜时不称名。李穆的子孙即使还在襁褓之中，也一律授予仪同三司。因此，李穆一门手持牙笏、身居官位的多达一百余人，贵盛无比。隋文帝又任命上柱国窦炽为太傅、幽州总管于翼为太尉。李穆上表请求辞职归养，隋文帝下诏书说："古代姜太公吕尚以百岁高龄辅佐周文王、武王成就王业，张苍以白发老人担任汉文帝的丞相，高才伟人佐命当世，不能拘泥于常礼。"于是以李穆年事已高，敕免崛除正常朝会。遇有军国大事，朝廷派人到府上征询他的意见。[163]

隋文帝礼敬贤臣，尊李穆为太师，又能设身处地为李穆考虑，照顾其年迈的身体，免去朝会及各种礼节，充分体现了激励行为要以理解和尊重为原则。

161 《资治通鉴》编委会．资治通鉴（文白对照）[M]. 北京：线装书局，2014：5202.
162 《资治通鉴》编委会．资治通鉴（文白对照）[M]. 北京：线装书局，2014：7512.
163 《资治通鉴》编委会．资治通鉴（文白对照）[M]. 北京：线装书局，2014：7512.

二、时效原则

（一）时效原则的内涵

时效原则是指激励必须及时，不能拖延。一旦时过境迁，激励就会失去作用。唐朝柳宗元曾在《断刑论》中指出："赏务速而后有劝，罚务速而后有惩。"实践也一再证明，应该受表扬的行为得不到及时的鼓励，会使人气馁，丧失积极性；错误的行为受不到及时的惩罚，会使错误行为更加泛滥，造成积重难返的局面。

把握好激励的时效是一种艺术，并非记住了这一原则就能做好的。一般来说，正激励多在行为发生时就给予表扬，以示支持。对错误的行为，先应及时制止，不让其延续下来或扩散开去。批评与其他的惩罚措施，应根据不同的情形分别处理。有些情况下，当场严厉批评会使组织内充满对立情绪，甚至矛盾冲突。

（二）时效原则的运用

东汉末期，建安十九年五月，围攻成都时，刘备曾与部下约定："若攻破成都，官府仓库的一切财物，你们可以任意地拿，我决不干预。"破城之后，士兵们都扔掉兵器，奔向仓库争抢财物，造成军费不足，刘备深感忧虑。刘巴说："这很容易解决，只要铸造一种值百钱的钱币，平抑物价，命官吏设立官市。"刘备采纳了这一建议，几个月后，府库的财物就充足了。当时，有人建议把成都有名的肥田沃土和住宅分给将领们。赵云说："霍去病曾认为匈奴尚未消灭，不应考虑自己的家业。现在的国贼远非匈奴可比，我们不能贪图安乐。等到天下都安定以后，将士们重归故里，在自己的田地上耕作，才会各得其所。益州的百姓，刚刚遭受兵灾战祸，土地、田宅都应归还原来的主人，使百姓平安定居，恢复生产，然后才可以向他们征发兵役，收取租税，获得他们的好感；不应该夺取他们财物，以私宠自己所爱的将领。"刘备接受了赵云的意见。[164]

三、功过分开、一视同仁原则

（一）功过分开、一视同仁原则的内涵

在激励问题上，我国传统文化有一种将功补过、以功抵过的主张，这是不符合管理学要求的。奖赏与惩罚应当分明，这不仅是指对该奖的人给予奖赏，对该罚的人给予惩罚，而且还包含对同一个人的功过应当严格区分，分别处理，有功

164 《资治通鉴》编委会．资治通鉴（文白对照）[M]．北京：线装书局，2014：2737.

该奖，有过当罚，不能以功抵过，扯平完事。

做到赏罚分明，一个密切相关的问题就是赏罚必须一视同仁，人人平等。三国时著名政治家诸葛亮曾说：“赏以兴功，罚以禁奸，赏不可不平，罚不可不均。赏赐知其所施，则勇士知其所死；刑罚知其所加，则邪恶知其所畏。故赏不可虚施，罚不可妄加。赏虚施则劳臣怨，罚妄加则直士恨。”赏罚必须对事不对人，才有可能做到人人平等。

（二）功过分开、一视同仁原则的运用

公元220年，春季正月，魏武王曹操抵达洛阳。庚子（二十三日），曹操去世。魏王知人善任，善于洞察别人，很难被假象所迷惑。他能够发掘和提拔有特殊才能的人，不论地位多么低下，都按照才能加以任用，使他们充分发挥自己的才智。和敌人对阵时，他仪态安详，似乎不愿意打仗。可是，一旦制定好策略，向敌人发起攻击，便精力充沛，斗志昂扬。对有功的将士和官吏，赏赐时不吝千金；对没有功却希望受到赏赐的人，则分文不给。执法时严峻急切，违法的一定加以惩罚。有时对犯罪的人伤心落泪，也不加赦免。生活俭朴，不崇尚富丽奢华，所以能够消灭各个强大的割据势力，几乎统一全国。[165]

再如，公元882年，阡能一伙势力越来越大，一路侵掠淫乱进入蜀州境内。因为杨行迁等人长期以来没有立功，陈敬便任命押牙将高仁厚为都招讨指挥使，带领军队五百人前往取代杨行迁。出发的前一天，有个卖面的人，从早晨到中午在军营中出出入入好多次，巡逻的士兵对这人产生了怀疑，把他抓起来讯问，果然是阡能的间谍。高仁厚命令为他解开捆绑的绳索，和颜悦色地对他进行询问。那个人说：“我是某个村子的人，阡能把我的父母妻子都囚禁在狱中，并说‘你刺探官军情况回来，得到证实就宽免了你们全家，不然的话，你们全家都要处死。’我并不是甘心情愿地为阡能效力。”高仁厚说：“我相信你是这样的，怎能忍心杀害你！现在我放你回去，去救你的父母和妻子，只是对阡能说：‘高仁厚明日就发兵，所带的军队不过五百人，没有多少人马。’可是，我救了你们一家人，你要为我对营寨的人偷偷传话说：‘陈敬仆射可怜你们都是善良的人，被贼寇控制，其情形实在是不得已。高仁厚要来拯救你们，为你们洗刷冤枉。高仁厚来的时候，你们要分别扔掉兵器前往投降，高仁厚会叫人在你们的背上书写归顺二字，让你们回去仍操旧业。想要杀掉的，不过是阡能、罗浑擎、句胡僧、罗夫子和韩

165 《资治通鉴》编委会．资治通鉴（文白对照）[M]．北京：线装书局，2014：2801.

求这五个人，一定不会牵连到老百姓的。’”阡能派来的那个间谍说：“这些全是老百姓心里想的事，尚书您都一清二楚而宽待百姓，还有谁不高高兴兴地去听命！这些话一个人传给一百人，一百人传给一千人，就会像河川欢跃，大海沸腾，势不可挡。等到尚书您到来，老百姓一定都投奔而来，就像婴儿见到慈爱的母亲。那时，阡能立马无援，马上就可以擒获！”于是，高仁厚派他回去。第二天，高仁厚率领军队出发，到达双流，让截使白文现出来迎接。高仁厚环视堑壕栅栏，怒气冲冲地说：“阡能一伙人，都是耕种土地的百姓，你们用尽一府的军队，长达一年多而不能擒获，现在看到你这里堑壕栅栏重重叠叠如此牢固，大概也可以安稳睡觉饱食终日而留养贼寇以邀功请赏了！”便命令把白文现拉出斩首；监军极力营救，劝了好久，白文现才免于一死。高仁厚下令把堑壕栅栏全部平掉，仅留下五百士兵守卫，其余士兵全都跟随他走，又召命各个寨子的士兵，都相继集合起来。阡能听说高仁厚将到，派遣罗浑擎在双流的西面设立五个营寨，在野桥箐一带设伏兵一千余人，以拦击官军。高仁厚刺探到这一军情，带兵把罗浑擎的军营包围起来，下令不要剿杀，而是派人脱掉军人装束，潜入贼寇营中传话，像昨天对那个间谍说的一样。贼寇听后很是欢喜，呼喊叫嚷着，争先恐后地抛弃盔甲，扔掉兵器，请求投降，下拜的人多得高山倾倒一样。高仁厚对这些来降的人均加抚恤劝导，在他们的背上书写“归顺”二字，然后让他们加到贼寇营寨之中，告诉那些还未投降的人，于是营寨内剩余的人都争着跑出去投降。罗浑擎只好越过堑壕狼狈逃跑，结果被他的部属抓住送到高仁厚那里。高仁厚说：“这个蠢货，不值得和他说什么。”便给罗浑擎带上刑具送往官府。高仁厚下令把贼寇的五个营寨和盔甲武器全部烧掉，只留下收缴的旗帜，先后投降的人总共有四千名。第三天早晨，高仁厚对投降的人说：“开始时本想立即放你们回家，可是前面道上各个寨子的百姓还不知道我的心思，有的人会有忧虑和疑问，现在借助你们在前面行走，经过穿口、新津寨一带时，向那里的百姓展示你们背上的‘归顺’二字，把投降情况告诉他们，等到了延贡，就放你们回去。”于是取来了罗浑擎的旗帜倒着挂起来，每五十个人结为一队，扛着旗子大声呼喊：“罗浑擎已经被活捉，送到官府去了，大唐王朝的军队来到这里。你们住在寨子中的人，快快像我们一样出来投降，马上就可以成为朝廷的良民，没有事了！”官军到达穿口，句胡僧设有十一个营寨，寨子中的人都争着跑出来投降。句胡僧大为惊慌，拔出剑来阻止。大家用瓦片石头打他，一起把他抓住献给高仁厚，句胡僧的部属五千余人都投降了。

第四天早晨，高仁厚焚烧贼寇营寨，让投降的人打着旗子在前面走，像在双流出发时一样。到达新津，韩求设置的十三个营寨中的人都出来投降，韩求自己跳入深深堑壕。韩求的部属把韩求钩上来，韩求已经死了，便砍下他的脑袋送给高仁厚。官军将士要烧毁营寨，高仁厚阻止他们说："投降的人还没有吃饭。"让人先把资财粮食运出来，然后再烧营寨。刚刚投降的人争着烧火做饭，与先前投降来向他们传话的人一同进餐，大家欢歌笑语，整夜都没有停。第五天，高仁厚把双流、穿口投降的人先行放回去，而让新津投降的人打着旗帜在前面走，并且对他们说："进入邛州境内，也可以放你们回去。"罗夫子在延贡设置九个营寨，他的部属前一天晚上看到新津火光冲天，已是夜不能眠。等到新津投降的人赶到这里，罗夫子便仍下寨子逃奔阡能，他的部属全都投降。第六天，罗夫子逃到阡能的营寨，与阡能谋划如何调动全部人马进行决战。计策还没商定，天快黑了，高仁厚带着延贡投降的人赶到。阡能、罗夫子骑上战马巡视营寨，想派兵出战，部属都不听号令。高仁厚带领官军连夜逼近，次日早晨，各个营寨知道大唐官军已经接近，争先恐后地呼喊着往外跑，有人去抓阡能，阡能走投无路，只好跳井，被众人拿获，没有死；同时去抓罗夫子，罗夫子自杀了。大家提着罗夫子的脑袋，绑着阡能，驱赶他前往迎接官军。见到高仁厚，众人拥簇着他的马大声哭泣着说："老百姓忍辱含冤时间太长了，找不到地方控告申诉。自从您放回间谍，老百姓就伸长脖子盼望官军到来，度日如年。现在见到尚书您，就像走出阴间重见天日、死而复生一样。"欢呼的声音此起彼伏，其他地方的贼寇营寨也分别派遣将领前往招降。高仁厚出兵总共六天，五大贼寇都被平灭。他每攻打下一个县镇，就补授，让镇遏使安抚招集百姓。[166]

这个典故中，高仁厚对待投降的人功过分开，赏罚分明，一视同仁，瓦解了对方士气，使大量敌军主动投降，实现了不战而屈人之兵的效果，取得了良好的军事效果。

四、以奖为主、以罚为辅原则

（一）以奖为主、以罚为辅原则的内涵

奖励和惩罚都属于激励，最终目的都是调动人的积极性，消除组织中存在的消极因素。在奖励与惩罚的选择和实施程度上，需要根据具体的情况决定。但在

166 《资治通鉴》编委会 . 资治通鉴（文白对照）[M]. 北京：线装书局，2014：11360~11363.

建立激励制度时，应秉持以奖为主、以罚为辅的原则，因为完成组织的目标，最终要靠调动人的积极性和创造性，要靠激励员工努力工作这一点，奖励带来的激励是积极正面的，这一点是惩罚做不到的。

（二）以奖为主、以罚为辅原则的运用

唐僖宗时期，公元 887 年，东都洛阳经过黄巢的战乱，劫后遗留的百姓聚集成为三个城以相互保护。接着又遭受秦宗权、孙儒的残酷暴行，仅仅留下了残垣断壁。张全义刚到这里时，只见白骨遍地，放眼望去，到处是丛生的草木，居民总共不到一百户。张全义的部下才一百多人，共同守卫三城中间的中州城，四周田野都没有耕作的人。张全义在手下中挑选了十八个比较聪明能干的人，每人发给一面旗帜，一张榜文，称作屯将，派他们分别到河南十八个县旧有的村落之中，立起大旗张贴榜文，招收抚恤四处流散的百姓，规劝他们种植耕作。只有犯了杀人罪的处死，其他罪过仅予笞打杖击，没有严酷的刑罚，不收田租赋税，因此前来归顺的老百姓像赶集一样。张全义还挑选精明强壮的百姓教授作战阵法，以防御贼寇强盗。几年之后，河南各地的城市店铺乃至小巷，都渐渐地恢复了原来的规模式样，各县的民户人口大多回归，各种农作物生长茂盛，田野里再也没有空旷的地方。各地负担供养的军队，大县达到七千人，小县也不少于二千人，于是张全义进呈奏章，请设置县令佐官治理地方。张全义通达事理，明察秋毫，人们对他不敢有欺隐，同时他办理政务又宽厚简明。张全义外出，看见田地中的作物很茂盛，就下马与身边的臣僚共同观赏，召来田地的主人，用美酒好饭慰劳他。有善于养蚕种麦的人获得丰收，张全义有时就到这些人的家里，把男女老幼都叫出来，赏赐给他们茶叶、丝绸和衣物等。当时在民间传着这样的话：“张全义大人不喜好歌妓舞女，看到这些没见过他发笑，唯独看到茂盛的麦田和上好的蚕丝他就满面笑容。”有的人将田地荒芜了，张全义就召集众人当面杖打，予以惩罚；有的人申诉说缺乏人手和耕牛，张全义便把他的邻居叫来责问：“他如果确实缺少劳力耕牛，你们为什么不帮助他！”大家都表示谢罪，这时张全义才把人放回。由于邻里之间互通有无，彼此帮助，因此各户都有钱粮积蓄，灾年也不致有饥荒，于是慢慢富庶起来。[167]

再如，东汉时期，梁冀痛恨张纲，想找一个机会来陷害他。当时，广陵郡的

167 《资治通鉴》编委会 . 资治通鉴（文白对照）[M]. 北京：线装书局，2014：11457~11458.

盗贼首领张婴在扬州、徐州一带作乱已有十余年，历任郡太守都无法镇压下去，于是梁冀就任命张纲为广陵郡太守。以前的广陵郡太守都请求朝廷多派兵马，张纲却只乘一辆车前去赴任。抵达广陵以后，张纲就径直到张婴营垒大门，求见张婴。张婴大吃一惊，急忙下令紧闭营门。张纲在门外将所有跟他前来的官吏和百姓都打发回去，仅留下十几个亲信，然后写信告诉张婴，请他出来见面。张婴看到张纲十分诚恳，于是离营到府拜见。张纲让张婴坐在上座，开导他说："过去历任郡太守，多数一味贪婪和残暴，使得你们心怀愤怒，聚众起兵。郡太守的确有罪，然而你们这样做也不符合大义。如今主上仁爱圣明，准备用恩德消除叛乱，所以才派我来，想赐给你们封爵和官位，使你们拥有荣耀，不愿意对你们施加刑罚，今天确实是转祸为福的大好时机。如果听到这些道理而不肯归附朝廷，天子赫然盛怒，征调荆州、扬州、兖州、豫州的大军，像云一样集合，你们就将身首异处，子孙灭绝。二者的利害，请你好好考虑。"张婴听后流着眼泪说："我们这些野蛮的愚民，自己不能上通朝廷，不堪忍受残酷迫害，才聚集在一起苟且偷生，像鱼游锅中，自己也知道不能长久，只不过暂时苟延残喘而已。今日听到您的开导，正是我们再生之时。"于是，张婴告辞回营。次日，张婴率领他的部众一万余人和妻子儿女，把手臂捆绑在背后，向张纲请降。然后张纲独自乘车进入张婴的营垒，大摆筵席，畅快饮酒，随之遣散张婴的部众，听任他们去愿意落脚的地方。张纲还亲自为张婴选择住宅，查看田地。张婴的子孙有想当地方官吏的，他都加以推荐任用。人们对张纲心悦诚服，当地一片和平。朝廷评论功绩，应当封张纲侯爵，但受到梁冀的阻挠。张纲在广陵郡任职一年后去世，张婴等五百余人为他穿丧服举哀，将他的灵柩送回家乡犍为，还为他运送泥土，筑成坟墓。后来汉顺帝下诏，任命张纲的儿子张续为郎中，并赐钱一百万。[168]

五、物质奖励与精神奖励相结合原则

（一）物质奖励与精神奖励相结合原则的内涵

物质利益是人们行为的基本动力，但不是唯一的动力。任何人都不可能仅为物质利益而活着。现实生活中，人们的需求是多方面的，既有物质方面的，也有精神方面的，只不过对不同的人而言，两种需要的强度有所不同罢了。奖励必须注意物质奖励与精神奖励相结合，片面地强调哪一方面都是不正确的。

168 《资治通鉴》编委会．资治通鉴（文白对照）[M]．北京：线装书局，2014：2108.

（二）物质奖励与精神奖励相结合原则的运用

战国时期，燕将乐毅围攻两城，一年未能攻克，便下令解除围攻，退至城外九里处修筑营垒。乐毅下令说：“城中的百姓出来不要抓捕他们，有饥困的还要赈济，让他们各操旧业，以安抚新占地区的人民。”过了三年，城还未攻下。有人在燕昭王面前挑拨说：“乐毅智谋过人，进攻齐国，一口气攻克七十余城。现在只剩两座城，不是他的兵力不能攻下，之所以三年不攻，就是他想倚仗兵威来收服齐国人心，自己好南面称王而已。如今齐国人心已服，他之所以还不行动，就是因为妻子、儿子在燕国。况且齐国多美女，他早晚会忘记妻子，希望大王早些防备！”燕昭王听罢，下令设置盛大酒宴，拉出说此话的人斥责道：“先王倡导全国礼待贤明人才，并不是为了多得土地留给子孙。他不幸遇到继承人缺少德行，不能完成大业，使国内人民怨愤不从，无道的齐国趁着我们国家动乱得以残害先王。我即位以后，对此痛心疾首，所以才广泛延请群臣，对外招揽宾客，以求报仇。谁能使我成功，我愿意和他分享燕国大权。现在乐毅先生为我大破齐国，毁掉齐国宗庙，报了旧仇，齐国本来就应归乐毅先生所有，不是燕国该得到的。乐毅先生如果能拥有齐国，与燕国成为平等国家，结为友好的邻邦，抵御各国的侵犯，这正是燕国的福气和我的心愿啊，你怎么敢说这种话呢！”于是将挑拨者处死。又赏赐乐毅妻子以王后服饰，赏赐他的儿子以王子服饰，配备君王车驾乘马，及上百辆属车，派宰相侍奉乐毅家属送到乐毅那里，立乐毅为齐王。乐毅十分惶恐，不敢接受，一再拜谢，并写下辞书，宣誓以死效忠燕王。从此齐国人敬服燕国乐毅的德义，各国也畏惧他的信誉，没有再敢来算计他的。[169]

公元 854 年，牛丛自司勋员外郎出任睦州刺史，入朝向唐宣宗谢恩。唐宣宗赐给他紫衣，牛丛谢恩之后，走上前进言说：“我现在穿的绯衣，是从刺史那里借用。”唐宣宗立即说：“那就再赐给您一件绯衣吧。”唐宣宗重视和珍惜代表官吏身份和地位的官服，有关部门经常预备好几套绯衣、紫衣，以备唐宣宗随时赏赐给官吏，但有时半年也用不到一件，所以当时的人们均以穿绯衣、紫衣为荣耀。唐宣宗信重翰林学士，但翰林学士升迁官位时，唐宣宗必定要查对他们任官的年月，看是否任期届满，是否有足够的资历升迁新位，认为不可以随意将官爵私下赏赐给近密的臣下。[170]

169 《资治通鉴》编委会．资治通鉴（文白对照）[M]. 北京：线装书局，2014：142.

170 《资治通鉴》编委会．资治通鉴（文白对照）[M]. 北京：线装书局，2014：11062~11063.

六、实事求是、奖罚合理原则

（一）实事求是、奖罚合理原则的内涵

无论是正向激励，还是负向激励，都必须实事求是，掌握好分寸，这是激励的艺术所在。古人也指出，赏不当功，罚不当罪，这是十分有害的。

要做到实事求是，奖罚合理，就要注意以下两点。

首先必须端正思想，奖励不能唯奖励而奖励，不能借奖励来卖人情，拉关系，更不能为了奖励故意拔高成绩，树立虚假典型。同时，奖励也不能搞平均主义，应当从事实出发，做到客观公正。批评、惩罚也应如此，不能无限上纲，更不能借机打击报复，应当做到对事不对人。同时，惩罚与批评要客观公正，公私分明，不能出于私人关系就文过饰非，大事化小，小事化了。

其次，恰当的激励要注意语言艺术。不论是奖励还是批评、惩罚，在语言表达的方式和语气上都应注意一定的技巧。在不同的情形下，不同的语言或同一语言在激励强度上有所不同。要学会运用语言的艺术，用语应当文明、得体，表达的意思应当清晰明了。尤其在进行批评时，要注意就事论事，言语表达要注意分寸，不能采用恐吓、辱骂等言语，充分尊重被领导者的人格。无论是奖励与惩罚，都应掌握好分寸，并苦练运用语言的艺术。

宫廷乐工罗程，善于弹奏琵琶，自唐武宗朝已得到宠幸；唐宣宗平素通晓音律，对罗程更加宠爱。罗程依恃皇帝的恩宠暴虐专横，有人对他瞪一眼，他就将人杀死，公元857年，罗程因此被京兆府逮捕入狱。宫廷诸乐工想请求唐宣宗赦免罗程，唐宣宗到后苑听音乐演奏时，乐工特意为罗程设一虚坐，放上罗程的琵琶，并一起跪拜于庭前，哭泣不已。唐宣宗问诸乐工为何哭泣，乐工们回答说：“罗程辜负了陛下的恩情，罪该万死，但我们非常惋惜，罗程的琵琶演奏是天下无双的绝艺，恐怕以后在陛下的宴会和游乐中，再也听不到这样精美的表演了。”唐宣宗说：“你们可惜的是罗程的琵琶演奏技艺，朕珍惜的是高祖、太宗留下的法律。”最后，罗程被判处杖刑，被乱棍打死。[171]

（二）实事求是、奖罚合理原则的运用

东汉时期，公元121年，八月甲子（十六日），前任司徒刘恺被任命为太尉。当初，清河国相叔孙光因贪污被判罪，禁止他的子孙两代当官。本年，居延都尉

---

171 《资治通鉴》编委会．资治通鉴（文白对照）[M]．北京：线装书局，2014：11078.

范邠也犯了贪污罪，朝廷准备依照叔孙光的先例进行处罚。刘恺认为："根据《春秋》大义，对善行的报偿应当延及子孙，对恶行的惩处应当限于罪犯自身，目的是为了引导人们向善。如今禁止赃官的子孙当官，以轻从重，让善良无罪之人感到恐惧，这不符合先王慎于使用刑罚的原意。"尚书陈忠赞同刘恺的意见。安帝下诏说："太尉的主张正确。"[172]

又如，东汉时期，因中常侍张防利用权势，接受贿赂和请托，虞诩曾多次请求将他法办，都被搁置，没有回音。虞诩不胜愤慨，于是自投廷尉监狱，上书顺帝说："过去，安帝任用樊丰，废黜皇室正统，几乎使社稷灭亡。现在，张防又玩弄权势，亡国之祸将再降临。我不忍心和张防同列朝廷，谨自囚于廷尉狱，免得让我重蹈杨震的覆辙！"奏章呈上后，张防在顺帝面前流泪哭诉，于是虞诩坐罪，被遣送到左校罚作苦役。张防仍然不肯放过虞诩，必欲置之死地。两天之内，虞诩被传讯拷打四次。狱吏劝虞诩自杀，虞诩回答说："我宁愿伏刑刀死于市，让远近的人都知道！如果不声不响地自杀，谁能分辨是非呢？"浮阳侯孙程和祝阿侯张贤相继请求面见顺帝，孙程说："陛下当初和我们起事的时候，常痛恨奸臣，深知他们会使国家倾覆。而今即位以后，则纵容和包庇奸佞，又怎么能责备先帝不对？司隶校尉虞诩为陛下尽忠，却被逮捕囚禁。中常侍张防贪赃枉法，证据确凿，反而陷害忠良。今观天象，客星守羽林，是宫中有奸臣的征兆，应该急捕张防下狱，以堵塞上天所降的灾异。"当时张防站在顺帝背后，孙程大声呵斥张防说："奸臣张防，为何不下殿去！"张防迫不得已，小步疾走退入东厢。孙程又对顺帝说："陛下，请立即下令逮捕张防，不要让他去向您的奶母求情！"顺帝征求尚书们的意见，尚书贾朗跟张防素来交情很好，辩说虞诩有罪。顺帝疑惑，对孙程说："你们先出去，朕再考虑一下！"虞诩的儿子虞凯和门生一百余人，举着旗帜，等候中常侍高梵的车子，向高梵叩头至流血，申诉虞诩被冤枉的情况。高梵入宫后，将这一情况向顺帝作了汇报。结果，张防因罪被流放到边疆，尚书贾朗等六人有的处死，有的免官，并于当天释放虞诩。孙程又上书陈述虞诩有大功，措辞甚为直率激烈。顺帝感动醒悟，随之任命虞诩为议郎，几天后擢升为尚书仆射。[173]

再如，东汉秘书监、侍中荀悦撰写《申鉴》五篇，上奏给献帝。荀悦是荀爽哥哥的儿子。当时，政权掌握在曹操手中，献帝只是表面上的最高统治者。荀悦

---

172 《资治通鉴》编委会．资治通鉴（文白对照）[M]. 北京：线装书局，2014：2007~2008.

173 《资治通鉴》编委会．资治通鉴（文白对照）[M]. 北京：线装书局，2014：2042.

有志为朝廷贡献自己的才干，但他的谋略无处施展，所以著述此书。书中的主要内容是：“治理天下的办法，首先是消灭‘四患’，然后推行‘五政’。以虚伪败坏风俗，用私心破坏法纪，行为放荡而超越正常规定，奢侈靡费而损坏国家制度，不消灭这四种现象，就无法推行政令，所以称之为‘四患’。振兴农业与桑蚕业以保障百姓生活，分辨善恶以纠正民间习俗，推行文化教育以改善社会风气，建立武备以维持朝廷的威严，赏罚分明以统一法令，这就是‘五政’。百姓不怕死，就不要以刑罚来恐吓他们；百姓没有生趣，就不可能劝导他们向善。所以，身居高位的人，要先使百姓富足起来。使人民安居乐业，这就是保障民生。对于善、恶，要以功、罪为标准来判定；对于毁谤与赞誉，要用实际效果来进行检验。对人不仅要听他的言论，更要观察他的行为；不被他的名声所困扰，要考察他是否名实相副；不能让虚伪狡诈的人得逞，免得人们纷纷仿效。没有奸怪的习俗，民间没有淫乱之风，这就是纠正民俗。奖励与羞辱是赏赐、惩罚的核心，所以礼教规定，荣誉与羞辱只能施加于君子，以改变他们的内心；枷锁与鞭笞则专用来对付小人，以改变他们的行为。如果不推行教化，就会使中等资质的人堕落成小人，推行教化，就能使这些中等资质的人升为君子，这就是改善社会风气。作为统治者，必然要拥有军队，以防备不能预料的变化，平时用来管理内政，战时则效命疆场，这就是维持威严。赏赐与惩罚，是执政的权柄。君王不随意赏赐，并不是爱惜财物，而是因为随意赏赐，就不能用赏赐来劝导人们行善。君王不随意惩罚，并不是姑息怜悯，而是因为随意惩罚，就不能用惩罚来打击犯罪。赏赐却没有起到劝导的作用，就是阻止人们行善；惩罚而没有起到打击的作用，就是纵容人们作恶。作为统治者，能够不阻止下面的人行善，不纵容下面的人作恶，则国法确立，这就是统一法令。除去了‘四患’，又建立了‘五政’，诚心诚意地执行，长期坚持，简要施行而不懈怠，疏阔而不遗漏。这样，不需劳神费心，天下就能太平了。”[174]

南北朝时期，公元466年，宋明帝亲自统率全军到中堂驻扎。正月辛亥（二十三日），任命山阳王刘休为豫州刺史，指挥辅国将军彭城人刘勔、宁朔将军广陵人吕安国等各路人马，向西讨伐殷琰。命令巴陵王刘休若指挥建威将军吴兴人沈怀明、尚书张永、辅国将军萧道成等各路人马，向东讨伐孔觊。当时，建康的许多将领是东方各郡人士，父子兄弟全都投靠了孔觊。因此，明帝在送他们出征时，向全军宣布说：“朕正在推行皇家恩德，减轻刑罚，使父子兄弟之间的罪行互不株连，

174 《资治通鉴》编委会．资治通鉴（文白对照）[M]．北京：线装书局，2014：2647.

无论顺从者还是叛逆者，都以他自己的行为作为判断标准。你们要深刻理解朕的用意，不要替亲戚担忧。”军士为此欢欣鼓舞，凡是叛党留在建康的亲属，都让他们像过去那样，保持原来的官职。[175]

第三节 《资治通鉴》中的激励方法

激励方法是指在关怀、尊重、体贴、理解的基础上，以诚挚的感情，入情入理的分析，实事求是的科学态度，恰如其分的手段，对受激励的对象以启发和开导，调动其内在积极性，促使其振奋精神，积极向上，努力进取。

激励方法可分为精神激励法和物质激励法两大类。在现实中，领导者往往会针对具体的情况，从实际出发，综合运用多种激励手段，以达到调动人们工作积极性的目的，最终实现组织的目标。

一、精神激励法的运用

精神激励即内在激励，是指给予被领导者精神上的鼓励，满足其心理层面的需要，这种激励手段是无形的。常见的精神激励法有目标激励法、情感激励法、榜样激励法、行为激励法、尊重激励法、关怀激励法、危机激励法、表扬激励法和荣誉激励法。

（一）目标激励法的运用

目标激励就是给每个人确立一个通过努力可以实现的、明确的工作目标，以调动人们的积极性。在多数情况下，人们都希望工作具有挑战性，能在工作中充分发挥自己的潜能，从而体会实现感。目标激励法能够使人们在追求目标时激发潜能，获得激励。

“望梅止渴”的典故就体现出目标激励的作用。三国时，曹操率领部队讨伐张绣，当时天气热得出奇，骄阳似火。到了中午时分，士兵的衣服都湿透了，行军的速度也慢了下来。曹操看到行军的速度越来越慢，担心贻误战机，心里很是着急。可是，眼下几万人马连水都喝不上，怎么能加快速度呢？他知道此刻即使下命令要求部队加快速度也无济于事，于是快速赶到队伍前面，用马鞭指着前方

175 《资治通鉴》编委会．资治通鉴（文白对照）[M]. 北京：线装书局，2014：5601.

说："士兵们，我知道前面有一大片梅林，那里的梅子又大又好吃，我们快点赶路，绕过这个山丘就到梅林了！"士兵们一听，仿佛已经将梅子吃到嘴里，精神大振，步伐不由得加快了许多。

（二）情感激励法的运用

古人云："感人心者莫先于情。"情感是人们对客观事物是否符合人的需要而产生的态度和体验，属于人类特有的心理机能。客观事物符合人的需要时，就会产生满意、愉快等积极情感；反之，就会产生忧郁、沮丧等消极情感。管理激励工作要晓之以理，动之以情，给人以亲切感、温暖感，用真挚的感情去感染人，满足人的感情需要。

隋末唐初时，田留安攻打刘黑闼，打败了他，并抓获刘黑闼的莘州刺史孟柱，刘黑闼六千名将领士兵投降了田留安。当时，山东地区的豪杰纷纷杀死本地长官，响应刘黑闼，刘黑闼投降田留安后，上下互相猜疑，百姓也日益离心离德。这时只有田留安对待下属、百姓坦然无疑，有人报告事情，无论亲疏都听任他们直接到寝室，还常常对下属、百姓说："我和各位都是为国家抵抗敌人，自然应当同心协力。如果有人一定要弃顺从逆，只管来砍了我的头拿走。"下属、百姓都相互提醒道："田公以至诚之心待人，我们应当共同尽心竭力报答他，一定不要辜负他的信任。"有一名叫苑竹林的人，本来是刘黑闼的党羽，暗中怀有异心。田留安知道苑竹林的事，却没有揭发他，而是将他安置在身边，让他掌管钥匙。苑竹林深受感动，便改而归顺了田留安。这样做最终收到了很好的效用，后来田留安也因功进爵封为道国公。[176]

魏晋南北朝时期，拓跋焘加授崔浩侍中、特进、抚军大将军等职务，酬赏他谋划的功劳。崔浩善于根据天象预告未来，常把生铜放在装有醋的容器中，用于夜间观天。每每有所发现，立即用那块生铜在纸上写字，记录异象。拓跋焘每次到崔浩家问询有关灾异天变的情况，崔浩都仓促出来迎接，有时连腰带都来不及系上。崔浩呈献的饮食也十分粗糙，来不及精心烹调。拓跋焘总是拿起筷子吃一点，有时站着尝一口才走。拓跋焘曾经把崔浩领到他的寝殿，语重心长地对崔浩说："你富有才智，学识渊博，侍奉过我的祖父和父亲，忠心耿耿辅佐了三代君王，所以我一向把你当作亲信近臣。你应该竭尽忠心，直言规劝，不要有什么隐瞒。我虽有时盛怒，不听你的劝告，但是我最后还是会深思你的话。"拓跋焘还曾经

176　《资治通鉴》编委会．资治通鉴（文白对照）[M]．北京：线装书局，2014：8214.

把崔浩介绍给新近投降北魏的高车部落酋长们，说："你们看这个人瘦小文弱，既不能弯弓，又拿不动铁矛，然而，他胸中的智谋远胜于兵甲。我虽有征伐的志向，却不能决断，前前后后建立的功勋业绩，都是得到这个人的教导呀！"拓跋焘又特意下诏命令尚书省说："凡是军国大事，你们不能决定的，都应该向崔浩请教，然后再付诸实施。"[177]

（三）榜样激励法的运用

所谓榜样激励，也就是典型激励。榜样是公开树立起来的旗帜，俗话说"榜样的力量是无穷的"。在实际工作中，领导者发现并及时正确宣传好的典型，能够较好地发挥榜样的引导作用，使人们能够"见贤思齐"，以先进为榜样，"择善而从"，培养健康、向上的情操。

隋朝初期，新丰县令房恭懿的政绩是三辅地区最好的，于是隋文帝就赏赐给他粟米绢帛。每当雍州所属县令朝谒天子时，文帝见到房恭懿，一定把他叫到坐榻前，向他征询治理百姓的方略，并多次加以提拔，后任命他为德州司马。隋文帝还对各州的朝集使说："房恭懿一心想着国家，爱护黎民百姓，这实在是上天和祖先保佑我大隋王朝。朕如果视而不见，不加奖赏，那么上天和祖先一定会责备我。你们都应该向他学习。"后来还提升房恭懿为海州刺史。在这种激励下，当时州县官吏大多称职，能够勤政爱民，所以社会安定，百姓富庶。[178]

（四）行为激励法的运用

从管理心理的角度看，每个人都对他周围的人产生行为影响力，但每个人对他周围的人产生的行为影响力的大小是不同的，这主要是不同的人其权力、地位、资历、品德、才能和心理素质等情况有所不同。正因如此，领导者只有加强自身修养，才能提升自身的领导影响力，通过以身作则的工作态度和身先士卒的奉献精神，言传身教，在被领导者和组织团体中建立起权威，更好地影响、激励下属及组织成员为组织目标努力奋斗。

魏晋南北朝时期，北魏国主壮健勇敢，沉着稳重，无论是攻打城池，还是两军对阵，短兵相接，都能亲自冒着乱箭飞石，身先士卒。他的左右士卒相继倒下，或死或伤，他却神色自若，毫不畏惧，因此将士们对他无不畏惧钦佩，都愿尽力

177 《资治通鉴》编委会．资治通鉴（文白对照）[M]. 北京：线装书局，2014：5176.
178 《资治通鉴》编委会．资治通鉴（文白对照）[M]. 北京：线装书局，2014：7523.

效死。[179]

西晋时期，淮南相刘颂上疏说："细微的过失，荒谬的言行，这是人的本性难免的，倘若全都要用刑法来矫正，那么朝野上下就没有人能够立身了。近世以来，担任监察的官员，大都不抓根本大事，却对微小的过失抓住不放，这大概是因为畏惧、躲避豪强，却又担心荒废了职责，因此就谨慎地使法律周密，以搜罗微小的过错，使得上奏揭发罪行的文状接连不断。这种做法表面看来是在为公事尽职，实际上却扰乱了法规。圣明的君王对那些琐碎细密的公事不感兴趣，而对那些揭发凶恶、奸诈大事的奏章一定要过问，那么损害国家政事的邪恶的人或事，自然就被抓住了。创立基业的功勋，在于设立政令，制定规章，使遗留下来的风尚能够使后人的心有所寄托；遗留下来的功业，能够辅助、纠正年小而又柔弱的后人。后代凭借前代制定的法规，即使是昏庸的人，仍然能做出明智的事情，即使是蠢笨无知的人，也如同有才智的人，使得后人足以得到帮助。"[180]

（五）尊重激励法的运用

自尊心是人们潜在的精神源泉，是激发人们不断前进的内在动力。人只要存在自我尊重、自我成就的需要，就会竭力维护自己的尊严，努力争取他人的尊重。当一个人的自尊心得到满足，他就会对自己充满信心，同时也对他人、社会和生活抱有满腔热情，在心理上获得充实满足之感，感到人生充满价值。反之，当一个人的自尊心受到伤害，就会导致其消极颓废，自暴自弃，畏缩不前。

东汉时期，朝廷征召东海国相刘宽担任尚书令。刘宽是刘崎的儿子，他先后担任过三个郡的太守，温和仁爱，多行宽恕，即便是时间再匆促，也从来没有疾言厉色。凡是官吏和人民犯了错误，他只用蒲草做的鞭子抽打，使对方精神上感到羞辱而已，始终不肯给对方增加肉体上的痛苦。每次召见地方父老，总是鼓励他们努力从事农耕。遇到年轻人，则训勉他们孝顺父母，友爱兄弟，人们都很高兴地接受他的教化。[181]

（六）关怀激励法的运用

关怀激励是指对他人的工作、学习、生活、成长和进步给予关心和支持。关心他人的冷暖和切身利益，帮助排忧解难，时刻把他人的利益和需要放在心上。

179 《资治通鉴》编委会．资治通鉴（文白对照）[M]．北京：线装书局，2014：5151.
180 《资治通鉴》编委会．资治通鉴（文白对照）[M]．北京：线装书局，2014：3373.
181 《资治通鉴》编委会．资治通鉴（文白对照）[M]．北京：线装书局，2014：2239.

这种关怀与支持，会使他人认识到自我存在的价值，并从内心深处有所触动，心怀感激，从而产生精神动力，积极工作，多做奉献。

战国时期，大将吴起与最下等的士兵穿衣吃饭一样，睡觉不铺席子，行军也不骑马，还亲自挑士兵的粮食，与士兵们分担疾苦。有个士兵患了毒疮，吴起为他吸吮毒汁，士兵的母亲听说后痛哭流涕。有人奇怪地问："你的儿子是个士兵，吴起将军亲自为他吸吮毒疮，你为什么哭？"士兵的母亲答道："不是这样啊！当年吴将军为孩子的父亲吸过毒疮，孩子的父亲作战从不后退，就战死在敌阵中了。吴将军现在又为我儿子吸毒疮，我不知道他该死在哪里了，所以哭他。"[182]

再如，唐昭宗时期，公元892年，杨行密因为军中费用缺乏，想用茶叶和食盐换取百姓的布帛。掌书记舒城人高勖说："战乱刚刚过去，老百姓十户有九家是空的，官府却又要以商谋利，使他们生活艰难窘迫，这将会使百姓再次叛离我们。不如拿我们拥有的东西与缺少此物的邻道贸易，这样完全可以供给军队。再挑选贤明的地方长官劝勉人民耕作纺织，几年的时间，仓库自然就会充盈。"杨行密采纳了高勖的意见。田頵听到这件事后说："贤明人士的话，其利益深远呀！"杨行密对于骑马射箭比武这些技艺，都没有什么专长，可是他对人宽厚，生活节俭又有智谋胆略，善于安抚驾驭宫中将士，与他们同甘共苦，待人处事推心置腹，没有任何猜疑顾忌。有一次早晨出去，跟随的人剪断驾辕马臀部的皮带，拿走上面的金饰，杨行密知道了也不追问，之后仍像以前那样在早晨外出，人们都佩服他的心胸度量。淮南一带接连六年遭受战乱，当地士人和百姓辗转迁移，几乎走光了。杨行密刚到这里时，赏赐将领官吏，布帛不过几尺，银钱不到几百。可是，杨行密能够靠勤奋节俭保证军中供给充足，除非因公摆设宴会，他自己从不举办歌舞声乐。杨行密招收安抚流离的人民，减轻徭役，少征赋税，不过几年的工夫，官府和人民都富有起来，几乎恢复到太平盛世的状态。[183]

（七）危机激励法的运用

危机就是潜在的危险。危机激励是指通过给人指明坚持某种观点、主张、做法可能产生某些不良后果，使人产生危机感，以反面激励的方式使其转变态度、观点和做法。

东汉时期，张纲招降广陵郡盗贼张婴时，让张婴坐在上座，开导他说："过

182 《资治通鉴》编委会．资治通鉴（文白对照）[M]．北京：线装书局，2014：22.
183 《资治通鉴》编委会．资治通鉴（文白对照）[M]．北京：线装书局，2014：11548.

去历任郡太守，多数一味贪婪和残暴，使得你们心怀愤怒，聚众起兵。郡太守的确有罪，然而你们这样做也不符合大义。如今主上仁爱圣明，准备用恩德消除叛乱，所以才派我来，想赐给你们封爵和官位，使你们拥有荣耀，不愿意对你们施加刑罚，今天确实是转祸为福的大好时机。如果听到这些道理还不肯归附朝廷，天子赫然盛怒，征调荆州、扬州、兖州、豫州的大军，像云一样集合起来，你们就将身首异处，子孙灭绝。二者的利害，请你好好考虑。”张婴听后甚为动容，告辞回营的次日，张婴即率领他的部众一万余人和妻子儿女，把手臂捆绑在背后，向张纲请降。[184]

（八）表扬激励法的运用

表扬激励就是及时肯定、鼓励和支持人们身上存在的积极因素和积极表现。从心理学上来讲，相比批评，在公开场合，人们更愿意接受表扬。从个体角度出发，总的来说，积极因素始终占主要方面，消极因素占次要方面。表扬激励有利于调动积极因素，把消极因素转化为积极因素，把大多数人的积极性调动起来，促进工作的开展。

隋朝时，岐州刺史安定人梁彦光治理有政绩，隋文帝下诏书予以表扬，并且赏赐给他一束绢帛和一把御伞，以勉励天下的官吏。过了一段时间，又调梁彦光为相州刺史。岐州民风质朴淳厚，梁彦光无为而治，每年上奏报给朝廷的户口、垦田和赋税都是全国第一。及至迁为相州刺史后，仍然采用在岐州的治理办法。但是相州治所邺城自北齐灭亡以来，衣冠士大夫多迁入关中居住，只有那些手工业者、商人、乐户迁居邺城，因此民风险诈刻薄，人们喜欢造谣诉讼，称梁彦光为“戴帽的饴糖”。隋文帝听到这些传闻，就免了梁彦光的官。一年以后，又任命他为赵州刺史。梁彦光请求再任相州刺史，隋文帝答应了他。相州的豪强猾吏听说梁彦光再次来相州任职，都纷纷嗤笑他。梁彦光到相州后，惩治不法，审理案件，料事如神，因此豪强猾吏纷纷潜逃，相州境内的社会秩序大为好转。梁彦光又招用了一些名儒，在各地建立乡学，亲自主持考试，表扬奖励勤奋用功的学生，开除那些懒惰不求上进的学生。对于被州郡荐举的秀才，他亲自在邺城郊外设宴为他们送行，并资送路费。于是，相州的社会风气大变，官吏百姓都非常感激和爱戴梁彦光，再也没有打官司的人了。[185]

---

184 《资治通鉴》编委会．资治通鉴（文白对照）[M]. 北京：线装书局，2014：2108.

185 《资治通鉴》编委会．资治通鉴（文白对照）[M]. 北京：线装书局，2014：7523.

（九）荣誉激励法的运用

每个人都有荣誉感。荣誉激励就是通过发给奖状、奖牌、锦旗，给予记功、授予称号等形式来满足个人的荣誉感，以此激发人们的热情，调动工作积极性。

公元217年三月，曹操率军撤回，留下伏波将军夏侯惇统领曹仁、张辽等二十六支部队驻守居巢。孙权让都尉徐详到曹操那里请求投降，曹操派使者回复，愿意建立友好关系，发誓与孙权重结姻亲。孙权留平虏将军周泰统领濡须守军，朱然、徐盛等人都成了周泰的部下，他们认为周泰出身寒微，心中不服。孙权召集各位将领，大摆酒宴，奏乐畅饮。在酒席上，孙权让周泰解开衣服，用手指着他身上的伤痕，询问受伤经过，周泰对那些战斗地点全都记得，依次回答。讲完之后，孙权要他重新穿好衣服，拉着他的手臂，淌着泪说："周泰，你为了我孙氏兄弟，像熊和虎一样勇猛作战，不顾惜自己的身体性命，受伤数十处，肌肤像刀刻划过一样，我又怎么忍心不把你看作亲骨肉，委以统帅兵马的重任！"宴席散后，孙权暂留，让周泰以兵马开路、护卫，擂鼓鸣号，奏起军乐，走出了军营。于是，徐盛等人才服从周泰指挥。[186]

公元932年，大理少卿康澄上书唐明宗，启奏说："为臣听说，童谣不是祸福的根据，妖祥岂能当作兴变的本源！所以，商代出现飞雉落于鼎耳而鸣、桑谷共生于朝的祥瑞，不能中止殷王宗庙之盛；晋朝发生神马长嘶、水涌石龟的异兆，不能延缓晋国传位之长。由此悟出国家有不足惧的事情五件，有深可畏的事情六条：阴阳不协调不足惧，三星运行失常不足惧，小人传播讹言不足惧，山崩河涸不足惧，害虫伤害禾稼不足惧。贤人藏匿不出深可畏，四民迁业不安深可畏，上下通同作弊深可畏，廉耻之道消亡深可畏，诋毁赞誉混淆真伪深可畏，正直言论听不到深可畏。不足惧的事情，愿陛下任其存在而不必去计较，深可畏的事情愿陛下修治而不要差失。"明宗听后，用嘉许的诏书奖励他。[187]

二、物质激励法的运用

物质激励是指以货币和实物的形式来激励人们，调动人们的工作积极性。虽然每个人对物质利益追求的强烈程度不同，但物质是人们生存和发展的基础。物质利益是最基本的利益，是人们进行一切社会活动的物质动因。总的来说，物质

186 《资治通鉴》编委会．资治通鉴（文白对照）[M]．北京：线装书局，2014：2763.
187 《资治通鉴》编委会．资治通鉴（文白对照）[M]．北京：线装书局，2014：12379~12380.

激励仍是现阶段最重要的个人利益之一。

物质激励法主要是通过满足或限制个人物质利益需求来激发人们的创造性和积极性。为了获得或者避免失去物质利益，人们会自觉用道德、法律、规章制度来约束自己，规范自己的言行，积极努力地工作。

东汉末期，鲁肃将要返回北方故乡，周瑜劝他留下，并向孙权推荐说："鲁肃才干出众，应当委以重任，还要多延聘一些他这样的人才，以成就大业。"孙权立即接见鲁肃，与他交谈，大为赏识。等到宾客都告辞后，单独留下鲁肃，把坐榻合在一处，相对饮酒。孙权说："如今汉王室垂危，我想建立齐桓公、晋文公那样的功业，你有什么办法帮助我？"鲁肃说："从前，汉高祖刘邦打算尊奉义帝，但并未如愿，是因为项羽从中阻碍。如今的曹操正像当年的项羽，将军有什么办法去效仿齐桓公、晋文公呢？我私下推测，汉朝王室已不能复兴，曹操也不能一下就被消灭掉。为将军打算，只有保守江东，以观察天下大局的变化。如果能乘曹操在北方用兵，无暇南顾之机，消灭黄祖，进讨刘表，把长江流域全部控制，这样就能建立帝王之业。"孙权说："如今我尽力经营一方，只是希望辅佐汉王室罢了，你所说的这些我还没有想到。"张昭诽谤鲁肃年轻、粗疏，孙权却越发重视鲁肃，赏赐给他财物，使鲁肃的豪贵程度同鲁家当年一样。[188]

又如，汉高帝刘邦论功行赏时，列侯都已受封，高帝就命令议定获第一级功勋的十八个人的位次。群臣都说："平阳侯曹参，身受七十处创伤，攻城略地，立功最多，应当排在第一位。"谒者、关内侯鄂千秋进言说："群臣们的议论都错了。曹参虽然有野战夺地的功劳，却不过是战场上一时间的事情罢了。陛下与楚军相持五年，军队丧失，部众逃亡，自己只身轻装逃脱就有好几次。当时萧何经常从关中派遣兵员补充汉军的缺额，这些都不是陛下发命令叫他干的。关中好几万士兵开赴前线时，恰好遇到陛下将少兵尽的危急时刻，这也有过好多次了。再说到军中无现成粮食，萧何从关中水陆运送，军粮供给从不缺乏。陛下尽管多次丢掉崤山以东的地盘，萧何却总能保全关中地区，等待陛下随时归来，这些都是万世不朽的功勋啊。如今即便没有成百个曹参这样的人，对汉室又有什么损缺呢！汉室得到他们，未必就能靠着他们得以保全，怎么能将一时的功劳盖过万世的功勋呀！萧何应居第一位，曹参第二。"高帝说："对啊！"随即特许萧何可以带剑、穿鞋上殿，朝见皇帝时不必行小步快走表示恭敬的常礼。高帝说："我

188 《资治通鉴》编委会．资治通鉴（文白对照）[M]．北京：线装书局，2014：2610.

听说‘举荐贤能的人要受到上等的封赏’。萧何的功劳虽然卓著，却是得到鄂君的申辩才更加明确的。”因此，就根据鄂千秋原来所受的封地，加封他为安平侯。这一天，封赏萧何父子兄弟十多人，他们都得到了食邑，又加封给萧何两千户。[189]

可以说，每个人都需要激励，需要来自自身、同事、领导等方面的激励。领导者如果不知道怎样激励人，便不能胜任领导工作。如何激发人的工作积极性，是管理学的关键问题。在《资治通鉴》一书中的不同典故里，司马光为大家揭示了领导者想要科学地实施激励，就要秉持科学合理的原则，同时也要注意采取恰当的激励方法，讲求物质和精神相结合。由此看来，《资治通鉴》体现了中国古代管理学深邃的思想，涉及领导科学中关于激励理论的研究内容，对当代管理理论的研究和领导者的管理实践具有深远意义和参考价值。

189 《资治通鉴》编委会．资治通鉴（文白对照）[M]. 北京：线装书局，2014：423.

第七章 《资治通鉴》中的沟通

沟通是一种信息的传递，一种思想的传播，是价值观的碰撞。沟通的目的在于通过与他人交流来影响他人的观点、感受和价值观。

第一节 《资治通鉴》中的沟通理论

一、沟通的内涵

沟通是借助一定手段，把可理解的信息、思想和情感在两个或两个以上的个人或群体中传递或交换的过程，目的是通过相互间的理解与认同，使个人或群体的认知以及行为相互适应。在很大程度上，组织的整个管理工作都和沟通有关。组织内部，有员工之间的交流、员工与工作团队之间的交流、工作团队之间的交流；组织外部，有组织与客户之间的交流、组织之间的交流。[190]

任何一个沟通过程，都存在信息发送者与信息接收者。发送者是指某个将其想法传达给另一方以寻找信息或解释某种想法或情绪的人，接收者是指该信息要送往的那一方。

发送者将信息通过某种特定信号编码形成一条消息，该消息是将这种想法传送到接收者那里的一种有形方式。消息通过特定的渠道传送，这些渠道即为沟通载体，载体可以是一种正式的书面报告、一个电话或面谈。接收者将收到的消息译码以得出该信息的内涵。编码与译码极有可能产生沟通错误，因为知识、态度

---

190 周三多．管理学[M]．二版．北京：高等教育出版社，2007：254.

以及背景就好像过滤层，它们在信息加工过程中会产生“噪声”。

当接收者对发送者的信息做出反应即产生了反馈。若无反馈，该沟通就是单向的，有了反馈，才能成为双向式沟通。反馈是增强沟通效果的强有力因素，因为它能使发送者判断接收者是否正确理解了信息。

二、沟通的类型及其运用

（一）按沟通的方式分类

按沟通的方式分类，沟通可分为口头沟通和书面沟通。

1. 口头沟通

（1）口头沟通的概念。口头沟通是指人们之间最常见的交流方式——交谈。常见的口头沟通包括演说、电话、会议，正式的一对一讨论或小组讨论，非正式的讨论以及传闻或小道消息的传播。

口头沟通的优点是快速传递和快速反馈。在这种方式下，信息可以在最短的时间里传送出去，并在最短的时间里得到对方的回复。如果接收者对信息有疑问，迅速反馈可使发送者及时检查其中不够明确的地方，快速予以改正。

不过，当信息经过多人传递时，口头沟通的主要缺点就会暴露出来。信息传递经过的人越多，信息失真的潜在可能性就越大。

（2）口头沟通的运用。《资治通鉴·周纪一》中，记载了这样一篇有效口头沟通的事例。

李克是战国初期著名的政治家，曾受业于孔子的学生子夏。魏文侯灭中山国后，以李克为中山相。李克是翟璜引荐给魏文侯的，魏文侯问李克：“先生曾经说过：‘家贫思良妻，国乱思良相。’现在我选相不是魏成就是翟璜，这两人怎么样？”李克回答说：“下属不参与尊长的事，外人不过问亲戚的事。臣子我在朝外任职，不敢接受这种询问。”魏文侯说：“先生不要临事推让！”李克说道：“国君您没有仔细观察呀！看人，平时看他所亲近的，富贵时看他所交往的，显赫时看他所推荐的，穷困时看他所不做的，贫贱时看他所不取的。仅此五条，就足以去断定人，又何必要我来指明呢！”魏文侯说：“先生请回府吧，我的国相已经选定了。”李克离去，遇到翟璜。翟璜问：“听说今天国君召您去征求宰相人选，到底定了谁呢？”李克说：“魏成。”翟璜立刻愤愤不平地变了脸色，说：“西河守令吴起，是我推荐的。国君担心内地的邺城，我推荐了西门豹。国君想征伐中山国，我推荐乐羊。中山国攻克之后，没有人去镇守，我推荐了先生您。国君的公子没有老师，我推荐了屈侯鲋。凭耳闻目睹的这些事实，我哪点儿比魏成差！”李克说：“你把我介绍给你的国君，难道是为了结党以谋求高官吗？国君问我宰相的人选，我说了刚才那一番话。我所以推断国君肯定会选中魏成为相，是因为魏成享有千钟的俸禄，十分之九都用在外面，只有十分之一留作家用，所以向东得到了卜子夏、田子方、段干木。这三个人，国君都奉他们为老师；你所举荐的五人，国君都任用为臣属，你怎么能和魏成比呢！”翟璜听罢徘徊不敢进前，一再行礼说：“我翟璜真是个粗人，失礼了，愿终身为您的弟子！”[191]

该案例充分体现了口头沟通的重要性。李克与翟璜通过语言交流，避免了互生嫌隙，维持并加深了彼此的感情。

《资治通鉴·汉纪十》中，记载了东方朔通过有效的口头沟通说服汉武帝重走正途的实例。

西汉时期，公元前 130 年，七月，女巫师楚服等教陈皇后祭神祈祷，使用妇人诅咒的方法，企图除去与陈皇后争宠的女人。事情败露，武帝指派御史张汤彻底查处。张汤深入追究有关的人，相互牵连和被处死的有三百多人，楚服在街市被斩首，头颅高悬示众。乙巳（十四日），武帝赐给皇后一份册书，收回了皇后的印玺，废去尊号，贬入长门宫。陈皇后的母亲窦太主羞愧恐惧，向武帝叩头请罪。武帝说：“皇后的行为不符合大义，不得不把她废黜。你应该相信道义，放宽心怀，不要轻信闲言产生疑虑和恐惧。皇后虽然被废了，仍会按照法度受到优待，居住在长门宫与居住在上宫并无区别。”

当初，武帝曾经在窦太主家中摆设酒席，窦太主引见了她宠幸的珠宝商人董偃。武帝赏赐给董偃衣服和冠帽，为了表示尊重，不称他的名字，而称他为“主人翁”，让他陪侍饮酒，从此董偃尊贵受宠，天下人没有不知道的。董偃经常陪武帝在北宫游戏，在平乐观骑马追逐，参与斗鸡、踢球、赛狗、赛马，武帝十分欢喜。武帝在宣室中摆酒款待窦太主，派谒者引导董偃入内。当时，中郎东方朔持戟立在殿下，他放下戟走近武帝说：“董偃犯有三项死罪，怎能让他进来呢！”武帝说：“你说的是什么呢？”东方朔说：“董偃以臣子的身份私通公主，这是他的第一条罪状。败坏男女风化，扰乱婚姻礼法，破坏圣王制度，这是他的第二条罪状。陛下年轻，正在努力学习《六经》等儒学典籍，董偃不遵循经书教诲，

---

191 《资治通鉴》编委会．资治通鉴（文白对照）[M]．北京：线装书局，2014：19~20.

劝勉学习，反而崇尚豪华，追求奢侈，尽情享受斗狗赛马的欢乐，极力满足感官欲望，他是国家的大贼，君主的大害，这是他的第三条罪状。”武帝沉默不答，过了很久才说：“我今天已经准备好宴席了，以后自己再改正吧。”东方朔说：“宣室，本来是先帝处理政务的地方，不是讨论有关法度政务的人都不得进入。淫乱的苗头发展下去，就会变成篡夺君位。正是由于这个道理，当年齐桓公因信用竖貂和易牙受害，而庆父死后，鲁国得以保全。”武帝说：“你说的好！”于是下诏让董偃停下来待命，重新在北宫设置酒宴，领董偃从东司马门入宫，赏赐给东方朔三十斤黄金。董偃所受的宠爱，从此以后日渐衰减。此后，公主、贵人大多不按礼制行事了。[192]

2. 书面沟通

（1）书面沟通的概念。书面沟通是指用备忘录、信件、组织内发行的期刊、布告栏及其他任何可传送书面文字或符号等的手段。

书面沟通比较正式，传递的信息准确性高，信息权威性强，而且可以长期保存，接收者可以反复阅读。书面语言比口头语言考虑得更加全面，因此书面沟通更为周密、逻辑性强、条理清楚。

当然，书面沟通也存在一些不足，比如耗费的时间多，沟通双方的应变性较差，难以得到及时的反馈等。

（2）书面沟通的运用。《资治通鉴·秦纪一》中，记录了这样一则书面沟通的典型案例。

公元前250年，冬季，十月，秦孝文王正式登王位。但孝文王在位仅三天就去世了，他的儿子嬴异人继位，是为秦庄襄王。庄襄王尊奉嫡母华阳夫人为华阳太后，尊奉生母夏姬为夏太后。

燕国的一位将领率军攻克了齐国的聊城。但是，有人在燕王面前说这个将领的坏话，这位将领因此而据守聊城，不敢返回燕国。齐国相国田单率军反攻聊城，为时一年多仍然攻克不下。齐人鲁仲连便写了一封信，捆在箭上射入城中给那位燕将，向他陈述利害关系说：“替您打算，您不是回燕国就是归附齐国。现在您独守孤城，齐国的军队一天天增多，燕国的援兵却迟迟不到，您将怎么办呢？”燕将见信后低声哭泣了好几天，但仍然犹豫不决。他想还归燕国，可是已与燕国有了嫌隙；想投降齐国，又因杀戮、俘获的齐国人太多，害怕降齐后会遭受屈辱。

192 《资治通鉴》编委会. 资治通鉴（文白对照）[M]. 北京：线装书局，2014：696~697.

犹豫之后，他长声叹息着说："与其让人来杀我，宁可我自杀！"便自刎身亡。聊城城内大乱，田单趁机攻下了聊城。田单凯旋后向齐王述说鲁仲连的功绩，并要授给他爵位。鲁仲连为此逃到海边，说："我与其因获得富贵而屈从于他人，宁可忍受贫贱而能自由自在，随心所欲！"[193]

以上案例完美地讲述了齐人鲁仲连用一封信使燕将自杀的故事。

《资治通鉴·秦纪三》中，也记录了一则书面沟通的典型案例。

秦朝末年，王离的军队已经覆没，章邯的军队驻扎在棘原，项羽的军队则屯驻漳水的南面，两军对垒相持，尚未交战。秦军几次后撤，秦二世为此派人责问章邯。章邯颇为恐惧，遣长史司马欣前去请示事务。司马欣抵达咸阳后，在皇宫的外门司马门逗留了三天，赵高也不接见，表示出不信任的意思。长史司马欣惊恐，奔回他的军中，不敢再走原路。赵高果然派人来追赶他，但是没追上。司马欣回到章邯军中，报告说："赵高在朝中专权，下面的人没有能有所作为的。现在作战如果能够获胜，赵高必定会嫉妒我们的功劳，不能取胜，便免不了一死，希望您对此仔细斟酌！"

陈余也写信给章邯说："白起是秦国的大将，他率军南征楚国的都城鄢郢，北战活埋马服君赵括大军的降兵，攻城夺地，不可胜数，却终被赐死。蒙恬是秦国的大将，他北逐匈奴，开拓榆中之地几千里，最后在阳周被斩杀。这是为什么呢？是因为功绩太多，秦国不能全部给以封赏，就趁机按法诛杀了他们。如今您任秦将已经三年了，伤亡损失的兵力也以十万计，而诸侯国仍蜂拥而起，越来越多。那赵高一向阿谀奉承，时日已久，现在情势紧急，他也害怕被二世杀掉，所以就想用秦法杀您，借此搪塞罪责。他派人替代您，借此逃脱他的灾祸。您领兵驻在外地的时间颇久，朝廷内多有仇怨，有功也要被杀，无功也要被杀。况且上天要灭亡秦朝，这是无论愚蠢还是聪慧的人都知道的事情。而今您在内不能直言规劝，在外又将成亡国的将军，茕茕孑立，却想要长久地生存，难道不是很可悲吗！您何不倒戈与各诸侯军联合，约定共同攻秦，瓜分秦朝的土地而称王，面向南面称孤道寡呀！这与身伏斧砧遭斩杀，妻子儿女被杀戮相比，哪一个结局更好啊？"

章邯狐疑不决，暗地里派遣名叫始成的侦察官出使项羽军中，想要签订和约。和约未达成，项羽派蒲将军领兵，昼夜兼行地渡过漳水三户渡口，驻扎在漳水南面，与秦军交锋，再次打败了他们。项羽随后又统领全军在污水边进攻秦军，大败敌兵。

193 《资治通鉴》编委会．资治通鉴（文白对照）[M]. 北京：线装书局，2014：215~216.

章邯于是派人求见项羽，想订立和约。[194]

（二）按沟通中信息流动的方向分类

按沟通中信息流动的方向分类，沟通可分为上行沟通和下行沟通。

1. 上行沟通

上行沟通是指下级向上级进行的信息传递，如各种报告、汇报等。

上行沟通的作用主要表现在如下两个方面。

（1）上行沟通是领导了解实际情况的重要手段，是掌握决策执行情况的重要途径。领导不仅要鼓励上行沟通，还要注意上行沟通信息的真实性和全面性，防止报喜不报忧的现象。

（2）对于一个低层管理者来说，做好上行沟通，既可以争取上级对自己工作的支持，有利于工作取得成就，又可以让上级了解自己，争取不断发展的条件。

上行沟通的困难如下。

信息的接受者处于支配地位，信息的发送者居于被支配的地位，信息发送者往往会因信心不足而影响信息的传递。所以，有意识地锻炼自己上行沟通的能力，是每一个管理者都应当注意的。

《资治通鉴·汉纪一》中，记录了这样一则上行沟通的案例。

公元前206年，十月，刘邦领兵向西进入咸阳，众将领都争先恐后地奔往秦庭贮藏金帛财物的府库瓜分财宝，唯独萧何率先入宫，将秦丞相府的地理图册、文书、户籍簿等档案收藏起来，刘邦借此全面了解了天下的山川要塞、户口的多少及财力物力强弱的分布。刘邦看到秦王朝的宫室、帷帐、名种狗马、贵重宝器和宫女数以千计，便想留下来在皇宫中居住。樊哙劝谏说：“您是想拥有天下，还是只想做一个富翁啊？这些奢侈华丽之物，都是招致秦朝覆灭的东西，您要它们有什么用呀！望您尽快返回霸上，不要滞留在宫里！”刘邦不听。张良说：“秦朝因为不施行仁政，所以您才能够来到这里。为天下人铲除残民之贼，应如同丧服在身，把抚慰人民作为根本。现在刚刚进入秦的都城，就要安享其乐，这即是人们所说的‘助桀为虐’了。况且忠言逆耳利于行，良药苦口利于病，望您能听取樊哙的劝告！”于是，刘邦率军返回霸上。[195]

---

194 《资治通鉴》编委会．资治通鉴（文白对照）[M]．北京：线装书局，2014：327~328.

195 《资治通鉴》编委会．资治通鉴（文白对照）[M]．北京：线装书局，2014：336.

以上案例，张良与刘邦的沟通属于典型的上行沟通，张良通过高超的沟通技巧，成功劝说了刘邦还军霸上。

2. 下行沟通

下行沟通是指上级向下级进行的信息传递，如企业管理者将计划、决策、制度规范等向下级传达。下行沟通是组织中最重要的沟通方式。

下行沟通的作用主要表现在如下两个方面。

（1）通过下行沟通，可以使下级明确组织的计划、任务、工作方针、程序和步骤。

（2）可以使职工感到自己的主人翁地位，激发他们的积极性。

《资治通鉴·周纪三》中，有一则关于赵武灵王推行胡服骑射的下行沟通经典案例。

公元前 307 年，八月，赵武灵王向北进攻中山国，大兵经房子城，抵达代地，再向北直至大漠中的无穷，向西攻到黄河，登上黄华山顶。赵武灵王与大臣肥义商议让百姓穿短衣胡服，学习骑马与射箭。他说：“愚蠢的人会嘲笑我，但聪明的人是可以理解的。即使天下的人都嘲笑我，我也要这样做，一定能把北方胡人的领地和中山国都夺过来！”于是带头改穿胡服。

国中士人有不少人反对，公子成假称有病，不来上朝。赵王派人前去说服他：“家事听从父母，国政服从国君，现在我向人民宣传改变服装，而叔父您不穿，我担心天下人会议论我徇私情。治理国家有一定的章法，总以有利于人民为根本；办理政事有一定常规，执行命令是最重要的。宣传道德要先针对卑贱的下层，推行法令必须从贵族近臣做起。我希望能借助叔父您的榜样，来完成改穿胡服的功业。”公子成拜谢道：“我听说，中国是在圣贤之人教化下，用礼乐仪制，使远方国家前来游观，让四方夷族学习效法。现在君王您舍此不顾，去仿效远方外国的服装，是擅改古代习惯、违背人心的举动，我希望您慎重考虑。”使者回报赵王。赵王便亲自登门解释说：“我国东面有齐国、中山国；北面有燕国、东胡；西面是楼烦，与秦、韩两国接壤，如果不训练骑马射箭，怎么能守得住呢？先前中山国倚仗齐国的强兵，侵犯我们的领土，掠夺我们的人民，又引水围灌鄗城，如果不是老天保佑，鄗城几乎就要失守了，此事先王深以为耻。我决心要改变服装，学习骑射，以此抵御四面的灾难，一报中山国之仇。叔父您一味依循中国旧俗，厌恶改变服装，已经忘记了鄗城的奇耻大辱，我对您深感失望啊！”公子成幡然醒悟，欣然从命。赵王亲自赐给他胡服，第二天他便穿戴入朝。于是，赵王正式下达改穿胡服的法令，提倡学习骑马射箭。[196]

以上案例，赵武灵王与公子成的沟通是典型的下行沟通，赵武灵王通过高超的沟通技巧，最终达到了预期的效果。

（三）按沟通信息是否反馈分类

按沟通信息是否反馈分类，沟通可分为单向沟通和双向沟通。

单向沟通是指信息的发送者与接受者没有换位思考的沟通。优点：信息发送者不会受到信息接受者的质疑，信息发送者的尊严往往被保护，信息的沟通比较快，秩序井然。缺点：信息接受者不能对信息进行反馈，容易降低沟通的效果。

双向沟通是指在沟通过程中，信息的传递者与接受者经常换位。优点：在这种沟通中，存在着信息反馈，发送信息者可以及时知道信息接受者对所传递的信息的态度，理解程度，有助于加强协商和讨论，增强了解，和对发送信息的理解。缺点：双向沟通一般费时较多，速度较慢，易受干扰，信息发送者的心理压力较大。[197]

《资治通鉴·周纪五》中记载了这样一个故事，完美地诠释了双向沟通的重要性。

公元前265年，秦王立儿子安国君为太子。同年，秦国进攻赵国，夺取三座城市。因为赵王新即位，赵太后便执掌政事，派人向齐国求救。齐国答复："必须以赵公子长安君做人质。"赵太后不答应，于是齐国便不发救兵。赵国大臣一再劝说赵太后，太后却公然对左右随从说："谁再提让长安君去做人质的事，我老婆子就要往他脸上吐口水！"左师触龙求见赵太后，太后气冲冲地等待他进来。触龙却慢吞吞地走进来坐下，道歉道："老臣我腿脚不好，很久没有来看望太后了，常常以此自我宽恕。又担心太后的身体有什么不适，所以还是希望能见到太后。"赵太后说："老婆子我只能靠人推车来往了。"触龙又问："饭量也减少了吧？"太后说："只喝粥而已。"这时，太后脸上的不悦之色已稍稍宽解。触龙又说："我的儿子舒祺，年岁最小，又不成器，而我因为年老，私下最怜爱他，想让他补个黑衣卫士的缺去护卫王宫，在此向您冒昧请求！"太后说："可以。他年龄多大了？"触龙回答说："十五岁了。虽然还年轻，可我想趁我这把老骨头还没入土，为他做个安排。"太后说："大丈夫也知道疼爱小儿子吗？"触龙回答说："比妇人还厉害呢！"太后笑着说："还是妇人更厉害！"触龙却说："我觉得，

196 《资治通鉴》编委会．资治通鉴（文白对照）[M]．北京：线装书局，2014：108~109.
197 周三多．管理学[M]．二版．北京：高等教育出版社，2007：257.

老太太您爱女儿燕后胜过爱儿子长安君。”太后说：“你错了！我对燕后远不如对长安君。”触龙又说：“父母疼爱孩子，就要为他们长远考虑。老太太您送燕后出嫁时，抓住她的脚后跟直掉眼泪，想到她要到遥远的燕国去，心情十分哀伤。待到燕后离去，您不是不想她，可一逢祭祀就祝愿说：‘千万别让人把她退回来。’这难道不是为她长久打算，希望她的子孙能在燕国相继为王吗？”太后点头说：“是的。”触龙又说：“从现在起三代以前，赵王的子孙被封侯的，现在还有没有继承人在位的？”太后回答：“没有了。”触龙说：“这就是说，近的，灾祸殃及其身；远的，灾祸殃及其子孙。难道说君王封侯的儿子都不成才？只是因为他们地位尊贵而无军功，俸禄丰厚而无劳苦，却享有国家的许多宝器。如今老太太您提高小儿子长安君的地位，封给他良田美宅，赐给他许多宝器，却不让他趁现在为国家立功。一旦您不在世上，长安君靠什么在赵国自立呢？”太后恍然大悟说：“好吧，随你去安排他吧！”于是下令为长安君备齐一百乘车，去齐国做人质。齐国随即发兵，秦国军队便退回。[198]

事实上，赵太后很明白触龙觐见她的目的，她的态度很坚决。但是触龙没有一开始就劝说让长安君去做人质，而是跟太后拉起了家常。抛开君臣的层面，触龙从一个老人看望另一个老人的身份来开始谈话，这自然就缓和了气氛。在谈话内容上，触龙通过换位思考，让赵太后明白真正爱护子女，就应当具有忧患意识，不能只图眼前的安逸。这是人们都明白的道理，但要想按照这一道理去做，却不是容易的事。

以上《资治通鉴》中的案例就是著名的触龙说赵太后，触龙通过当面“动之以情、晓之以理”的沟通，最终说服了赵太后，避免赵国陷入危难。该案例是典型的双向沟通成功的案例。

三、沟通的障碍

在沟通过程中，常会受到各种因素的影响和干扰，使沟通遇到障碍，影响沟通的效果。这些因素有个人的，也有组织的；有工具性的，也有文化的。

文化因素是指来自文化、知识、经验等方面的因素所造成的沟通障碍。社会因素主要包括地位障碍、职业障碍及组织结构障碍。心理因素主要包括认识障碍、态度障碍、情绪障碍和人格障碍。物理因素主要是客观上的障碍，包括自然障碍、

198 《资治通鉴》编委会．资治通鉴（文白对照）[M]．北京：线装书局，2014：170~171.

机械障碍、距离障碍和信息过量的障碍。[199]

《资治通鉴·周纪三》中记载了陈轸劝说楚怀王沟通失败的案例。陈轸作为历史上著名的外交纵横家，口才了得，可谓是高效沟通的典范。然而，在楚怀王被张仪欺骗的事情上，双方出现了沟通的障碍，导致陈轸的沟通劳而无功。

秦王想征伐齐国，又顾虑齐国与楚国有互助条约，便派张仪前往楚国。张仪对楚王说："大王如果能听从我的建议，与齐国废除盟约，断绝邦交，我可以向楚国献上商於地方的六百里土地，让秦国的美女来做侍奉您的妾俾。秦楚两国互通婚嫁，就能永远结为兄弟之邦。"楚王十分高兴，允诺张仪的建议。群臣都前来祝贺，只有陈轸表示哀痛。楚王恼怒地问："我一兵未发就得到六百里土地，有什么不好？"陈轸回答："您的想法不对。以我之见，商於的土地不会到手，齐国、秦国却会联合起来。齐秦一联合，楚国即将祸事临门了。"楚王问："你有什么解释呢？"陈轸回答："秦国之所以重视楚国，就是因为我们有齐国作盟友。现在我们如果与齐国毁约断交，楚国便孤立了，秦国又怎么会偏爱一个孤立无援的国家而白送商於六百里土地呢！张仪回到秦国以后，一定会背弃对大王您的许诺。那时大王北与齐国断交，西与秦国生出怨仇，两国必定联合发兵夹击。为您算计，不如我们暗中与齐国仍旧修好，只是表面上绝交，派人随张仪回去。如果秦国真的割让土地给我们，再与齐国绝交也不晚。"楚王斥责道："请你陈先生闭上嘴巴，不要再说废话了，等着看我去接收大片土地吧！"于是，把国相大印授给张仪，又重重地赏赐他。随后下令与齐国毁约断交，派一名将军随同张仪前往秦国交收土地。

张仪回国后，假装从车上跌下，三个月不上朝。楚王听说后自语道："张仪是不是觉得我与齐国断交做得还不够？"便派勇士宋遗借了宋国的符节，北上到齐国去辱骂齐王。齐王大怒，立即降低身份去讨好秦国，齐国、秦国于是和好。这时张仪才上朝，见到楚国使者，故作惊讶地问："你为何还不去接受割地？从某处到某处，有六里多见方。"使者愤怒地回国报告楚王，楚王勃然大怒，想发兵攻打秦国。陈轸说："我可以开口说话吗？攻秦国还不如用一座大城的代价去收买它，与秦国合力攻齐国，这样我们从秦国失了地，还可以在齐国得到补偿。现在大王您已经与齐国断交，又去质问秦国的欺骗行为，是我们促使齐国、秦国和好而招来天下的军队了，国家一定会有大损失！"楚王仍是不听他的劝告，派屈匄率军队征讨秦国，秦国也任命魏章为庶长之职，起兵迎击。

199 史秀云，刘俊贤．管理学[M]．北京：清华大学出版社，2016：183~184.

春季，秦、楚两国军队在丹阳大战，楚军大败，八万甲士被杀，统帅屈匄及以下的列侯、执圭等七十多名官员被俘。秦军乘势夺取了汉中郡。楚王又征发国内全部兵力再次袭击秦国，在蓝田决战，楚军再次大败。韩、魏等国见楚国危困，也向南袭击楚国，直达邓地。楚王听说后，只好命令楚军回救，割让两座城向秦国求和。[200]

上述案例，楚王犯了很大的错误。陈轸进行劝说，他的建议合理又可行，可是无法获得楚怀王的认可。在试图说服楚王的过程中，陈轸没有正视自身和对方的心理障碍问题，让情绪化的楚王直接拒绝了他的方案。

四、有效沟通的技巧

有效沟通是一项非常困难和复杂的行为，因此无论信息发送者还是信息接收者，都需要一些技巧来实现有效沟通。

（一）信息发送者的沟通技巧

信息发送者要想具备高超的传递信息的技能，必须掌握以下沟通技巧。

1. 发出清晰和完整的信息

当信息接收者容易理解和领会信息的含义时，信息是清晰的；当它包含了发送者和接收者达成共识所需的全部信息时，信息是完整的。为了使信息既清晰又完整，发送者必须考虑接收者如何理解信息，如何对信息进行校正，以消除误会和混淆。[201]

《资治通鉴·汉纪三十八》中记载了这样一个故事，展现了下属高超的传递信息的技能。

公元 76 年，校书郎杨终上书说："近年在北方讨伐匈奴，在西方开通三十六国，致使百姓连年服事徭役，转运繁剧，费用浩大。忧愁苦难的人民足以感动天地，陛下应当留意省察！"汉章帝将杨终的奏书交付群臣讨论，第五伦也同杨终的意见一致，而牟融、鲍昱都认为："孝顺之子不改父亲的主张。讨伐匈奴、屯驻西域，都是先帝的决策，不应有所变化。"杨终再度上书说："秦始皇修长城，工程浩大，徭役频征，胡亥不改前代政策，终于失去了天下。因此，孝元皇帝放弃了珠崖郡，光武皇帝拒绝了西域各国的归附，不能让鱼鳖去掉鳞甲而穿上我们的衣服。春秋时，

200 《资治通鉴》编委会．资治通鉴（文白对照）[M]．北京：线装书局，2014：92~94.

201 周三多．管理学 [M]．二版．北京：高等教育出版社，2007：263.

鲁文公拆毁了泉台，《春秋》讥讽道：‘先祖造台而子孙毁台，还不如只留着它不去居住。’这是由于泉台的存在不会妨害人民。鲁襄公曾建立三军，但被鲁昭公裁撤，君子却赞扬他的复古举动，认为不裁撤便会妨害人民。如今在伊吾屯田和在楼兰驻防的士卒久不还乡，这不合上天之意。”章帝接受了他的意见。

正月丙寅，章帝下诏：“二千石官员应大力劝勉百姓从事农耕和桑蚕之业，除非犯有该当斩首之罪，一切案件都要等到秋后审理。各部门要审慎地任命官吏，提拔温和良善之士，排除贪婪奸猾的小人，顺应天时节令，清理冤案。”当时沿袭明帝旧制，官吏政风崇尚严苛，尚书所做裁决，大多从重。尚书沛国人陈宠认为，章帝新近即位，应该改革前代的这种严苛风气，便上书道：“我听说古代贤君为政，奖赏不过度，刑罚不滥施。在不得已时，宁可过度奖赏，也不滥施刑罚。以往官员判案严厉，因此能够以威力惩治奸恶；而在奸恶清除以后，就必以宽厚相补。陛下即位以来，多根据这个宗旨行事，屡次诏告群臣，劝勉温和之政。然而有关官员未能完全顺承圣上的旨意，仍然追求苛刻。审案官急于采取严刑拷打的残酷手段，执法者则纠缠于肆意诬陷的文书，或假公济私，作威作福。执政就像琴瑟上弦，如果大弦太紧，小弦就会崩断。陛下应当发扬古代贤君的治国之道，清除那些繁琐苛刻的法令，减轻苦刑以拯救生命，全民推行德政以顺奉天心！”章帝将他的意见全部采纳，在处理政务时总是坚持宽厚的原则。[202]

2. 将信息编译成易于接收者理解的传输符号

发送者发出的信息是否能被接收者理解，很大程度上取决于发送者所用的语言是否通俗易懂。在进行信息编码时，发送者必须使用接收者能够理解的符号或语言。鉴于接收者的能力各不相同，发送者使用的语言也因人而异。

《资治通鉴·汉纪九》中，司马相如上疏劝谏汉武帝时，巧妙地运用比喻说服武帝。

武帝喜欢亲自击杀熊和野猪，策马追捕野兽。公元前138年，九月，司马相如上疏劝谏说：“我听说，有的东西类型相同而才能不同，所以力量大的数得着乌获，行动敏捷要说庆忌，勇猛无敌应归于孟贲和夏育。依我的愚见，人确实有这样的情形，野兽也是这样。现在陛下喜爱攀登险要的地方，射杀猛兽，万一突然遇到力大凶猛的野兽，它在无路可逃的绝境中，拼死冒犯陛下的随从车辆，陛下的车辆来不及调转方向，人来不及施展应变的巧计，即便是有乌获、逄蒙的超群技艺，

202 《资治通鉴》编委会．资治通鉴（文白对照）[M]. 北京：线装书局，2014：1814~1816.

也来不及使用，那么枯树朽木也会成为祸害了。这种情况，相当于胡人和越人突然出现在京城，而羌人和夷人接近了陛下的车辆，怎么能不危险万分呢！即便是万无一失，没有祸害，然而这种环境本来就不是陛下应该接近的啊。更何况陛下出入都要清道戒严之后才出发，车辆要在道路的正中间奔驰，即便如此谨慎，还经常遇到控驭马匹的铁勒折断，或是车轮脱出等意外变故，更何况穿过茂密的荒草，驰过丘陵废墟。前面有即将捕获猎物的诱惑，而心中没有预防意外的准备，野兽要对陛下形成危害，恐怕是不可避免的了。看轻皇帝的万乘尊位，不注意自身的安全，反而乐于行进在潜伏着危险的道路上寻求刺激和娱乐，我私下觉得陛下不该如此。大概聪明的人能预见到尚未萌芽的问题，有智慧的人能提前避开还没有完全形成的灾祸。灾祸本来大多隐藏在不易被察觉的细微之处，而发生在容易被人忽略的环节上。所以俗语说：'家中积累有千金的家产，就不能坐在堂屋的边缘。'这句话虽然说的是小事，却可以比喻大事。”武帝认为他说得很好。[203]

3. **选择适当的沟通方式**

沟通双方要根据时间限制、所需记录形式等条件选择合适的沟通方式。此外，信息的性质对选择沟通方式也有一定的影响。例如，如果信息是私人性的，而且容易引起误解，则面对面的沟通可能是最好的。

《资治通鉴·晋纪十》中，刘殷认为对皇帝劝谏应当讲究策略，选择适当的沟通方式。

公元 312 年，六月，汉大昌文献公刘殷去世。刘殷当丞相时，从不冒犯皇帝，违反圣旨，但经常就具体的事情进宫规劝，对刘聪补益很多。汉主刘聪每次与大臣们商议政事，刘殷都不表示什么态度。等大臣们离开，刘殷则单独留下，为刘聪对所议铺陈发挥，再理出头绪，商讨事宜，刘聪从没有不采纳他的建议的。刘殷常常告诫子孙说：“为君主做事应当务求对君主委婉地劝谏。凡人尚且不能当面斥责他的过错，更何况皇帝呢？委婉劝谏的功效，其实与冒犯君主没有什么区别，只是不明说君主的过失，所以是比较好的方法。”刘殷历任侍中、太保、录尚书等职，并被赐予可以佩剑穿鞋上宫殿、朝见天子不用快步行走、乘车进入宫殿等特权。但是刘殷在公卿大臣中，常常恭顺地带有卑谦礼让的神色，所以处在骄纵横暴的国家，也能够保全自己的富贵，不损伤自己的美好声名，以长寿善终。[204]

---

203 《资治通鉴》编委会．资治通鉴（文白对照）[M]. 北京：线装书局，2014：663~664.

204 《资治通鉴》编委会．资治通鉴（文白对照）[M]. 北京：线装书局，2014：3625.

4. 避免信息被过滤和曲解

信息过滤是指信息发送者故意篡改或歪曲事实，使接收者收不到真实、全面的信息。当信息发送者错误地认为接收者不需要或不想接收该信息时，就会保留部分信息，从而导致信息过滤。信息经过层层过滤之后，意思会发生改变，这时信息曲解就发生了。此时，发送者应当向接收者发送尽量完整、准确的信息，以利于接收者做出正确的反馈。

《资治通鉴·汉纪十五》中记载上官桀和霍光争权，上官桀在汉昭帝面前故意曲解事实，捏造霍光专断朝政，汉昭帝没有听信谗言，下令召见大将军霍光，及时沟通查清事实。

公元前87年，汉武帝在五柞宫驾崩。临终前，汉武帝把太子刘弗陵托付给霍光、金日磾和上官桀。汉武帝死后不久，金日磾病死，这样朝中大权就落在了霍光和上官桀手上。霍光和上官桀是儿女亲家，关系密切，理应同心协力辅佐新帝，但由于武帝临终前立霍光为首辅，所以时间一长，霍光在朝廷中的权势超过了上官桀。

上官桀父子的地位既已尊贵，对长公主非常感恩，便想为丁外人谋求封侯，但霍光不许。上官桀父子又请求任命丁外人为光禄大夫，想使其取得受到皇帝召见的资格，霍光仍然不许，长公主因此怨恨霍光。上官桀、上官安几次为丁外人谋求官爵都未能实现，也觉脸上无光。上官桀的岳父宠爱一个叫充国的人，充国担任太医监，因私自闯入宫殿，被逮捕下狱，定为死罪。当时，处决犯人的冬季即将过去，长公主为充国交纳了二十匹马赎罪，使其被免除死刑。于是，上官桀、上官安父子深怨霍光，更加感激长公主。汉武帝时，上官桀已位列九卿，地位高于霍光，及至上官桀父子同为将军，皇后又是上官安的亲女儿，霍光只是皇后的外祖父，反而专制朝政，因此上官安父子便与霍光争权。燕王刘旦觉得自己是汉昭帝的兄长，未能继承皇位，所以常常心怀怨恨。御史大夫桑弘羊创立盐、铁、酒类专卖制度，为国兴利，自认为于国有功，想为其子弟谋求官职，遭到霍光拒绝，因而也怨恨霍光。于是，长公主、上官桀、上官安、桑弘羊都与刘旦串通一气，密谋除掉霍光。

刘旦派遣孙纵之等人前后十余批，携带大批金银、珠宝、快马等前往长安，贿赂长公主、上官桀、桑弘羊等人。上官桀等又命人伪造燕王上书，言称："霍光出外校阅郎官及羽林军时，就仿佛皇上出巡一般，命人清道，驱赶行人，派太官为其预先安排饮食。"又称："苏武出使匈奴，被扣留二十年而不肯投降，回朝后只不过给了个典属国的官职；而大将军长史杨敞并无功劳，却被任命为搜粟都尉；另外，霍光还擅自增选大将军府的校尉。霍光独揽大权，为所欲为，是否会做出不利于朝廷的非常之举，令人怀疑。因此，我愿意交还燕王的印玺，进入宫廷，侍卫在皇上左右，监督奸臣的行动，以防有变。”等到霍光休假不在朝中时奏闻汉昭帝。

上官桀本打算从朝廷中交给有关官员去查办，由桑弘羊与各大臣一起逮捕霍光，撤销其职。但上奏后，汉昭帝扣留不发。第二天早晨，霍光入朝，听说此事后，停在画室中不敢贸然进殿。汉昭帝问：“大将军在什么地方？”左将军上官桀回答说：“因燕王控告大将军的罪行，所以他不敢进殿。”汉昭帝下诏：“召大将军进来。”霍光进殿后，脱下官帽，叩头请罪。汉昭帝说道：“将军请戴上帽子，朕知道这道奏章是假的，将军并没有罪。”霍光说：“陛下是怎么知道的呢？”汉昭帝说：“将军去广明校阅郎官，是最近的事，选调校尉以来，也还不到十天，燕王怎么能知道这些事呢！况且将军如要谋反，也用不着选调校尉。”此时汉昭帝年仅十四岁，尚书及左右官员全都震惊了。后发现呈递这奏章的人果然逃亡，汉昭帝下令紧急追捕。上官桀等人心中害怕，便对汉昭帝说：“区区小事，用不着穷追不放。”汉昭帝不听。后来，上官桀的同党中有人说霍光的坏话，汉昭帝立即怒斥道：“大将军是忠臣，先帝托付他辅佐我，谁再胆敢诬蔑大将军，就问他的罪！”从此，上官桀等不敢再攻击霍光。

李德裕论曰：君主最大的德，莫过于明察秋毫。明察可以洞悉奸诈，那么任何邪恶都无法将其蒙蔽，汉昭帝就是这样。这一点，不仅周成王应当惭愧，汉高祖、汉文帝、汉景帝也都不如。周成王听信了管叔、蔡叔的流言，致使周公进退两难，只好东征。汉高祖听说陈平离开魏国，又背叛了西楚，便要舍弃这位心腹之臣。汉文帝误认为季布爱发酒疯，难作天子近臣，便将其放回地方做郡太守；又怀疑贾谊专擅权柄，可能造成混乱，便疏远了这位贤士。汉景帝相信杀死晁错能结束七国之乱，便将位列三公的晁错杀死。正所谓：“先有怀疑的心思，才招来奸贼的谗言。”假使汉昭帝能得到伊尹、吕尚的辅佐，那么周成王、周康王都不足以与之相比。[205]

汉昭帝是个头脑清醒的人，他相信自己的判断力，不为谗言所惑。有这样的帝王，那是臣下的福气。做明白人很难，做明白领导更难。因为领导身边围着怀

205 《资治通鉴》编委会．资治通鉴（文白对照）[M]．北京：线装书局，2014：911~914.

有各种私利的人，很容易受蒙蔽。能在谗言面前保持清醒的头脑，能有正确的判断，能分辨出真假的领导，才算得上明白的领导。一个领导能做到这一点，才会减少过错。

如何避免轻信谗言，做一个明智的领导呢？

一是多跟下属交流，尽可能多地了解下属的人品和工作能力，要相信自己掌握的第一手资料。特别是对自己看中的人才，要有信心，用人不疑，疑人不用。要相信自己的眼光，不要让人才被谗言所伤。对于自己有意栽培的下属，要多方面了解，不能轻信一两个人的说法，要从更多的下属或他的同事口中了解情况，也可多安排工作，多加一些担子来锻炼他，考验他，真金不怕火炼。

二是要给下属解释的机会，及时沟通，消除误解。如果下属确实被冤枉，通过沟通，消除某些误会，或澄清无中生有之事，他会心怀感激，从而更加努力地工作。如果下属没被冤枉，那么本着“人无完人”的原则，就当是给下属提了次意见或敲了次警钟。另外，还可以语重心长地告诉下属，自己看好他，相信他是可造之才，所以才和他这样沟通，希望他告以实情，不要有所隐瞒，有则改之，无则加勉。

三是辨别谗言并从中获取有用的信息。虽然做到这一点很难，但只要辩证地看待谗言，就能避免自己被当“枪”使，又能从谗言中获得有用的信息。

四是领导应时刻提醒自己“亲贤臣，远小人”。要知道“来说是非者，便是是非人”，对这样的话最好是听过就算，或听过之后对这样的人疏远一些。否则，极容易被下属认为是“昏庸无能”之辈，甚至连进谗言者都会认为领导没有头脑，没有主见，容易被利用。更甚者，被下属摸清自己喜欢听“小报告”，那么进谗言者就会越来越多，这极易使下属之间产生紧张气氛，很难有团队合作精神。

5. 有效利用反馈

对于有效沟通来说，有效利用反馈是很重要的。当发送者发出信息时，应建立一个反馈机制，既可以提出反馈的要求，也可以向接收者表明自己希望何时或通过何种方式知道信息已被收到或理解。例如，发送者通过写信、便条或发传真进行沟通时，可以要求接收者通过信件、便条、传真或电话的方式回复。

《资治通鉴·唐纪十一》中，唐太宗和魏徵的有效沟通，充分体现了反馈机制的作用。

公元 637 年，五月，魏徵上奏疏，认为：“陛下从善如流、闻过必改的精神似乎不如从前，谴责惩罚渐多，逞威发怒比过去严厉了。由此可知富贵时不希望引来骄横奢侈，骄横奢侈却不期而至，这并非虚妄之言。而且当年隋朝府库、仓廪的充实与户口、甲兵的强盛，今日如何比得上！然而隋朝自恃富强，频繁劳作，以至国家危亡，我们自知贫弱，与民清静而使天下安定；安定与危亡的道理，昭然若揭。从前隋朝未发生变乱时，自己认为必然不会发生变乱；未灭亡时，自认为必然没有灭亡的危险，故而不停地征派赋税劳役，不停地东征西伐，以致祸乱将及自身时还尚未知觉。所以说，照看自己的身形莫如使水静止如镜面，借鉴失败莫如看国家的灭亡。深望陛下能够借鉴隋的覆亡，除掉奢侈，立意俭约，亲近忠良，远离邪佞。以现在的平静无事，继续施行过去的勤勉节俭，才能达到尽善尽美、无以复加的地步。取得天下诚属困难，而守成则较为容易，陛下能够取得较难的一步，难道不能保全较容易的吗？”

七月，魏徵上奏疏认为：“《文子》说：‘同样的言语，有时能被信任，可见信任在言语之前；同样的命令，有时能被执行，可见真诚待人在命令之外。’自从大唐美善兴旺，已有十多年了，然而德化的成效则不尽人意，是因为君王对待臣下未尽诚信的缘故。如今确立政策，达到大治，必然委之于君子；而事有得失，有时要询访小人。对待君子敬而远之，对待小人轻佻而又亲昵，亲昵则言语表达得充分，疏远则下情难以上达。智力中等的人，岂能没有小聪明！然而并没有经国的才略，考虑问题不远，即使竭尽诚意，也难免有败绩，更何况内心怀有奸诈的小人，对国家的祸患能不深吗？虽然君子也不能没有小过失，假如对于正道没有太大的害处，就可以略去不计较。既然称之为君子而又怀疑其不真诚，这与立一根直木而又怀疑其影子歪斜有什么不同？陛下如果真能慎择君子，礼遇信任，予以重用，何愁不能达到天下大治呢？否则的话，很难保证危亡不期而至呀。”太宗赐给魏徵手书诏令，夸赞道：“以前晋武帝平定东吴之后，意志骄傲懈怠，何曾身处三公高位，不能犯颜直谏，而是私下里说与子孙们听，自诩为明智，此乃最大的不忠。如今得到你的谏言，朕已知错了。当把你的箴言放在几案上，犹如西门豹、董安于佩戴韦弦以自警。”

八月甲子（十二日），太宗对身边的大臣说：“上书奏事的人都说朕游猎太频繁，如今天下无事，武备的事不能忘。朕时常与身边的人到后苑射猎，没有一件事烦扰了百姓，这有什么害处呢？”魏徵说：“先王唯恐听不到有人谈论其过错。陛下既然让大臣们上书奏事，就应该听任他们无拘束地陈述意见。如果他们的话可取，固然会对国家有利；假如不可取，听听也没有损害。”太宗说：“你说得很对。”上书奏事的人均予慰问，并打发他们回去。[206]

6. **掌握说话技巧**

在使用语言沟通时，信息发送者应注意以下几点。

（1）换位思考。既要表达自己的思想，又要从对方的角度出发，顾及对方的需求，保护对方的自我意识。

（2）从积极的角度入手，避免使用消极、否定的语气和字眼。

（3）使用礼貌友善的语言。要真诚地赞美对方，处处表示对其尊重，做到专业而不僵硬，友善而不虚伪，自信而不骄傲。

（4）回避忌讳的话题。保守别人的秘密，不揭别人的隐私和伤疤，特别要注意国家、民族、宗教等方面的禁忌。

（5）善用肢体语言，如眼神、表情、手势、动作等。

《资治通鉴·周纪三》中记载一个故事，就是运用优秀的说话技巧最终达到目的的案例。

战国时期，燕国贵族共同推举太子姬平为燕昭王。昭王是在燕国被齐国攻破后即位的，他继位后凭吊死者，探访贫孤，与百姓同甘共苦。自己纡尊降贵，用重金来招募人才。他问郭隗：“齐国乘我们内乱而攻破燕国，我深知燕国国小力少，不足以报仇。然而招揽贤士与他们共商国是，以雪先王的耻辱，始终是我的愿望。先生您如果见到合适人才，我一定亲自服侍他。”郭隗说：“古时候有个君主派一个负责洒扫的涓人用千金去购求千里马，那个人找到一匹已死的千里马，用五百金买下马头带回。君主大怒，涓人解释说：‘死马您还买，何况活的马呢！天下人知道了，好马就会送上来的。’不到一年，果然得到了三匹千里马。现在大王您打算罗致人才，就请先从我郭隗开始，比我贤良的人，都会不远千里前来的。”于是燕昭王为郭隗翻建府第，尊他为老师。之后各地的贤士果然争相来到燕国：乐毅从魏国来，剧辛从赵国来。昭王奉乐毅亚卿高位，并委托以国家大事。[207]

从上面的例子可以看到，郭隗通过举实例的方式用事实说服了昭王，从而最终使各方贤士争相来燕国，这里郭隗运用了很高超的说话技巧。

《资治通鉴·周纪二》中，江乙对楚王委婉的劝谏方式也取得了较好的沟通效果。

206 《资治通鉴》编委会．资治通鉴（文白对照）[M]. 北京：线装书局，2014：8447~8449.

207 《资治通鉴》编委会．资治通鉴（文白对照）[M]. 北京：线装书局，2014：94.

公元前353年，楚国任用昭奚恤为国相。江乙对楚王说："有个宠爱自己狗的人，狗向井里撒尿，邻居看见了，想到他家里去告诉他，却被狗堵住门咬。现在昭奚恤常常阻挠我来见您，就像恶狗堵门一样。况且一有专说别人好话的人，您就说：'这是君子啊！'便亲近他；而对爱指出别人缺点的人，您总是说：'这是个小人。'便疏远他。人世间有儿子杀父亲、臣下杀君主的恶人，您却始终不知道。为什么呢？原因在于您只爱听对别人的称颂，不爱听对别人的指责呀！"楚王听后说："你说得对，今后我要听取两方面的言论。"[208]

通过以上案例，充分说明好的交流等于成功了一半。学会与人交流，在交流中讲究技巧，是每个人的必修课。

（二）信息接收者的沟通技巧

信息接收者要想具备高超的接收信息的技能，可以从以下几个方面进行考虑。

1. 集中注意力

信息接收者在接收信息时，无论多忙都要集中注意力。例如，当和别人讨论方案时，应该将注意力放在方案上，而不是马上要举行的会议上；同样，当接收者阅读书面材料时，应该集中注意力理解所读的东西，而不是分散精力考虑其他的事情。

2. 积极倾听

信息接收者要想成为好的倾听者，需要注意以下几点：第一，不要随便打断别人的讲话，这样讲话者才不会被打断思路，接收者也不会因为接收的信息不完整而得出错误的结论。第二，要与讲话者保持目光接触，并适时地运用身体语言，使讲话者知道你在认真听，这样也有助于接收者关注所听的事情。第三，在接收信息以后，要针对模糊不清或混淆的地方提出疑问。第四，要善于用自己的语言解释、重复信息内容，指出讲话者认为重要的、复杂的或者可以换一种解释的地方，这些反馈要素对有效沟通是很重要的。[209]

《资治通鉴·唐纪九》中记载，唐太宗李世民勇于求谏，虚心纳谏，这是他被誉为"贤明君主"的重要标志。对于大臣们的意见，他也不是不加分析地采纳，对的加以褒奖，错的也不治罪，可谓古来中国帝王从谏如流的典范。贞观初期，他几乎达到了"闻过则喜"的程度，只要别人正确地指出他的错误，他必改之，

---

208 《资治通鉴》编委会．资治通鉴（文白对照）[M]．北京：线装书局，2014：51.

209 周三多．管理学[M]．二版．北京：高等教育出版社，2007：265.

从不刚愎自用。

公元630年，七月乙丑（初二），太宗问房玄龄、萧瑀道："隋文帝作为一代君主怎么样？"回答说："文帝勤于治理朝政，每次监朝听政，有时要到日落西山时，五品以上官员围坐论事，卫士不能下岗，传递而食。虽然品性算不上仁厚，亦可称为励精图治的君主。"太宗说："你们只知其一，未知其二。文帝不贤明而喜欢苛察，不贤明则察事不能通达，苛察则对事物多有疑心，万事皆自行决定，不信任群臣。天下如此之大，日理万机，虽伤身劳神，难道能每一事均切中要领！群臣既已知主上的意见，便只有无条件接受，即使主上出现过失，也没人敢争辩谏议，所以到了第二代隋朝就灭亡了。朕则不是这样，选拔天下贤能之士，分别充任文武百官，让他们考虑天下大事，汇总到宰相处，深思熟虑，然后上奏到朕这里。有功则行赏，有罪即处罚，谁还敢不尽心竭力，各司职守，何愁天下治理不好呢！"太宗随后敕令各部门："今后诏敕文书有不当之处，均应执意禀奏，不得阿谀顺从，不充分发表自己的意见。"

太宗对执政的大臣说："朕常常担心由于个人的喜怒而妄加赏罚，所以希望你们极力行谏。你们也应当接受别人的劝谏，不可以自己的喜好要求别人，讨厌别人违背己意。如果自己不能接受劝谏，怎么能劝谏别人呢。"

太宗曾对亲近大臣说："治理国家如同治病，病虽好了，仍需调养一段。倘若立即放纵自己，病会复发，那就不可救治了。如今中原幸得安定，四方顺服，实在是自古以来所少有的。然而朕每日谨慎行事，唯恐不能持久，所以想多次听到你们的谏诤。"魏徵说："国家内外俱得安定，我并不觉得高兴，只是高兴陛下能够居安思危。"

公元628年，一天，唐太宗问魏徵："君主怎么做才能称为明，怎么做就会暗？"

魏徵回答说："能听多方意见才能明，偏听偏信就会导致暗。从前尧帝体恤下情，详细询问民间疾苦，所以能够知道苗头性的罪恶；舜帝能眼亮明察四面，耳聪通达八方，因此共工、鲧、欢兜不能逃脱罪责。秦二世偏信赵高之言，导致望夷宫被逼自杀的祸害；梁武帝偏信朱异，招来台城的耻辱；隋炀帝偏信虞世基，致使出现鼓城阁被弑逆的变故。人君能善于听取各方面的意见，则亲贵的大臣就无法阻塞言路，下情也能上达。"

唐太宗说："很好。"[210]

210 《资治通鉴》编委会．资治通鉴（文白对照）[M]．北京：线装书局，2014：8376~8377.

“兼听则明，偏信则暗”的说法，就是从魏徵劝谏唐太宗的话演变而来的。“兼听则明，偏信则暗”，就是说仅仅相信一人之见，或一孔之见，往往对事对人的看法就会产生偏见。如果多听听绝大多数人的意见，集思广益，就能得出比较客观的全面认识。尤其在识人的问题上，更应该坚持兼听则明的原则，不仅要听取考虑对象本人的意见，听其言，观其行，了解其过去历史情况和现实的表现，同时还要多听听来自各方面的意见。不仅要听对其优点的看法，而且要听对其缺点的看法，这样才能知人善任，做到人尽其才。当然，人无完人，金无足赤，在识人时不能以偏概全，求全责备。同时，要用发展的眼光识来其人，既要看到长中之短，更要看到短中之长。在识人的过程中，好话要听，坏话也要听，做到全面调查，全面分析，这样才能识好人才，用好人才。

“兼听则明，偏信则暗”，听取多方面的意见就能了解真实情况。刚愎自用，单听信一方面的话，就会为假象蒙蔽，得出错误的结论。

《资治通鉴·汉纪五十五》中，袁绍刚愎自用，曹操则善于倾听，广纳意见，最终曹操成就大业。

公元200年，冬季，十月，袁绍派大批车辆运粮草，让大将淳于琼等率领一万余人护送，停留在袁绍大营以北四十里处。沮授劝袁绍说：“可派遣蒋奇率一支军队，在运粮队的外围巡逻，以防曹操派军袭击。”袁绍不听。

许攸说：“曹操兵少，如果集中全力来抵抗我军，许都由剩下的人守卫，防备一定空虚。如果派一支队伍轻装前进，连夜奔袭，可以攻陷许都。占领许都后，就奉迎天子以讨伐曹操，必能捉住曹操。假如他未立刻溃散，也会使他首尾不能兼顾，疲于奔命，一定可将他击败。”袁绍不同意，说：“我一定要先捉住曹操。”正在这时，许攸家里有人犯法，留守邺城的审配将他们逮捕，许攸知道后大怒，就投奔曹操。

曹操听说许攸前来，等不及穿鞋，光着脚就走出来迎接他，拍手笑着说：“许子卿，你远道而来，我的大事可以成功了！”入座以后，许攸对曹操说：“袁军势大，你有什么办法对付他？现在还有多少粮草？”曹操说：“还可以支持一年。”许攸说：“没有那么多，再说一次。”曹操又说：“可以支持半年。”许攸说：“您不想击破袁绍吗？为什么不说实话呢！”曹操说：“刚才只是开玩笑罢了，其实只可应付一个月，怎么办呢？”许攸说：“您孤军独守，外无救援，粮草将尽，这是危急的关头。袁绍有一万多辆辎重车在故市、乌巢，守军戒备不严密，如果派轻装部队袭击，出其不意，焚毁他们的粮草与军用物资，不出三天，袁绍大军就会自行溃散。”曹操大喜，于是留下曹洪、荀攸防守大营，亲自率领五千名步骑兵出击。军队一律用袁军的旗号，兵士嘴里衔着小木棍，把马嘴绑上，以防发出声音。夜里从小道出营，每人抱一捆柴草。经过的路上遇到有人盘问，就回答说：“袁公恐怕曹操袭击后方辎重，派兵加强守备。”听的人信以为真，全都毫无戒备。到达乌巢后，曹军围住袁军辎重，四面放火，袁军营中大乱。这时天已渐亮，淳于琼等看到曹军兵少，就在营外摆开阵势，曹操进军猛击，淳于琼等抵挡不住，退守营寨，于是曹军开始进攻。[211]

五、有效沟通的运用

《资治通鉴·周纪二》中，苏秦运用高超的说话技巧，成功说服六国联合攻秦。

当初，洛阳人苏秦向秦王进献兼并天下的计划，秦王却不采纳，苏秦于是离开，又游说燕文公道：“燕国之所以没有遭受秦国的侵犯和掠夺，是因为南面有赵国做挡箭牌。秦国要想攻打燕国，必须远涉千里之外。而赵国要攻打燕国，只需行军百里以内。现在您不担忧眼前的灾患，反倒顾虑千里之外，办事情没有比这更错的了。我希望大王您能与赵国结为亲密友邦，两国一体，则燕国可以无忧无虑了。”

燕文公听从苏秦的劝告，资助他车马，让他去游说赵肃侯。苏秦对赵肃侯说道：“当今之时，崤山以东的国家以赵国最强，秦国的心腹之患也是赵国，然而秦国始终不敢起兵攻赵，就是怕韩国、魏国在背后算计。秦国要是攻打韩、魏两国，没有名山大川阻挡，只要吞并一些土地，很快就兵临国都。韩国、魏国不能抵挡秦国，必定会俯首称臣；秦国没有韩国、魏国的牵制，就会立即把战祸蔓延到赵国头上。让我根据天下的地图来分析一下，各国的土地面积是秦国的五倍，估计各国的兵力是秦国的十倍，如果六国结成一气，向西进攻秦国，一定可以攻破。现在，主张结好秦国的人都想割地献给秦国，帮秦国成就霸业，他们可以获得个人荣华富贵，各国则遭受秦国的践踏，他们却毫无分忧之感。所以，这些人日日夜夜用秦国的威势来恐吓各国，以使各国割地。我劝大王好好地想一想，为大王着想，不如联合韩、魏、齐、楚、燕、赵各国为友邦，共同抵抗秦国，让各国派出大将、国相在洹水举行会议，互换人质，结成同盟，共同宣誓：‘如果秦国攻打某一国，其他五国都要派出精兵，或者进行牵制，或者进行救援。哪一国不遵守盟约，其

211 《资治通鉴》编委会．资治通鉴（文白对照）[M]．北京：线装书局，2014：2601~2602.

他五国就一起讨伐它！’各国结成盟邦来对抗秦国，秦国就再也不敢派兵出函谷关来侵害崤山以东各国了。”赵肃侯听罢大喜，将苏秦奉为上宾，赏赐丰厚，让他去约会各国。

这时秦国派犀首为大将攻打魏国，大败四万多魏军，活捉魏将龙贾，攻取雕阴，又要引兵东下。苏秦担心秦兵到赵国会挫败联合各国的计划，盘算没有别人可以到秦国用计，于是用激将法挑动张仪前往秦国。

张仪，魏国人，当年与苏秦一起在鬼谷先生门下，学习联合、分裂各国的政治权术，苏秦自认为才能不及张仪。张仪游说各国没有被赏识，流落楚国，这时苏秦便召他前来，又加以羞辱。张仪被激怒，心想各国中只有秦国能让赵国吃苦头，便前往秦国。苏秦又暗中派门下小官送钱去资助张仪，使张仪见到了秦王。秦王很高兴，以客卿地位礼待张仪。苏秦派来的人告辞时对张仪说：“苏秦先生担心秦国攻打赵国会挫败联合各国的计划，认为除了您没有人能操纵秦国，所以故意激怒您，又暗中派我来供给您费用，这些都是苏秦先生的计谋啊！”张仪感慨地说：“罢了！我在别人的计谋中还不自知，我不如苏秦先生是很明显的事了。请代我拜谢苏秦先生，只要他活着，我张仪就不说二话！”

于是苏秦又劝说韩宣惠王：“韩国方圆九百多里，有几十万甲士，天下的强弓、劲弩、利剑都产于韩国。韩国士兵双脚踏弩射箭，能连续百发以上。用这样勇猛的士兵，披上坚固的盔甲，张起强劲的弓弩，手持锋利宝剑，一个顶百个也不在话下。大王若是屈服秦国，秦国必定索要宜阳、成皋两城。现在满足了它，明年还要割别的地。再给它已无地可给，不给又白费了以前的讨好，要蒙受后祸。况且大王的地有限，而秦国的贪欲无止，以有限的地来迎合无穷的贪求，这正是自找苦吃，没打一仗就丢了土地。俗话说得好：‘宁为鸡口，无为牛后。’大王您这样贤明，拥有韩国的强兵，却落个尾从的名声，我也背地里要为您害羞了！”韩王于是听从了苏秦的劝说。

苏秦又对魏王说：“大王的领地方圆千里，表面上虽不算大，然而村镇房屋的稠密，已到了无处可放牧的地步。百姓、车马之多，日夜络绎不绝于道路，熙熙攘攘，好似千军万马。我私下估计，大王的国家不亚于楚国。现在听说大王有二十万武士、二十万苍头军、二十万敢死队、十万仆从、六百辆战车、五千匹战马，却打算听从群臣的浅见，去屈服秦国。所以我们赵王派我向您建议，订立盟约，望大王明察决断。”魏王也同意了苏秦的建议。

苏秦又游说齐王说："齐国四面要塞，广袤二千余里，披甲士兵几十万，谷积如山。三军精良，郊外二十县的五都之兵，进攻像离弦利箭，作战如雷霆万钧，解散似风雨扫过。有了他们，即使遇到战事，也不用到泰山、清河、渤海一带去征兵。临淄城里有七万户，以我的猜度，每户男子不下三人，不用到边远县乡去征发，仅临淄城里的人已够二十一万兵了。临淄城富庶殷实，居民都斗鸡、赛狗、下棋、踢球。临淄的道路上，车多得互相碰撞，人多得摩肩接踵，衣服连起来成了帷帐，众人挥汗如同下雨。那韩国、魏国之所以十分害怕秦国，是因为与秦国接壤，出兵对阵，作战用不了十天，就到了生死存亡的关头。韩国、魏国如果打败了秦国，自身也损伤过半，边境难守；如果败给秦国，那么紧接着国家就濒临危亡。所以韩国、魏国对与秦国作战十分慎重，常常表示屈服忍让。而秦国来攻齐国就不一样了，要背靠韩国、魏国的国土，经过卫国阳晋之路，再经过亢父的险隘，车辆、骑兵都难以并行。只要有一百人守住险要，一千人也不敢通过。秦国即使想驱兵深入，也要顾忌韩、魏两国在它背后的活动，所以它虽骄横，却又疑心重重，虚张声势而不敢冒进攻齐，以此而见，秦国难以危害齐国是明显的。你不仔细考虑秦国对齐国的无可奈何，却要向西俯首称臣，这是齐国群臣的失策。现在听我的建议，齐国可以免去屈服于秦国的卑名，获得强国的实际利益，因此我希望大王您能留意盘算一下！"齐王也应允了苏秦的建议。

最后，苏秦又到西南劝说楚威王道："楚国是天下的强国，有方圆六千余里，百万甲士，千辆战车，万匹战马，存粮可支持十年，这是称霸天下的资本。秦国的心腹之患莫过于楚国，楚国强则秦国弱，秦国强则楚国弱，两国势不两立。为大王着想，不如联合各国孤立秦国。我可以让崤山以东各国四季向您进贡，以求得大王的抗秦明令；再把江山社稷、祖先宗庙都托付给您，练兵整军，听从您的指挥。由此而见，联合结盟则各国割地来归附楚国，横向亲秦则楚国要割地去归附秦国，这两种办法有天壤之别，大王您选择哪一种呢？"楚王也听从苏秦的劝说。[212]

第二节 《资治通鉴》中的冲突与谈判

任何组织都存在冲突，不同的是冲突的程度有高低之分。冲突是客观存在的、

212 《资治通鉴》编委会．资治通鉴（文白对照）[M]. 北京：线装书局，2014：68~71.

不可避免的现象。冲突本身并不危险，危险的是处理不当。对领导者来说，如何找到冲突的根源并采取相应的管理对策，这是保证组织有序运行的关键。

一、冲突的内涵

冲突是两个或两个以上的社会单元在目标上互不相容或相互排斥，从而产生心理上或行为上的矛盾。冲突包括组织内的群际冲突和人际冲突。

二、冲突的类型

从冲突对组织的绩效来分析，有建设性冲突和破坏性冲突。

建设性冲突，是指在目标一致的基础上，由于看法、方法不一致而产生的冲突，它的发生和结果对组织有积极意义。这种冲突是对事不对人，没有恶意，不伤感情，一般通过分析讨论、民主集中就可解决。破坏性冲突，是指目标不一致，各自为了自己或小团队的利益，采取错误的态度与方法发生的冲突。这类冲突大多是对人，冲突激化时进行人身攻击，对组织会造成不良后果。对建设性冲突与破坏性冲突，很难准确划分。同时，由于事物都有一个由量变到质变的过程，所以这两类冲突在量变阶段其特点都不明显，而且两类冲突又是可以互相转化的。[213]

《资治通鉴·秦纪一》中记载了这样一个故事，客观而真实地记录了沟通中发生的冲突。

公元前 251 年，燕国国君姬喜派使臣栗腹与赵王缔结友好盟约，并以五百金设置酒宴款待赵王。栗腹返回燕国后对燕王说："赵国的壮年男子都死在长平之战中了，他们的孤儿还都没有长大成人，可以去进攻赵国。"燕王召见昌国君乐闲，询问他的意见。乐闲回答道："赵国的四境都面临着强敌，需要四面抵抗，故国中百姓均已习惯于作战，不能去攻伐。"燕王说："我可以用五个人来攻打赵国的一个人。"乐闲答道："那也不行。"燕王大怒。群臣都认为可以出兵攻赵，燕王便调动两千辆战车，一路由栗腹率领，进攻鄗城，一路由卿秦率领，进攻代地。大夫将渠说："刚与赵国交换文件订立友好盟约，并用五百金置备酒席请赵王饮酒，使臣一回来就发兵进攻人家，这是不吉利的，燕军肯定无法获取战功。"燕王不听将渠的劝阻，亲自率领配合主力作战的部队随大军出发。将渠一把拉住燕王腰间结系印纽的丝带，燕王气得向他猛踢一脚，将渠哭泣着说："我不是为了我自己，

213 史秀云，刘俊贤．管理学[M]．北京：清华大学出版社，2016：190.

而是为了大王您啊！”燕国军队抵达宋子县，赵王任命廉颇为将，率军迎击燕军，在鄗击败栗腹的部队，在代地战胜卿秦、乐乘的部队，并乘胜追击燕军五百余里，顺势包围了燕国国都蓟城，燕王只得派人向赵国求和。赵国人说：“一定得让将渠前来议和才行。”于是，燕王便任命将渠为相国，前往赵国议和，赵国的军队方才退走。[214]

以上案例中，燕王与将渠在是否进攻赵国这件事情上出现了分歧。由于将渠的沟通能力欠佳，没能成功阻止进攻赵国，最终战争失败，国家出现重大损失。

三、冲突的管理

（一）冲突管理的原则

1. 分辨不必阻止和难以阻止的冲突

一般来说，不必阻止的冲突是现实存在的，在某些情况下，有了这种冲突，还可能带来意想不到的效果。发生难以阻止的冲突则是组织不愿看到的，但这种冲突无法阻止，组织要想办法降低这种冲突带来的影响。

组织要以控制现实性冲突为主要管理目标。现实性冲突是组织内部各部门为有效实现本部门的职责而争夺组织资源的一种活动。现实性冲突的发生与发展，对组织目标的实现和组织运行秩序及效率是极其有害的，应该时刻予以关注、引导和控制。

非现实性冲突是组织成员因各方面的态度、情感矛盾产生的。只要非现实性冲突针对的不是组织的根本价值观和目标，其影响是有限的，同时它还能缓解组织成员的精神压力，起到维护组织结构的作用。对非现实性冲突，在管理活动中，只要控制其强度，使它不对准组织目标，就可以投入少量资源控制它的范围，并减小不良后果。

2. 确认一个比较合适的冲突水平

组织要想成功处理冲突，还应确立一个适宜的冲突水平，然后选择一个减少冲突的策略。在任何情况下，都存在一个最佳的冲突水平。冲突水平过高，可能导致混乱，冲突水平过低，将导致缺乏创新意识和低绩效。

214 《资治通鉴》编委会．资治通鉴（文白对照）[M]．北京：线装书局，2014：213~214.

（二）冲突管理的方法

1. 对建设性冲突的利用

在冲突程度不够强烈的地方，为了避免群体意识，管理者可以有意识地引起冲突。一般来说，在那些需要有创造性和直率讨论的场合，需要引起冲突。例如，人员流动率低，缺乏创新，缺乏竞争意识，严重的群体意识和不合理的凝聚力，变革遇到阻力，等等，这些场合确实需要存在一定程度的冲突。

为了刻意引起冲突，有以下几种创造冲突的方法。

（1）鼓励竞争。通过增加工资、奖金，对个人和集体进行激励，这样可以增进竞争。适当的竞争可以导致积极意义的冲突。

（2）委任态度开明的管理者。在有些组织，反对意见往往被高度专制的管理者压制，因此选派开明的管理者可以在一定程度上克服这种现象。

（3）重新编组。变换班组成员、调动人事及改变沟通路线，都可以在组织中引起冲突。重新编组后，新成员的价值观和思维方式，也可以挑战群体原来的陈规陋习。

2. 对破坏性冲突的处理

破坏性冲突对组织有百害而无一利，因此需要研究解决这些冲突的有效方法。组织常用的方法，归纳起来主要有以下几种。

（1）协商。当两个部门发生冲突时，可由冲突双方派出代表，通过协商来解决。要求冲突双方都能顾全大局，互相做出让步。

（2）妥协。这是解决冲突常用的方法。当协商不能解决问题时，由上级领导出面当仲裁人。仲裁人采取妥协的办法，让每一方都得到部分满足。采用这种办法时，仲裁者要有权威性。

（3）第三者裁判。由权威人士仲裁，靠法规来解决，或者由冲突双方的共同上级来裁决。要求双方按“下级服从上级”的原则执行决定。这种权威解决法容易带来后遗症。

（4）拖延。冲突双方不寻求解决办法，拖延时间，任其发展，以期等待环境变化来解决分歧。这是解决冲突的一种微妙而又没有结果的办法。

（5）不予理睬。这是“拖延”办法的变种。这种不予理睬的办法不但不能解决问题，有时还会使冲突加剧。

（6）压制。建立一定法规或以上级命令来限制冲突。虽然这种方法可以收到一时的效果，但无法消除冲突的根源。

（7）转移目标。寻找一个外部竞争者，使冲突双方的注意力转向外部。

（8）重组群体。有时一个群体内冲突严重而又长期解决不了，干脆解散，加以重组。

（9）教育。通过讨论冲突的得失，使双方了解冲突带来的后果，帮助他们改变思想和行为。

（10）和平共处。这种办法是冲突各方本着求同存异的精神，和平共处，避免把意见分歧公开化。这样做虽不能消除分歧，但可以避免冲突激化。

四、冲突与谈判的运用

《资治通鉴·汉纪一》中记载了这样一个利用谈判有效化解冲突的案例。

秦末，刘邦与项羽各自攻打秦朝的部队。刘邦兵力虽不及项羽，但刘邦先破咸阳，项羽勃然大怒，派英布攻击函谷关。项羽入咸阳后到达戏西，而刘邦则在霸上驻军。刘邦的左司马曹无伤派人在项羽面前说刘邦打算在关中称王，项羽听后更加愤怒，下令次日一早让兵士饱餐一顿，击败刘邦的军队。

楚国左尹项伯是项羽的叔父，向来与张良要好，便连夜驰马到刘邦军中，私下会见张良，将这些事情一五一十地对张良说了，想叫张良同他一起离开。项伯说道："可别跟刘邦一块儿死啊！"张良说："我为韩王护送沛公，如今沛公遇有急难，我却逃走了，这是不义的行为，我不能不告诉他。"于是张良立即进去，将项伯的话全都讲给了刘邦，刘邦大吃一惊。张良说："您估计一下您的兵力足够抵挡项羽吗？"刘邦沉默了一会儿道："的确不如他呀。这可怎么办呢？"张良说："请让我去告诉项伯，说您是绝不敢背叛项羽的。"刘邦道："您是怎么与项伯成为故交的啊？"张良说："在秦的时候，项伯与我有交往，他曾经杀过人，我救了他。现在事情紧急，所以幸亏他前来告诉我。"刘邦说："你与他谁大谁小？"张良道："他比我大。"刘邦说："您替我唤他进来，我将把他当作兄长来对待。"于是张良出去，坚持邀请项伯入内，项伯便进去与刘邦相见。刘邦手捧酒杯向项伯敬酒祝福，并与他约定结为亲家，说："我进入关中，连毫毛般微小的东西都不敢沾手，只是登记官民，封存府库，等待项羽将军的到来。之所以派将领把守函谷关，是为了防备有其他盗贼出入，防止非常情况发生。我日日夜夜盼望着将军驾临，哪里敢谋反啊！望您能把我不敢忘恩负义的情况详尽地反映给项将军。"

项伯答应了，对刘邦说："你明日不可不早些来亲自向项王道歉啊。"刘邦说："好吧。"于是项伯当夜就赶了回去。到达军营后，项伯将刘邦的话一五一十地报告给项羽，并趁机说道："要不是刘邦先攻下关中，您怎么敢进来呀？！如今人家建立了大功，却还要去攻打人家，这是不义的，不如好好地对待他。"项羽同意了。

第二天，刘邦带领一百多骑随从人员到鸿门来见项羽，道歉说："我与将军您合力攻秦，您在黄河以北作战，我在黄河以南战斗，没料到自己能先进入关中破秦，得以在这里再次与您相见。如今有小人搬弄是非，使您和我之间产生了隔阂。"项羽道："这是您的左司马曹无伤散布的流言，不然的话，我何至如此啊！"于是，项羽就留刘邦与他一起喝酒。范增频频向项羽递眼色，并三次举起他所佩带的玉，暗示项羽杀刘邦，项羽只是默然不语，毫无反应。范增便起身出去招呼项庄，对他说："项王为人心慈手软，还是你进去上前给刘邦敬酒，敬完酒，你就请求表演舞剑，然后乘势在座席上袭击刘邦，杀了他。不然的话，你们这些人都将成为他的阶下囚了！"项庄随即入内为刘邦祝酒。敬完酒后，项庄道："军营中没有什么可用来取乐的，就请让我来为你们舞剑助兴吧。"项羽说："好哇。"于是，项庄拔剑起舞。项伯见状也起身拔剑起舞，并时时用身子遮护刘邦，使得项庄无法行刺。

这时张良来到军门见到樊哙。樊哙说："今天的事情怎么样了？"张良说："现在项庄拔剑起舞，他的用意却常在沛公身上啊。"樊哙道："事情紧迫了，我请求进去，与他拼命！"樊哙随即带剑持盾闯入军门。军门的卫士想要阻止他进去，樊哙就侧过盾牌一撞，卫士扑倒在地。于是樊哙入内，掀开帷帐站立在那里，怒目瞪着项羽，头发直竖，两边的眼角都睁裂开了。项羽手按剑，跪起身，说道："来客是干什么的？"张良说："是沛公的陪乘卫士樊哙。"项羽道："真是壮士啊！请赐给他一杯酒喝！"左右侍从随即给了樊哙一大杯酒。樊哙拜谢后，起身站着一饮而尽。项羽说："再赐给他猪腿吃！"侍从们便又拿给他一条生猪腿。樊哙将他的盾牌倒扣在地上，把猪腿放在上面，拔出剑来切着大口吃了。项羽说："壮士，你还能再喝酒吗？"樊哙道："我连死都不逃避，一杯酒难道还值得我推辞吗！秦王的心肠狠如虎狼，杀人唯恐杀不完，用刑惩罚人唯恐用不够，致使天下的人都起而反叛他。怀王曾与各路将领约定说：'先打败秦军进入咸阳城的人，在关中为王。'现在沛公最先击溃秦军，进入咸阳，毫毛般微小的东西都不敢染指，就率军返回霸上等待您的到来。这样劳苦功高，您非但不给予封地、爵位的奖赏，还听信小人的谗言，要杀有功之人。这是在重蹈秦朝灭亡的覆辙呀，我私下认为您的这种做法是不可取的！”项羽无话可答，就说：“坐吧。”于是樊哙在张良的身边坐下了。

坐了不一会儿，刘邦起身去上厕所，趁机招呼樊哙出来。刘邦说：“我现在出来，没有向项羽告辞，怎么办啊？”樊哙道：“现在人家好比是屠刀和砧板，我们则是鱼肉，如此还告什么辞呀！”于是就这么走了。鸿门与霸上相距四十里，刘邦撇下车马，抽身独自骑马而行，樊哙、夏侯婴、靳强、纪信等四人手拿剑和盾牌，快步相随，经骊山下，取道芷阳，抄小路奔向霸上。刘邦当时留下张良，让他向项羽辞谢，将白璧敬献给项羽，将大玉杯送给亚父范增。刘邦临行前对张良说：“从这条路到我们的军营，只不过二十里地。您估计我已经抵达军中时，再进去。”刘邦走后，抄小道回到军营，张良方才进去告罪说：“沛公禁不起酒力，无法来告辞，谨派臣张良捧上白璧一双，以连拜两次的隆重礼节敬献给将军您；大玉杯一双，敬呈给亚父。”项羽说：“沛公现在哪里呀？”张良道：“他听说您有要责备他的意思，便抽身独自离去，现在已经回到军中了。”项羽就接受了白璧，放到座席上。亚父范增接受玉杯后搁在地上，拔剑击碎了它们，说：“唉，这小子不值得与他共谋大业！夺取项将军天下的人，必定是刘邦。我们这些人眼看着就要被他俘获了！”刘邦到达军中，立即杀掉了曹无伤。[215]

以上案例就是历史上著名的鸿门宴。鸿门宴之前，项羽已发布命令，要剿灭刘邦。刘邦项羽隔阂既成，就决非第三者从中斡旋所能化解，必须要刘邦亲自当面解释才能补救。鸿门宴上，刘邦言辞恳切，尽表忠心，并指出有小人挑拨离间，通过寥寥数语，便化解了随时可能爆发的冲突。由于项羽的“妇人之仁”，莫名其妙地阻止了部下诛杀刘邦之举，从而放虎归山，造成后患。

215 《资治通鉴》编委会 . 资治通鉴（文白对照）[M]. 北京：线装书局，2014：338~340.

第八章　《资治通鉴》中的控制

控制是管理职能中不可分割的一部分，是组织各级管理人员的一项重要工作内容，是组织在动态环境中为保证实现既定目标和任务而采取的检查和调整的工作过程。

现实环境和组织活动都复杂多变，充满不确定性。因此在现代管理活动中，控制具有十分重要的地位。一个有效的控制系统可以保证各项活动朝着达到组织目标的方向进行。

《资治通鉴·周纪四》中记载了齐湣王的例子，说明善于抉择的人可以控制别人，不善于抉择的人则被别人控制。

公元前 285 年，秦王与楚王在宛城相会，与赵王在中阳相会。

秦国派蒙武攻击齐国，夺取九座城。

齐湣王灭掉宋国后十分骄傲，便向南入侵楚国，向西攻打赵、魏、韩三国，想吞并东西二周，自立为天子。狐咺义正辞严地劝谏他，被斩首于檀台大路上。陈举直言不讳地劝止，被杀死在东门。

燕昭王却日夜安抚教导百姓，使燕国更加富足，于是他与乐毅商议进攻齐国。乐毅说："齐国称霸以来，至今仍有余力，地广人多，我们独力攻打不易。大王一定要讨伐它，不如联合赵、楚、魏三国。"燕王便派乐毅约定赵国，另派使者联系楚国和魏国，再让赵国用讨伐齐国的好处引诱秦国。各国苦于齐王的骄横暴虐，都争相赞成参加燕国的攻齐战争。

公元前 284 年，燕王调动全部兵力，以乐毅为上将军。秦国尉斯离率军队与韩、赵、魏联军也前来会合。赵王把相国大印授给乐毅，乐毅统一指挥秦、魏、韩、赵大军发动进攻。齐湣王集中国内全部人力进行抵御，双方在济水西岸大战。齐国军队大败。乐毅便退回秦国、韩国军队，令魏国军队分兵进攻宋国旧地，部署赵国军队去收复河间。自己率领燕军，由北长驱直入齐国。剧辛劝说道：“齐国大，燕国小，依靠各国的帮助我们才打败齐军，应该及时攻取边境城市，充实燕国领土，这才是长久的利益。现在大军过城不攻，一味深入，既无损于齐国，又无益于燕国，只能结下深怨，日后必定要后悔。”乐毅说：“齐王好大喜功，刚愎自用，不与下属商议，又罢黜贤良人士，专门信任谀谄小人，政令贪虐暴戾，百姓十分怨愤。现在齐国军队已溃不成军，如果我们乘胜追击，齐国百姓必然反叛，内部发生动乱，齐国就可以收拾了。如果不抓住时机，等到齐王痛改前非，体贴臣下，抚恤百姓，我们就难办了。”于是下令进军，深入齐国。齐国果然大乱，失去常度，齐湣王出逃。乐毅率军进入齐都临淄，搜刮宝物和祭祀重器运回燕国。燕王亲自到济水上游去慰劳军队，颁行奖赏，犒劳将士；燕王封乐毅为昌国君，让他留在齐国进攻其余未克的城市。

齐王出逃到卫国，卫国国君让出宫殿给他居住，向他称臣并供给日常用度。齐王却傲慢不逊，卫国人气愤地攻击他。齐王又出奔到邹、鲁两国，仍旧面有骄色，邹、鲁两地闭门不纳，齐王又出奔莒地。楚国派淖齿率军前来救援齐王，被任命为齐相。淖齿却想与燕国瓜分齐国，于是抓住齐王数说他的罪过：“千乘、博昌之间方圆几百里地，下血雨浸湿衣服，你齐王知道吗？”齐王回答：“知道。”“嬴、博之间，大地崩塌，泉水上涌，齐王你知道吗？”回答：“知道。”“有人堵着宫门哭泣，却不见人影，离开时又音响可闻，齐王你知道吗？”回答：“知道。”淖齿说：“天降血雨，是上天在警告你；地崩泉涌，是大地在警告你；人堵着宫门哭，是人心在警告你。天、地、人都警告，而你不知悔改，你还想不死吗！”于是在鼓里这个地方将齐王处死。

荀况论之曰：国家，集中了天下的利益和权势。有道行的人主持，可以得到大的安乐，大的荣耀，成为幸福的源泉。无道行的人主持，却带来大的危险，大的拖累，有君王的地位还不如没有；等到形势极度恶化，他即使想当一个普通老百姓，也做不到了。齐湣王、宋康王便是如此。

治理国家的君主如果提倡礼义，就可以称王，树立信誉就可以称霸，玩弄权术则必然灭亡。

领导国家提倡礼义，就无人可以加害于他。即使做一件坏事、杀一个无辜的人便可以得到天下，仁爱的人也不会去干。君主守定意志，维护国家，坚如磐石，以此理待他人，就可以产生众多仁人志士。以此条陈布置国家的刑事法律，就可以制定出良好的法律。君主极力如此主张，再率领群臣以身作则，就可以树立起礼义的风尚。这样，属下能够以礼义纲常尊崇上司，统治基础就稳定了。基础稳定国家便安定，国家安定则天下平定。因此说：用国家权力推行礼义，一天就可以做到众人皆知，商汤王、周武王便是如此，即所谓的以提倡礼义而称王。

即使道德还未达到完美，礼义也没有做到完善，然而已经可以掌握治理天下的大致条理。做到赏罚分明，取得天下的信任，使臣属清楚地看到它的重要性。政令一经颁布，不管成功还是失败，都不欺骗百姓；条约已经缔结，不管有利还是无利，都不欺骗合作的邻国。这样，才能军队强劲，城池坚固，使敌对国家畏惧。国家的方针一贯而明确，友邦就会予以信任。即使是偏僻的小国，也可以威震天下。春秋时期的齐、晋、宋、秦、楚五霸主便是如此，即所谓的以树立信誉而称霸。

带领国家追逐功利，不伸张正义，不遵守信用，唯利是图；对内不惜为了一点小利去欺骗人民，对外为了追求大的利益不怕欺骗友邦。对内不好好治理自己已有的，却常常觊觎别人的成果。这样，臣下百姓就无不以奸诈之心对待上司。上欺下，下瞒上，于是上下关系分崩离析。这样，就会使敌对国家轻视，友好国家不信任，权术泛滥，国家日益削弱，最终走向极端，终致灭亡，齐湣王、孟尝君便是如此。齐湣王要强大齐国，不去提倡礼义，不去修明政治，不去统一天下的思想，只是成年累月地骑马在外面征战。所以齐国强大的时候，向南能够打败楚国，向西能够逼迫秦国，向北可以战胜燕国，在中原能够征服宋国。然而燕国、赵国一旦群起而攻齐，便如摧枯拉朽。齐湣王身死国亡，成为天下共同声讨的对象，后世提起暴君总要举他为例，这不是别的原因，就是因为他不崇尚礼义，而是沉溺权术。

以上三种，贤明的君王必须慎重地加以抉择，仁人志士必须认真地予以辨明。善于抉择的人可以控制别人，不善于抉择的人则被别人控制。[216]

216 《资治通鉴》编委会．资治通鉴（文白对照）[M]．北京：线装书局，2014：129~132.

第一节 《资治通鉴》中的控制过程

一、控制的内涵

控制是指监督各项活动以保证它们按计划进行并纠正各种重要偏差的过程。

控制具有如下三个鲜明特点。

第一，控制具有很强的目的性，即控制是为了保证组织中的各项活动按计划进行。

第二，控制是通过“监督”和“纠偏”来实现的。

第三，控制是一个过程。

二、控制的内容

美国管理学家斯蒂芬·罗宾斯，将控制的内容归纳为对人员、财务、作业、信息和组织总体绩效等五个方面的控制。

（一）对人员的控制

任何一个组织要想实现目标，实现的主体必须是组织内部的人员，作为组织内部人员的员工，应该按照管理者制订的计划去做。只有对这些相关人员实行必要的控制，才有可能实现组织目标。

《资治通鉴·汉纪九》中，记载了汉将军李广和程不识的不同治兵理念。

卫尉李广担任骁骑将军，驻守云中郡，中尉程不识担任车骑将军，驻守雁门郡。六月，朝廷罢免了他们二人的军事职务。李广和程不识都以边境郡守的身份指挥军队，当时很有名气。李广指挥行军没有固定编制和行列阵势，选择水甜草肥的地方驻扎下来，人人自便，夜间也不派设巡更士兵敲打刁斗警卫营盘，军中指挥部的文书简便；但是，也远远地派出监视敌军的侦察哨兵，军营未曾遭到袭击。程不识则整肃军事编制，讲究队列和布阵安营，夜间敲刁斗巡逻，军中官佐处理军队文书一直忙到天明，军队不能随意休息，然而也没有遇到危险。程不识说：

"李广的军队很随便，但是如果敌人突然袭击它，就没有办法抵御；而李广的士兵也很自在，都心甘情愿地为他拼力死战。我的军队虽然军务烦扰，但敌人也不能侵犯我。"不过匈奴人更害怕李广的谋略，汉军士兵也多数愿意跟随李广作战，苦于跟随程不识。

司马光评论说：《易经》说："军队一出动就要有严格的军纪，否则，不论胜败都是凶。"这是说统领大军而不用法纪来控驭，没有不凶的。李广统领军队，使人人自便。凭李广的奇才，这样是可以的，但是，不能把他的方法作为楷模来效法。为什么呢？别人沿用这一方法很难，更何况与李广同时做将领的人呢！说到普通人的本来性情，都喜好安逸，意识不到接近祸害的危险，那些士兵们既然认为程不识治军严苛烦扰，而愿意跟随李广作战，势必仇视他们的长官而不服从指挥。这样说来，指挥军队简便的危害，就不仅仅是李广的军队无法防御敌人突然袭击这一点了！所以说"军队的事情始终要严格"，统领军队，也就是严格而已。如果这样的话，仿效程不识用兵，即便打不了胜仗，还可以保证不失败；如果学习李广的方法，很少能避免全军覆灭的结局啊！[217]

《资治通鉴·汉纪二十六》中，同样记载了汉哀帝宠信董贤，从而被董贤控制的典型事例。

驸马都尉、侍中、云阳人董贤很得汉哀帝的宠爱，出则陪同乘车，入则随侍左右，赏赐累积有巨万，他的显贵震动了朝廷。董贤常与哀帝睡在一张床上，有一次睡午觉，董贤斜身压住了哀帝的袖子，哀帝想起床，但董贤还没睡醒，哀帝不愿惊动他，于是就把袖子割断了再起床。哀帝又诏命董贤的妻子可以向门使通报姓名记录在案后进入皇宫，住在董贤在宫中的住所。又召董贤的妹妹入宫，封为昭仪，地位仅次于皇后。昭仪与董贤夫妻日夜侍奉哀帝，一同跟随左右。哀帝还任命董贤的父亲董恭为少府，赐爵关内侯。哀帝又下诏，命令将作大匠为董贤在北宫门外建筑宏大的宅邸，里面有前后大殿，殿门宽阔，工程浩大，豪华精巧绝伦。又赐给他武器库里宫中专用的兵器和皇宫的珍宝，宫中珍宝物品上等的，全都被挑选进了董贤的家里，皇帝使用的却是次一等的。甚至连皇家丧葬用的棺木、珍珠连缀制成的寿衣、玉璧制成的寿裤，都预先赐给了董贤，无不齐备。又下令让将作大匠在哀帝的陵墓义陵旁为董贤建筑墓园，内修别室，还用坚实的柏木，大头朝内排垒在棺外。墓园外修筑巡察道路，围墙有数里之长。门阙和用作守望防御

217 《资治通鉴》编委会．资治通鉴（文白对照）[M]．北京：线装书局，2014：679~680.

的网状障墙十分堂皇。

郑崇因为董贤贵宠过度而劝谏哀帝，因此深深得罪了哀帝，哀帝多次借公事谴责他；郑崇脖子上长了毒痈，想奏请退休，又不敢提出。尚书令赵昌奸邪，善于谄谀，素来痛恨郑崇，知道哀帝已疏远了郑崇，就趁机上奏说："郑崇与刘氏宗族中人交往密切，我怀疑有什么奸谋，请追查惩处。"哀帝责问郑崇说："你家人来人往门庭若市，为什么要约束我交友？"郑崇回答道："我家虽门庭若市，但我心里清净如水，希望陛下考察。"哀帝大怒，将郑崇逮捕下狱。司隶孙宝上书说："尚书令赵昌指控仆射郑崇一案，经过反复调查审讯，郑崇被拷打将死，终究不吐一句口供，道路上的行人都说郑崇冤枉。我怀疑赵昌与郑崇私人之间有宿怨，因此才用谗言来陷害他。假如连宫禁之内皇帝身边主管机要的大臣，都遭诬陷蒙受冤屈，使国家受到损失，会招来很多诽谤。我请求追查赵昌，以解众人心中的困惑。"奏章呈上后，哀帝下诏说："司隶孙宝附会臣下，欺骗主上，想利用春月是宽大赦免的时期进行诋毁和欺骗，以满足他的奸诈之心，是国家的大害，将孙宝免去官职，贬为平民。"[218]

（二）对组织绩效的控制

组织绩效是组织上层管理者的控制对象，组织目标的达成与否都从这里反映出来。要有效控制组织绩效，关键在于科学地评价、衡量组织绩效。[219]

《资治通鉴·晋纪二十二》中，王彪之对权力制衡的看法体现了对权力的控制。

公元358年，秋季，八月，东晋豫州刺史谢奕去世。谢奕是谢安的哥哥。司徒司马昱任命建武将军桓云替代他的职位，桓云是桓温的弟弟。司马昱就此向王彪之询问意见，王彪之说："桓云不是无能的人，然而桓温已经居守长江上游，管辖着天下的一半，他的弟弟要再掌握朝廷西部藩屏的重要军职，兵权集于一家之手，这对于稳固国家根基没有什么好处。人才不是可以预料的，只应当让他不与殿下怀有二心而已。"司马昱点头说道："你说得对。"壬申（二十一日），司马昱任命吴兴太守谢万担任了豫州刺史，而没有让桓云去。[220]

桓云不是没有能力，他之所以没有担任这个职位，一是因为他太有能力，二是因为他家族的权力已经够大，为了杜绝权力过分集中，司马昱听从了王彪之的

218 《资治通鉴》编委会．资治通鉴（文白对照）[M]. 北京：线装书局，2014：1326~1327.
219 姬定中，葛元月．管理学[M]. 二版．北京：科学出版社，2011：342~344.
220 《资治通鉴》编委会．资治通鉴（文白对照）[M]. 北京：线装书局，2014：4182.

建议，分散和制衡权力。

（三）对财务的控制

为保证企业获取利润，维持企业的正常运作，必须进行财务控制。财务控制是指对企业的资金投入及收益过程和结果进行衡量与校正，目的是确保企业目标以及为达到此目标所制定的财务计划得以实现。

（四）对作业的控制

所谓作业，就是指从劳动力、原材料等资源到最终产品和服务的转换过程。在很大程度上，组织中的作业质量决定了组织提供的产品或服务的质量。作业控制，就是通过对作业过程的控制，来评价并提高作业的效率和效果，从而提高组织提供的产品或服务的质量。

（五）对信息的控制

二十一世纪的社会是信息化社会，5G 技术、人工智能、大数据等不断冲击着传统行业，传统行业要想在激烈竞争中立于不败之地，就必须使组织获得的信息精确、完整、及时。因此，在现代组织中对信息的控制显得尤为重要。

三、控制的类型

控制职能可以按照控制活动的位置，即侧重于控制事物进程的哪一个阶段划分为三种类型：前馈控制、过程控制和事后控制。

（一）前馈控制

前馈控制又称预先控制，是指在工作开始之前，对工作可能产生的偏差进行预测和估计，并采取防范措施，将工作中的偏差消除在未产生之前。前馈控制又可称为指导将来的控制，是不断利用最新的信息进行预测，把期望的结果同预测的结果进行比较，采取措施使投入和实施活动与期望的结果相一致。由于问题没有发生，也就是说组织在运行过程中没有出现偏差，直接地实现了控制。它的具体做法是对输入系统的各种要素进行控制，把输入系统的各种要素与预先确定的标准进行比较。如果输入系统的各种要素与预先确定的标准相符，则让其输入系统，如果不相符合，则调整输入的要素。

从一个控制周期看，前馈控制是一种事前控制，是把问题消灭在发生之前。但从一个更大的周期看，前馈控制实质上是一种反馈控制，因为前馈控制所根据的要素输入标准是过去经验的结果。

采用前馈控制可以避免实现控制过程中出现的滞后现象，有利于提高控制的成效。例如在工业企业中，预先控制位于制造过程的初始端，投入与制造过程的交接点就是控制活动的关键点。这一点既是整个活动过程的开始点，又是整个活动时间的开始点，所以它具有特殊的意义。它可以防止组织使用不合要求的资源，保证组织的投入在数量上和质量上达到预定的标准。在整个活动开始之前能剔除那些在制造过程中难以挽回的先天缺陷。

预先控制在组织系统中的应用是很广泛的。例如，一个组织期望的销售预测表明：下个月的销售同期望的销售量相比将低得多，这时组织就可以采取新的市场营销组合策略，努力开拓市场，扩大销售量，以便改进实际销售量。由于新的员工是按组织生产的要求招收的，所以能比较好地适应生产过程的需要。

前馈控制的应用是建立在以下三个假设前提基础上的。

第一，对系统将来运行的情况是可以预先估计的，而且这种估计是准确的。前馈控制根据对系统未来运行情况的估计来确定系统需要输入的要素，并根据要素输入的标准来输入各种要素。但如果系统未来的运行情况不能预先予以估计，或者这种估计是不准确的，则按照这种估计向系统输入的各种要素就不能满足系统运行的需要，也就不可能实现有效的控制。例如，组织根据未来生产发展的预测，认为应该增加组织的职工人数，然后根据组织的招工标准来招收新的员工。在这里，如果组织对未来生产发展的预测是错误的，那么，即使招收的都是符合标准的合格员工，也不能真正促进组织生产的发展。

第二，过去的经验对今后的工作总是有效的。前馈控制的一个关键点就是要预先确定输入系统的各种要素的标准与要求，这个标准与要求是根据本单位或其他单位过去的经验来确定的。根据过去的经验确定的要素输入标准，如果对今后的工作无效，则按这个标准和要求输入系统的要素就不能保证系统的有效运转，也就不可能实现控制的目标。

第三，按照要素输入的标准输入的要素能按预定的要求发挥作用。例如，组织按一定标准招收了一批新的员工，是以这批员工能够按照组织制度的要求进行工作为假设前提的。如果这批员工进入组织后并不认真工作，再合格的员工也是没用的。在应用前馈控制的同时，组织还应结合即时控制。

前馈控制可以大大改善控制系统的性能，但要进行切实可行的前馈控制，一般应满足以下几个必要条件：第一，必须对组织计划和控制做出透彻的分析，确定重要的输入变量；第二，建立组织的前馈控制系统模式；第三，要注意保持该控制系统模式的动态性；第四，必须定期收集输入变量的数据，并把他们输入控制系统；第五，必须定期估计实际输入的数据与计划输入的数据之间的偏差，并评价该偏差对最终成果的影响；第六，必须有措施保证。[221]

《资治通鉴·周纪二》中，公孙鞅为保证变法的顺利实施，对变法进行了有效的预先控制，采取了一系列措施赢得秦国上下的信服。

秦孝公在国中下令说："当年我国国君秦穆公，立足于岐山、雍地，励精图治，向东平定了晋国之乱，以黄河划定国界；向西称霸于戎翟等族，占地广达千里；被周王赐与方伯重任，各诸侯国都来祝贺，开辟的基业是多么光大宏伟。只是后来历代国君厉公、躁公、简公及出子造成国内动乱不息，才无力顾及外事。魏、赵、韩三国夺去了先王开创的河西领土，这是无比的耻辱。到献公即位时，平定安抚边境，把都城迁到栎阳，亲往治理，准备向东征讨，收复穆公时的旧地，重修穆公时的政策法令。我想到先辈的未竟之志，常常痛心疾首。现在宾客群臣中谁能献上奇计，让秦国强盛，我就封他为高官，给他封地。"卫国的公孙鞅听到这道命令，于是西行来到秦国。

公孙鞅，是卫国宗族旁支后裔，喜好法家刑名之学。他在魏国国相公叔痤手下做事，公叔痤深知他的才干，但还未来得及向魏王推荐，就重病不起。魏惠王前来看望公叔痤，问道："如果您不幸去世，国家大事如何处置？"公叔痤说："我手下任中庶子之职的公孙鞅，年纪虽轻，却有奇才，希望国君把国家交给他来治理！"魏惠王听罢默然不语。公叔痤又说："如果国君您不采纳我的建议重用公孙鞅，那就杀掉他，不要让他到别的国家去。"魏惠王许诺后告辞而去。公叔痤又急忙召见公孙鞅道歉说："我必须先忠于君上，然后才能照顾属下；所以先建议惠王杀你，现在又告诉你这个消息，你赶快逃走吧！"公孙鞅摇头说："国君不听从你的意见来任用我，又怎么能听从你的意见来杀我呢？"公孙鞅到底没有出逃。魏惠王离开公叔痤，果然对左右近臣说："公叔痤病入膏肓，真是太可怜了。他先让我把国家交给公孙鞅去治理，一会儿又劝我杀了他，岂不是糊涂了吗？"公孙鞅到了秦国后，托宠臣景监推荐见到秦孝公，陈述了自己富国强兵的计划，孝公大喜过望，从此与他共商国家大事。

221 姬定中，葛元月．管理学[M]．二版．北京：科学出版社，2011：331.

公孙鞅想要实行变法改革，秦国的贵族都不赞同。他对秦孝公说："对下层人，不能和他们商议开创的计划，只能和他们分享成功的利益。讲论至高道德的人，与凡夫俗子没有共同语言，要建成大业也不能去与众人商议。圣贤之人只要能够强国，就不必拘泥于旧传统。"大夫甘龙反驳说："不对，按照旧章来治理国家，才能使官员熟悉规矩，百姓安定不乱。"公孙鞅说："普通人只知道安于旧习，学者往往陷于所知范围不能自拔。这两种人，让他们做官守法可以，但不能和他们商讨旧章之外开创大业的事。聪明的人制订法规政策，愚笨的人只会受制于人；贤德的人因时而变，无能的人才死守成法。"秦孝公说："说得好！"便任命公孙鞅左庶长要职，开始制定变法的法令。

其实，在公孙鞅和秦孝公决定变法之前，秦国就出现四处反对的声音，当时秦孝公也犹豫不定。公孙鞅此时对孝公说了这样一番话，不能把难题抛给百姓，让百姓替你解决问题，只能你替百姓把事情做成，处理好了才行。真正干大事的人，不能四处征求大家的意见，应该独断专行。成大功者不谋于众。众口难调，思想很难统一，有时候集思广益，事情大家决定，未必能讨论出最佳的结果。为什么呢？因为每个人的看法观点都是以自我为中心，维护自己的利益，得到的结论自然有失公允。

法令已详细制订但尚未公布，公孙鞅怕百姓难以信守，于是在国都的集市南门立下一根长三丈的木杆，下令说有人能把它搬到北门去就赏给十金。百姓们感到此事很古怪，没人动手去搬。公孙鞅又说："能拿过去的赏五十金。"于是有一个人半信半疑地扛着木杆到了北门，立刻获得了五十金的重赏。树立威信之后，公孙鞅才下令颁布变法法令。[222]

这个案例中，公孙鞅通过"徙木立信"的方式初步确立了新法的威信，让老百姓知道这次政府说话是有诚信的，于是变法进行得比较顺利。这给我们的管理启示是：事后控制不如事中控制，事中控制不如事前控制，把问题解决在萌芽状态是最优的控制策略。

（二）过程控制

过程控制也称现场控制或即时控制，是对正在进行的活动给予指导与监督，以保证活动按规定的政策程序和方法进行。过程控制对系统在运行过程中各个阶段的情况进行检查和监督，把系统运行的具体情况与预定的标准进行比较，如果

222 《资治通鉴》编委会．资治通鉴（文白对照）[M]．北京：线装书局，2014：42~46.

发现偏差就采取措施进行纠正。例如，对组织中生产制造过程的生产进度进行控制，库存物资储备量的控制等。过程控制离不开监督和指导，监督职能是按照预定的标准检查正在进行的工作，以保证目标的实现。指导职能是管理者针对工作出现的问题，根据自己的经验指导下属改进工作，或与下属共同商讨，制定纠正偏差的措施，以便使工作人员能正确完成规定的任务。

过程控制具有指导的职能，有助于提高工作人员的工作能力和自我控制能力，培养下属的能力，这是每一个管理者的重要职责。进行过程控制，首先可以使上级有机会当面解释工作要领和技巧，纠正下属错误的工作方法与过程，从而提高他们的工作能力；其次，可以保证计划的执行和计划目标的实现。通过现场检查，可以使管理者随时发现下属在活动中与计划要求相偏离的现象，从而可以将经营问题消灭在萌芽状态，或者避免已经产生的经营问题对组织不利影响的扩散。

如组织根据生产过程中的几个关键点对产品生产情况进行抽查，发现产品质量出现异常情况，就立即采取措施进行纠正，以保证生产出符合质量要求的产品。由于它不是在系统运行的结果产生以后再采取措施纠正偏差，而是对系统运行的过程进行控制，使系统运行的结果不会出现偏差，所以从组织系统的运行周期看，即时控制也是一种事前控制。但是，从即时控制本身来看，它也是一种反馈控制。所谓即时，是指对系统运行的某个时点进行监督和调整，就这个时点来说，也是等问题发生后再采取措施来纠正偏差。[223]

《资治通鉴·周纪二》中，公孙鞅在变法实施期间，坚持对变法的各个阶段进行监督，以保证变法按规定的政策进行，发现偏差立即采取措施纠正。

变法令颁布一年后，秦国百姓前往国都控诉新法使民不便的数以千计。这时太子也触犯了法律，公孙鞅说："新法不能顺利施行，关键在于上层人士带头违犯。"太子是国君的继承人，不能施以刑罚，便将他的老师公子虔处刑，将另一个老师公孙贾脸上刺字，以示惩戒。第二天，秦国人听说此事，都小心翼翼地遵从法令。新法施行十年，秦国一派路不拾遗、山无盗贼的太平景象，百姓勇于为国作战，不敢再行私斗，乡野城镇都得到了治理。这时，那些当初说新法不便的人中，有些人又出来说新法好。公孙鞅说："这些人都是乱法的刁民！"把他们全部驱赶到边疆去住，此后老百姓再也不敢议论法令的是非。[224]

223 姬定中，葛元月．管理学[M]．二版．北京：科学出版社，2011：331.
224 《资治通鉴》编委会．资治通鉴（文白对照）[M]．北京：线装书局，2014：46.

这次变法在实施过程中遇到了阻力，这种阻力来自上层，虽然王子犯法与庶民同罪，但真正执行的没有多少。可是公孙鞅处置了太子的师傅，以此来维护法律的尊严，让法制观念开始深入人心，让变法的执行力得到加强。

（三）事后控制

事后控制又称信息反馈控制，亦称反馈控制或成果控制，就是用已经发生的情况来指导现在和将来。事后控制是指在一段时期的组织经营已经结束后，把组织系统运行的结果和本期的资源利用情况返送到组织系统的输入端，与组织预定的计划标准进行比较，然后找出实际与计划之间的差异，并采取措施纠正这种差异。事后控制是在工作结束之后进行的控制，事后控制把注意力主要集中于工作结果上，通过对工作结果进行测量、比较和分析，采取措施，从而矫正今后的行动。

控制论创始人诺伯特·维纳曾指出，在许多系统发挥作用的过程中，都存在信息沟通或信息传递和控制工作。维纳在控制论的研究中指出，一切类型的系统都是用揭露在目标实现过程中的错误和采取纠正措施的信息反馈来控制自己的。维纳用一般意义上的“信息”一词来概括能量的机械传递、电子脉冲、化学反应、文字或口头消息，或能够借以传递“消息”的任何其他手段。

管理控制活动往往是借助信息反馈来实现的，传统的控制方法大多数都属于这种类型的控制。传统的质量控制往往局限于成品检查，把次品或废品挑选出来。这种控制工作的重点在于把好这最后一道关口，不会使偏差扩大，有助于保证系统外部处于正常状态，因此位于活动过程的终点。

人们通过事后控制来认识之前活动的规律和特点，从而为组织工作的良性发展奠定基础，并在不断的循环过程中提高控制效果。比如，某组织在年初制定了一年的生产计划。根据这个计划，组织投入了各种生产要素，并对这些生产要素进行了组织与管理。到了年底，组织把系统运行一年的结果与原来制定的计划标准进行比较，然后根据比较结果采取相应的控制措施。可能是调整组织与管理的方式与方法，也可能是调整各种要素的投入量和投入比例，也可能是调整第二年的计划方案。到了第二年底，又对组织运行一年的结果与第二年初制定的计划标准进行比较，这时的偏差可能比上一次控制的偏差小，然后组织又采取新的控制手段和方法。由此循环往复，组织不断地进入新的管理过程和新的控制周期，使组织在运行过程中的偏差越来越小，组织在得到不断控制的同时也得到了不断的发展。

通过总结过去的经验教训，为未来计划的制定和活动安排提供借鉴，是反馈控制的主要作用。采用反馈控制的方法，可以在一个比较长的时期内，通过不断调整，使组织运行中的目标偏差不断地缩小。从整个控制周期看，反馈控制总会使控制过程产生向后的一个滞后效应，都是每次出现一个问题后才提出解决办法。此时，前馈控制即是对反馈控制最有力的补充。

从上面的分析可以看出，就一个控制周期来说，前馈控制、即时控制和反馈控制分别表现为事前、事中和事后的不同控制，是处于三个不同时点的控制方法。如果我们以一个计划周期作为一个控制周期，那么，对计划初期各种投入要素的监督与调整是前馈控制，在计划期间各个具体的时点上的监督与调整是即时控制，对计划执行的结果进行监督与调整是反馈控制。

前馈控制、即时控制和事后控制这三种控制方式互为前提，互相补充。在实际控制工作中，不能只依靠某一种方式进行控制，必须根据实际情况，综合运用各种控制方式，以提高控制工作的质量。

在管理的实际工作中，虽然事后控制得到了非常广泛的应用，但是事后控制并不能有效地解决一切控制问题。其最主要的原因就是时滞问题，即从发现偏差到采取更正措施之间可能有时间延迟现象。现代科技的发展使我们能够利用计算机进行信息传递，测量实施情况；把测量的结果与目标进行比较并找到偏差。这些工作也许能在极短的时间内完成，但是分析偏差产生的原因以及制定正确的更正程序并实际执行更正活动，总要有一段时间过程，在进行更正的时候，可能实际状况已经有了很大变化。

例如，在质量控制活动中，找出使某产品质量发生偏差的原因可能要花费一些时间，确定并采取正确的更正措施，可能要花费更长的时间。再比如，在一家制造组织的库存控制活动中，要控制许多项目，包括原材料种类和数量、备件和配件种类及数量、半成品和成品数量等。在这种情况下，发现偏差并采取更正措施所需要的时间可能更长，也许需要几个月，这将直接影响到控制的有效性。为了解决这种问题，采用前馈控制可以收到较好的效果。

实时信息就是事件一发生就出现的信息。在许多经营管理活动中，利用各种手段来取得实时信息，在技术上是可能的。由于计算机技术和通信技术的发展和广泛应用，带来了实时信息系统的发展。一些航空公司利用这样的系统来获得机舱座位的信息，这种情况已有多年了，其方法就是把航机班次、旅行地段和日期输入储存系统，它立即就能回答你一个是否还有座位的信息。超级市场和百货公司已经使用电子现金收入记账机，并把每笔销售数据随时输入中心资料储存装置，从而能立即获得有关库存量、销售量、毛利以及其他方面的数据。组织领导有可能利用这样的系统来随时了解生产计划的执行情况，以此掌握已经达到的生产进度，耗用的累计工时数，以及某个项目的制造进度是否延误等，以便实时进行有效的控制。[225]

《资治通鉴·汉纪八》中记载，汉景帝执政初期，为了控制地方权力，采取了削潘措施。

晁错多次上书奏说吴王的罪过，认为可以削减其封地。汉文帝生性宽厚，不忍心惩罚，所以吴王日益骄横。等到汉景帝即位，晁错劝说景帝："当初高帝刚刚平定天下，兄弟少，儿子们年幼，大封同姓诸侯王，封给齐国七十多座城，封给楚国四十多座城，封给吴国五十多座城，封给这三个并非嫡亲的诸侯王的领地，就占到了全国的一半。现今，吴王因以前他儿子被打死的嫌隙，假称有病不入京朝见，按照古法应当处死。文帝不忍心，而是赐给他几案手杖，这对他来说是恩德极为深厚了，他本应改过自新。但他反而更加骄横不法，利用矿山采铜铸钱，熬海水制盐，招诱天下流亡人口，图谋叛乱。如今，削减他的封地他会叛乱，不削减他的封地，他也会叛乱。如果削减他的封地，他反得快，祸害会小一些；如果不削减他的封地，他反得慢，将来有备而发，祸害更大。"景帝下令公卿、列侯、宗室共同讨论晁错的建议，没有人敢与晁错辩驳，只有窦婴一人坚决反对，从此与晁错之间产生了矛盾。等到楚王刘戊来京朝见，晁错借机说："刘戊去年为薄太后服丧期间，在服丧的居室里私下奸淫，请求处死他。"景帝下诏，免去刘戊的死罪，但把原楚国封地东海郡收归朝廷。另外，在前一年，赵王有罪，朝廷削夺了他的常山郡；胶西王刘昂在卖爵一事上有不法行为，朝廷削夺了他封地中的六县之地。

朝廷大臣们议论削夺吴王的封地，吴王刘濞恐怕削夺没有止境，打算举兵叛乱。他想，其他诸侯王没有足以共商大事的，听说胶西王刘昂勇武，喜欢兵法，诸侯都畏服他，于是就派中大夫应高去亲口游说胶西王刘昂，说："现在，主上重用奸邪之臣，听信谗言恶语，侵夺削弱诸侯国，对诸侯王的惩罚极为严厉，而且一天比一天厉害。俗语有这样的说法：'开头吃糠，后来就会发展到吃米。'

225 姬定中，葛元月．管理学[M]．二版．北京：科学出版社，2011：331.

吴国和胶西国都是著名的诸侯国，同时被朝廷盯上，以后就不会有安宁了。吴王身体患有暗疾，已有二十多年不能朝见，时常担心受到朝廷怀疑，无法自己表白，缩紧肩膀、脚压着脚地自我约束，仍怕得不到朝廷的宽容。我私下听说大王也因出卖爵位的过失而受朝廷处置。我所听到的其他诸侯被削夺封地的事情，若按所犯罪名来处理，都不应该受到如此严重的惩罚。恐怕朝廷的用意，不仅仅是要削夺诸侯王的封地吧！”胶西王刘昂说：“我确实有被削夺的事。你认为该怎么办？”应高说：“吴王自认为与大王面临共同的忧患，希望顺应时势，遵循情理，牺牲生命，为天下消除祸患，我想您也同意吧？”胶西王大吃一惊，说：“我怎么敢做这样的事！天子待诸侯虽然很严苛，我只有一死了事，怎能起意反叛呢？”应高说：“御史大夫晁错，在天子身边蒙骗蛊惑，侵夺诸侯封地，诸侯王都有背叛之心。从人事来看，形势已发展到极点了。彗星出现，发生蝗灾，这是千载难逢的好时机；而且愁恼困苦的局势，正是圣人挺身而出之时。吴王准备对朝廷提出清除晁错的要求，在战场上则跟随于大王之后，纵横天下，所向无敌，锋芒所指之处，没有人胆敢不服。大王若真能许诺一句话，吴王就率领楚王直捣函谷关，据守荥阳、敖仓的粮库，抵御汉军，整治好驻扎之地，恭候大王到来。有幸得到大王光临，就可以吞并天下，吴王和大王平分江山，不也很好吗！”胶西王说：“好！”应高返归吴国，向吴王汇报，吴王还怕胶西王不信守诺言，于是亲自前往，到胶西国与刘昂当面约定。胶西国群臣中，有人得知胶西王的图谋，谏阻说：“诸侯王的封地还不到汉朝廷的十分之二，发动叛乱而使太后担忧，这不是高明的计策。现在侍奉一个天子，都说不容易；假设吴与胶西的计划能够成功，两位君主并立相争，祸患就更多了。”胶西王不听，于是派使者与齐王、川王、胶东王、济南王约定共同举事，这些诸侯王都答应了。[226]

四、控制的过程

控制工作的过程基本是一致的，大致可分为四个步骤：首先要确定标准，然后将工作结果与标准进行衡量，再分析衡量的结果，最后是针对问题采取管理行动。

（一）确定标准

所谓标准，就是评定成效的尺度。标准的类型很多，经常使用的有以下几种。

（1）时间标准，是指完成一定工作所需花费的时间限度。

226 《资治通鉴》编委会．资治通鉴（文白对照）[M]．北京：线装书局，2014：601~603.

（2）消耗标准，是指完成一定工作所需的有关消耗。

（3）行为标准，是对员工规定的行为准则方面的要求。

（4）生产率标准，是指在规定时间里完成的工作量。

（5）质量标准，是指工作应达到的质量要求，或是产品或劳务所应达到的品质标准。

在实际工作中，常用的制订标准的方法有以下三种。

（1）统计方法，即根据工商企业历史数据记录或对比同类企业的水平，用统计学的方法确定标准。这种方法常用于拟定与工商企业经营活动和经济效益有关的标准。

（2）工程方法，即指以准确的技术参数和实测的数据为基础制订的标准。这种方法主要用于生产定额标准的制订上。

（3）经验估算法，即指由经验丰富的管理者来制订标准。这种方法通常是对以上两种方法的补充。

《资治通鉴·汉纪四十》中，班超对西域有一套自己的控制标准。班超在西域辛苦几十年，恩威并施，使大汉王朝终于对西域恢复了主权。班超返回洛阳，东汉朝廷派遣将领任尚接替班超的工作。任尚向班超请教管理西域的方法，班超劝他不要对百姓太严格，要求差不多就行了，但任尚不听，最后激起了西域的叛变。

班超久在遥远的边域，因年老思念故乡，上书请求回国。奏书说："我不敢企望能到酒泉郡，但愿能活着进入玉门关。现在派遣我的儿子班勇随同安息国的进贡使者入塞，趁我尚在人世，让班勇亲眼看到中原的风土。"奏书呈上，朝廷久不答复。班超的妹妹曹大家上书说："蛮夷生性欺老，而班超已经年迈，随时可能故世，却久不被人替代，我担心这将打开奸恶的源泉，使蛮夷萌生叛逆之心。但大臣们都只顾眼前，不肯作长远考虑。如果猝然有变，班超力不从心，对上损害国家累世建立的功业，对下毁弃忠臣竭力经营的成果，实在令人痛惜！班超万里之外表示忠诚，陈述困苦急迫之情，伸长脖颈遥望，至今已经三年，朝廷却没有考虑批准他的请求。我曾听说，在古代，十五岁当兵，六十岁复员，也有休息之日，年老便不再任职。因此我胆敢冒死代班超哀求，请在班超余年让他能够活着回来，再次看到京都城阙和皇家宫廷，使国家没有远方的忧虑，西域没有猝然变故，班超也能蒙受周文王埋葬骸骨的厚恩和田子方哀怜老马的仁慈。"汉和帝被班超的奏书感动，于是召班超回国。当年八月，班超抵达洛阳，被任命为射声校尉，九月班超去世。

班超被召回，戊己校尉任尚受命继任西域都护。任尚对班超说："您在外国三十多年，由我接替您的职务，责任重大，但我的见识短浅，希望您能予以指教！"班超说："我年纪已老，智力衰退，而您多次担任高官，难道班超能比得上吗！一定要我提建议，我就想贡献一点愚见。塞外的官吏士兵，本来就不是孝子顺孙，都是因为犯有罪过被流放到关外守边屯戍。西域各国也都是心如鸟兽，缺乏信义，难以扶植，容易叛离。如今您性情严厉急切，但清水无大鱼，严格的管理将让属下的人产生离散之心，应当采取无所拘束、简单易行的政策，宽恕他们的小过，只总揽大纲而已。"班超走后，任尚私下对自己的亲信说："我以为班君会有奇策，他今天所说的这番话不过平平罢了。"后来，任尚终于断送了西域和平，正如班超的预言。

（二）衡量及分析衡量结果

第二步工作就是要通过采集数据来了解和掌握工作的实际情况。要衡量的是实际工作中与已制订的标准对应的相关要素。

分析衡量结果的工作就是要将标准与实际工作结果进行对照，并分析其结果，为进一步采取管理行动做好准备。

比较的结果无非有两种可能，一种是存在偏差，另一种是不存在偏差。

（三）采取管理行动

控制过程的最后一项工作是采取管理行动，纠正偏差。纠正偏差的方法有两种：要么改进工作绩效，要么修订标准。

1. 改进工作绩效

通过分析衡量结果，发现计划可行标准也切合实际，出现偏差的问题主要在于工作本身，那么管理者就应该采取纠正行动。

2. 修订标准

有时不切实际的标准会导致出现偏差。因为标准订得过高或过低，即使其他因素都发挥正常，也难以避免与标准出现偏差。发生这种情况可能是计划的某些重要条件发生了改变，也可能是因为当初计划工作失误等。发现标准不切实际，管理者可以修订标准。[227]

227 姬定中，葛元月．管理学[M]．二版．北京：科学出版社，2011：201.

《资治通鉴·周纪一》中，齐威王对优秀的人提拔重用，对弄虚作假的人坚决处理。这样鼓励先进，鞭策落后，赏罚分明，为部下提供了一个公平的竞争环境。

齐威王朝拜周烈王，当时周王室已十分衰弱，各诸侯国都不来朝拜，唯独齐威王仍来朝拜，因此天下人愈发称赞齐威王贤德。

齐威王召见即墨大夫，对他说："自从你到即墨任官，每天都有指责你的话传来。然而我派人去即墨察看，却是田土开辟整治，百姓丰足，官府无事，东方因而十分安定，于是我知道这是你不巴结我的左右内臣谋求内援的缘故。"齐威王便封赐即墨大夫享用一万户的俸禄。齐威王又召见阿地大夫，对他说："自从你到阿地镇守，每天都有称赞你的好话传来。但我派人前去察看阿地，只见田地荒芜，百姓贫困饥饿。当初赵国攻打鄄地，你不救；卫国夺取薛陵，你不知道，于是我知道你用重金来买通我的左右近臣以求替你说好话！"当天，齐威王下令烹死阿地大夫及替他说好话的左右近臣，于是臣僚们毛骨悚然，不敢再弄虚作假，都尽力做实事，齐国因此大治，成为天下最强盛的国家。[228]

案例中，齐威王首先确定了一套官员政绩考核的标准，包括以下三个方面。

第一是田野辟。田地没有荒废，一片欣欣向荣的样子。自古以来，我国都是农业大国，耕田种地是普通百姓最主要的经济收入，也是一个国家的命脉，所以，看看一个地方的耕种是否到位，是当时一项主要的考核指标。

第二是百姓足。管仲曾经说过，仓廪实而知礼节。意思是百姓吃得饱，是社会稳定的基础。百姓是否安居乐业，是当时政绩考核的重要指标。

第三是官无事。这不是说当官的无所事事，而是说当地政府行政效率高，什么问题都处理得清清楚楚。

齐威王在管理上认真严谨，不偏听偏信，重视实地考察，考察出结果后，及时采取管理措施，完整地体现了控制的全过程。

五、控制的重要性

《资治通鉴·晋纪四》中关于有效控制，建立监督和纠正制度这一点，做了非常到位的阐述。

公元289年，淮南相刘颂上疏说："陛下刑法禁令宽松放任，想改变这种状况，但这是日积月累形成的，不可能一下子就能用公正的标准治理下民，这确实要等

---

228 《资治通鉴》编委会．资治通鉴（文白对照）[M]．北京：线装书局，2014：37~38.

到时势所宜的机会。然而至于矫正世风，救治时弊，自然应当逐渐走向清廉整肃。这就好比行船，虽然不能径直渡过急流，但是应当渐渐随着水势往前走，一点一点地朝着自己要去的方向，然后就能渡过河去。

“自从泰始以来，已将近三十年了，各项事业却并没有比以往更加兴旺。凭着陛下的圣明，还没有纠正衰乱时代的弊病，以成就最初的隆盛，传之于后世，这难道不值得忧虑吗？假使以后国家出现动荡，那么充满忧虑并担负责任的还是陛下您啊。

“我听说为国家打算，不如分封亲属与贤能之人。然而应当审度、衡量事情发展的趋势。假使诸侯行动服从正义，其力量足以护卫京城；如果他们包藏祸心，那么他们的势力也不足以造成太大影响。这件事情要整治好是很困难的，陛下应当与通达古今的人士在一起，共同深入地筹划这件事情。周代的诸侯如果犯了罪，就要遭到惩罚放逐，但其爵位不断绝。汉代诸侯如果犯了罪或者没有儿子，那么他的封国也就随之失去了。如今应当改变汉代的弊端，遵循周代的旧制度，那么下面巩固上面也就安定了。

“天下极其大，万种事物极多，君王却极少，就像天空和太阳。因此圣明的君王实行教化，要自己掌握住根本，把事务委托给手下去办理，这并不是好逸恶劳，实在是由于国家的体制适宜如此。处理事情在一开始的时候就去区分事情办得好还是不好，是很难观察出来的，等到事情的发展显示出了成功与失败，这时候再去区分功劳与罪过，就很容易识别了。如今陛下常常是精心于初始的构建，却忽略对结局的考察，这正是治理的功效不完美的原因。人君如果确实能够处于平易而抓住根本，于成功失败的结局之后考察功劳与罪过，那么手下的官员们就没有地方逃避奖赏与惩治了。

“古时候六卿分工，各司其职，冢宰是统领。秦汉以来，九卿的职掌由丞相总管。现在事情都由尚书裁断，各官署奉行成规，与古时候的制度相比，尚书的事务太重。可以把众多的事务交付各官署办理，使各官署有专门负责的权力。尚书统领根本大纲，如同丞相所做的，年终考查功效，校阅簿籍，实行赏罚而已，这也就可以了。现在动不动就接受上面现成的决定，上面如果有失误、过错，就不能怪罪下属，等到年终，没有功绩上的建树，也不知该由谁来承担责任。

“细微的过失，荒谬的言行，这是人的本性难免的，但是全都要用刑法来矫正，那么朝野上下就没有人能够立身了。近世以来，担任监察的官员大都不抓根本大事，却对微小的过失抓住不放，这大概是因为畏惧、躲避豪强却又担心荒废了职责，因此就谨慎地使法律周密，以搜罗微小的过错，使得上奏揭发罪行的文状接连不断。这种行为表面看来是在为公事尽职，实际上却扰乱了法规。因此圣明的君王对那些琐碎细密的公事不感兴趣，而一定要过问那些揭发凶恶、奸诈大事的奏章，损害国家政事的邪恶之人或事，自然就被抓住了。创立基业的功勋在于设立政令，制定规章，使得遗留下来的风尚能够使后人的心有所寄托；遗留下来的功业，能够辅助、纠正年小而又软弱的后人。后代能够凭借前代制定的法规，即使是昏庸的人，仍然能做出明智的事情，即使是蠢笨无知的人，也如同有才智的人，使得后人足以得到帮助。”[229]

开创事业最为重要的，其实是建立成熟的制度标准，从而让现在和将来的人都有制度可遵循。这样，事业才能按照既定的方向发展。

第二节 《资治通鉴》中控制的阻力

控制的方法与制度无论看起来怎么样，总会有被控制者态度冷淡、反对甚至公开抵制的情况，这就形成了控制的阻力。例如，教师不喜欢被听课，会计人员不喜欢被查账，销售人员不喜欢经理在销售现场注意他（她）。归结起来，产生阻力的原因一般有以下几种。

一、不合理的标准

产生偏差可能有两个原因：一个是执行过程中由于人员或意外原因导致的问题；另一个是控制的标准的问题，如标准偏高、偏低或根本不适合作为该项指标的衡量标准。标准是衡量的准绳，衡量过程中要注意标准客观性和有效性的检验。如果偏差产生的原因是由于后者，那么就需要对标准进行修正。例如，对于熟练工人和非熟练工人采用的工作定额应该加以区别。衡量标准的客观性和有效性，是能否取得符合控制需要的信息的保证。企业中许多类型的活动难以用精确的量化手段和方法加以衡量，建立标准也就相对困难。例如，精神面貌、劳动热情难以直接衡量，但仍可以通过一些间接的指标得以反映，如员工合理化建议的数量等。在为控制对

229 《资治通鉴》编委会．资治通鉴（文白对照）[M]．北京：线装书局，2014：3372~3374.

象制定标准时不能只注重表面因素，忽略了主要的、深层次的因素，否则就无法达到控制的目的。例如，对于教师工作效果的衡量，不能只用是否按时上下课、是否采用现代化教学手段来衡量，因为它不足以反映教师的工作热情和教学效果。[230]

《资治通鉴·汉纪一》中，汉王刘邦最终采取了衡量人才的合理标准，重用了陈平。

周勃、灌婴等人对汉王说："陈平虽然外表俊美如装饰帽子的秀玉，但腹中未必有什么真才实学。我们听说陈平在家时曾与他的嫂子私通；为魏王做事时，因不能被容纳而逃奔楚国；在楚依然得不到信用，就又逃奔降汉。现在大王您却这么器重他，授给他很高的官职，命他来监督各部将领。我们获悉陈平接受将领们馈送的金钱，金钱给得多的人就能得到较好的对待，金钱赠得少的人就会遭到极差的待遇。如此看来，陈平是个反复无常的乱臣贼子，望大王您明察！"汉王于是对陈平有了猜疑，便召他的引荐人魏无知前来责问。魏无知说："我推荐陈平时说的是他的才能，陛下现在责问的是他的品行。如今若有人虽具有尾生、孝已那样守信义、重孝顺的品行，却无对决定胜负命运有所补益的才能，陛下哪会有闲心去使用他啊！现今楚汉抗衡，我荐举腹怀奇谋异计的人，只是考虑他的计策是否确实对国家有利，至于私通嫂子，收取贿赂，又有什么值得大惊小怪的呢！"汉王随即再召陈平来见，责问他说："你侍奉魏王意不相投，侍奉楚王而又离开，如今又来与我共事，守信义的人原本都是这样三心二意吗？"陈平说："我侍奉魏王，魏王不能采纳我的主张，所以我才离开他去为项羽服务。项羽不能信任使用人才，他所任用宠爱的人，不是项姓本家，就是他老婆的兄弟，即便是有奇谋的人他也不用。我听说汉王能够用人，因此才来归附大王您。但我赤条条空手而来，不接受金钱就无法应付日常开销。倘若我的计策确有值得采纳的地方，望大王您采用它；假如毫无价值，不堪使用，那么金钱都还在这里，请让我封存好送到官府中，并请求辞去官职。"汉王于是向陈平道歉，重重地赏赐他，授任他为护军中尉，监督全军所有的将领，众将领们也不敢再说三道四了。[231]

二、僵硬的执行标准

一个完整有效的控制系统，应该拥有弹性的计划与弹性的标准。例如，企业

---

230 姬定中，葛元月．管理学[M]．二版．北京：科学出版社，2011：336.

231 《资治通鉴》编委会．资治通鉴（文白对照）[M]．北京：线装书局，2014：362~363.

为了控制成本，必须为组织的各项活动规定资金、劳动、材料等方面的控制额度。这种额度可以使企业的费用支出得到严格有效的约束，但过分强调预算也会束缚决策者的行动。因此，编制预算时必须建立必要的预备额度，以便应付各种意外或非计划性支出。此外，还应该注意衡量资源使用效果，即用资源的投入额与产出的比较来确认效果，不能只用资源使用限额来衡量，要尽可能与产出结合来看效果，即重点强调资源的合理充分利用。

《资治通鉴·汉纪》中记录了汉文帝通过执行灵活的奖罚标准，最终达到目的的经典案例。

当初，朝廷大臣铲除诸吕之时，朱虚侯刘章功劳最大，大臣们曾许诺把全部赵地封给他为王，把全部梁地封给其弟东牟侯刘兴居为王。及至文帝得立为帝，得知朱虚侯、东牟侯当初打算拥立齐王刘襄为帝，有意贬抑二人的功劳。等到分封皇子为王时，才从齐地划出城阳、济北二郡，分别立刘章为城阳王、刘兴居为济北王。刘兴居自认为失掉了应得的侯王之位，功劳被夺，颇为不满。现在听说文帝亲临太原，以为皇帝将亲自统兵出击匈奴，有机可乘，就发兵造反。汉文帝得知刘兴居举兵谋反，诏令丞相和准备出击匈奴的军队都返回长安，任命棘蒲侯柴武为大将军，统领四位将军、十万军队出击刘兴居；任命祁侯缯贺为将军，率军驻守荥阳。秋季，七月，文帝自太原返抵长安。文帝下诏说："济北境内吏民，凡在朝廷大兵未到之前就归顺朝廷，率军献城邑投降的，都予以宽赦，恢复原有的官职爵位；即便是追随刘兴居参与谋反的，只要归降朝廷，也可赦免其罪。"八月，济北王刘兴居兵败自杀。[232]

三、目标冲突

如果被控制者目标与组织目标不一致，或者被控制者认为组织目标不友善，对于无兴趣或被动接受的组织目标，他们很难主动为实现这一目标去努力，甚至还会对控制产生反感。例如，销售人员认为改善服务态度并不能促进销售，则会对服务质量目标不感兴趣，因此对公司提高服务质量的控制持否定态度。每个人除了作为组织人外还是社会人，都有自己的目标，如果控制使他在某项事情上花费太多精力，就会认为这样会影响个人目标的实现，因而对控制目标不感兴趣，产生反感甚至抵制。

232 《资治通鉴》编委会．资治通鉴（文白对照）[M]．北京：线装书局，2014：521~522.

《资治通鉴·秦纪二》中秦二世暴政遭到了陈胜、吴广农民军的反抗。

公元前209年，夏季，四月，秦二世抵达咸阳，对赵高说："人生在世，就犹如驾着六匹骏马飞奔过缝隙一般短促。我既然已经统治天下，就想尽享我的耳目所喜闻乐见的全部东西，享尽我心意所喜欢的任何事物，直到我的寿命终结，你认为这行吗？"赵高说："这是贤能的君主能做而昏庸暴乱的君王不能做的事情。虽然如此，还有不可做的地方，请让我来陈述一下：沙丘夺权之谋，诸位公子和大臣都有所怀疑。各位公子都是您的哥哥，大臣又都是先帝安置的，如今陛下刚刚即位，这些公子臣僚正怏怏不服，恐怕会发生事变。我尚且战战栗栗，生怕不得好死，陛下又怎么能够这样享乐呀！"二世道："那该怎么办呢？"赵高说："陛下应实行严厉的法律，残酷的刑罚，使有罪的人株连他人，这样可将大臣及皇族杀灭干净，然后收罗提拔遗民，使贫穷的富裕起来，卑贱的高贵起来，并把先帝过去任用的臣僚全都清除出去，改用陛下的亲信。这样一来，他们就会暗中感念您的恩德；祸害被除掉，奸谋遭堵塞，群臣没有不蒙受您的雨露润泽和大恩厚德的，如此，陛下就可以高枕无忧，纵情享乐了，再没有比这个更好的计策了！"二世认为赵高说得有理，于是便修订法律，务求更加严厉苛刻，凡大臣、各位公子犯了罪，总是交给赵高审讯惩处。就这样，有十二位皇子在咸阳街市上被斩首示众，十名公主在杜县被分裂肢体而死，他们的财产全部充公，受牵连被逮捕的人更是不可胜数。

秋季，七月，阳城人陈胜、阳夏人吴广在蕲县聚众起兵。当时，秦王朝征召闾左贫民往渔阳屯戍守边，九百人途中屯驻在大泽乡，陈胜、吴广均被指派为屯长。恰巧遇上天降大雨，道路不通，推测时间已无法按规定期限到达渔阳防地。按照秦法规定，延误戍期，一律处斩。于是，陈胜、吴广便趁着天下百姓生计愁苦，对秦怨恨的心理，杀掉押送他们的将尉，召集戍卒号令说："你们都已经延误了戍期，当被杀头。即使不被斩首，因长久在外戍边而死去的本来也要占到十之六七。壮士不死则已，要死就图大事！王侯将相难道是天生的吗！"众人全都响应。陈胜、吴广便诈以已死的公子扶苏和已故楚国的大将项燕之名，培土筑坛，登到上面宣布誓约，号称"大楚"。陈胜自立为将军，吴广为都尉。起义军随即攻陷大泽乡，接着招收义兵扩军，进攻蕲。夺取蕲后，即令符离人葛婴率军攻掠蕲以东地区，相继攻打铚、酂、苦、柘、谯等地，全都攻下了。义军沿路招收人马，等到抵达陈地时，已有战车六七百辆，骑兵千余，步兵数万人。攻打陈城时，郡守和郡尉都不在，只有留守的郡丞在谯楼下的城门中抵抗义军，不能取胜，郡丞被打死。陈胜于是领兵入城，占据了陈地。[233]

秦二世的统治暴虐无道，老百姓的生活苦不堪言，正是组织目标与被控制者目标不一致，最终遭到了秦国人民的极力反抗。

四、控制过度或控制不足

有效的控制一般要讲求适度，也就是有效的控制系统应较好地衡量控制的利与弊，在防止组织成员发生冲突的同时，要满足对组织活动监督检查的需要。如果控制过程过于繁琐，会给操作人员和管理人员增加较多的工作量，有时可能会影响工作正常进度。

适度控制能够同时体现以下两方面的要求：一方面，控制不足将使组织活动无法有效运行，不能保证各个部门活动的统一性和协调性；另一方面，过度控制会对组织成员造成伤害，因为对下属限制过多会扼杀他们的积极性、主动性和创造性，影响组织的效率。

适度的控制力度要考虑多种因素，适度的标准因管理的跨度、管理的层次、人员的素质及活动的性质而异。一般来说，军队、公安等政府部门的控制力度应当高于以生产经营活动为主的企业，以保证政令畅通；研究机构、高等院校的控制力度要低于企业；对受过严格训练、能力较强的管理人员的控制，要低于对缺乏训练和经验管理的管理人员的控制；当组织处于危机的时刻，组织成员由于面临压力，比较容易接受较严格的控制。

《资治通鉴·汉纪三十》中王莽制定过于琐碎的制度，过度控制，导致朝纲混乱。

王莽认为制度一经确定，那么天下自然太平，所以精心思考划分地域，制定礼仪，创作乐教，都讲求符合《六经》的说法。公卿大臣早晨上朝，傍晚退朝，议论连年，不能做出决断，没有时间处理诉讼冤案和百姓迫切需要解决的问题。县宰缺额往往好几年都是派人代理，各种贪赃枉法的行径一天比一天厉害。派驻郡和封国的中郎将、绣衣执法，纷纷利用权势互相检举弹劾。还有十一公士分布各地，督促农耕和蚕桑，安排每季每月的工作，检查各种规章的实行情况，道路上车水马龙，络绎不绝。召集官民，逮捕取证，郡县官府征收赋税和财物，层层贿赂，是非清浊不分，前往朝廷申诉冤苦的人很多。王莽看到自己从前因专权而取得了

233 《资治通鉴》编委会．资治通鉴（文白对照）[M]. 北京：线装书局，2014：281~283.

汉朝政权，所以总想自己包揽众事，而有关官员只按既定的政令办事，以图能够免除罪责。各宝库、国库和钱粮官，都由宦官管理；官吏和平民的密奏，由宦官和左右随从开拆，尚书不得知道，他提防臣下就是这样。王莽又喜欢改变制度，政令繁多，本来应当由下面奉命执行的，总要考察过问以后才交去办理，以致前面的事情没有完，后面的事情又赶上了，昏乱糊涂，没完没了。王莽时常在灯光下办公，直到天明还没有办完。尚书借此机会舞弊，阻塞下情，奏报后等待回答的人连年无法离去，被关押在郡县监狱里的人要遇到大赦才得出来，京城卫戍士兵甚至三年之久不能轮换。谷物常常很贵，边疆的军队二十多万人仰赖官府供应吃穿。五原郡和代郡尤其遭殃，有的人成为盗贼，几千人成群结队，转到邻近各郡。王莽派遣捕盗将军孔仁率领军队会同地方官兵联合进击，经过一年多才平定。[234]

从前，王莽以厘订制度未完为由，上自公爵侯爵，下到小吏，全都停发俸禄。夏季，五月，王莽下诏书说："我遭遇不幸的命运，灾难难避，国家财政开支不足，人民骚动，从公卿以下，一个月的俸禄只有十布二匹，或丝帛一匹。我每想到这件事，没有不忧愁的。现在困难时期已经过去，国库储备虽然还不充足，但已略微宽裕，将从六月朔（初一）庚寅开始，按照制度发给官吏俸禄。"四辅、公卿、大夫、士，下至舆、僚，共十五等，僚的俸禄每年六十六斛，按照等差逐渐上升，到四辅则是一万斛。王莽又下诏："古时候，年岁丰收则俸禄增加，年岁歉收则俸禄减少，表示官吏与平民同喜同忧。现在，利用年终统计作为统一计算的根据，天下幸而没有灾害的时候，御厨房各种膳食全备。如有灾害，则以十为率，计算数量而减少膳食。十一位公爵、六司、六卿及以下，各分到若干州郡、封国，保护这些地区度过灾害，也以十为率，计算受灾多少而削减俸禄。从京师仓库的储积粮里面领取俸禄的郎官、侍从官和京师官吏，以太官膳食的齐备或减少作为尺度。希望上下同心同德，鼓励、促进农业生产，安抚善良的老百姓。"王莽制下的制度如此琐碎，核算起来很难办理，官吏到底还是领不到俸禄，于是纷纷利用自己的职权干坏事，靠收受贿赂来解决自己的费用开支。[235]

《资治通鉴·汉纪四十九》中还阐述了这样一个控制过度的例子。

公元 175 年，春季，三月，汉灵帝下诏，命儒学大师们校正《五经》文字，命议郎蔡邕用古文、大篆、隶书三种字体书写，刻在石碑上，竖立在太学门外，

234 《资治通鉴》编委会．资治通鉴（文白对照）[M]. 北京：线装书局，2014：1461~1462.
235 《资治通鉴》编委会．资治通鉴（文白对照）[M]. 北京：线装书局，2014：1465~1466.

使后来的儒生晚辈都以此作为标准。石碑刚竖立时，坐车前来观看以及临摹和抄写的，每天有一千余辆之多，填满大街小巷。

最初朝廷集议，因州郡之间互相勾结，徇私舞弊，于是制定法律，规定有婚姻关系的家庭以及两州的人士，不得互相担任负责督察对方的上官。到现在，更制定“三互法”，禁忌更加严密，朝廷选用州郡等地方官员时非常艰难。幽州、冀州的刺史职位空缺很久，一直找不到合适的人选来接任。于是蔡邕上书说：“我俯伏观察，幽州、冀州故土，本来是盛产铠甲和骑马的地方，连年以来遭受兵灾和饥馑，逐渐使得两州的物力和财力损耗殆尽。而今两州刺史职位长期空缺，官吏和人民都延颈盼望，可是三公推荐的人选却长期不能确定。我深感奇怪，打听原因何在，据有关官吏回答说，是为了避免‘三互法’。其他十一州也都同样存在禁止‘三互法’的问题，非独这两州应当禁止而已。此外，这两州的人士，有的又因受年资的限制，狐疑不定，拖延时间。结果，使两州刺史的职位长期空缺，万里疆域一片萧条，没有人去管理。我认为，‘三互法’不过是最轻微的禁令，而今只要利用朝廷的威权，申明国家的法令，即使是两州的人士互相交换担任刺史尚且畏惧，不敢结党营私，何况还有‘三互法’的限制，又有什么嫌疑？过去，韩安国拔起于囚徒之中，朱买臣出身于微贱家庭，都是因为他们的才能胜任，才被派回他们出身的本郡、本封国为官，难道还要顾及‘三互法’的禁忌，受这种非根本制度的束缚？我希望陛下对上效法先帝，撤销最近制定的‘三互法’禁令，对于各州刺史，凡是才能可以胜任的，应该及时任命和调换，不再受年资、‘三互法’的限制，使之成为定制。”朝廷不肯听从。

司马光曰：叔向曾经说过：“国家行将灭亡，法令规章一定繁多。”圣明君王治理国家，谨慎选择忠良贤能加以任用。无论是对朝廷和地方的臣属，凡是有功的加以奖赏，有罪的则加以诛杀，没有任何偏袒。法令规章并不繁多，却能做到天下大治。为什么会如此？是因为抓住了治理国家的根本。等到国家行将衰败灭亡之时，文武百官不能选择合适的人才担任，各种禁令愈来愈多，防范措施也愈来愈严密。有功的因碍于条文得不到奖赏，作奸犯科的却巧妙地利用法律空子，得以免除诛杀，上下劳苦骚扰，天下反而大乱。为什么会如此？是因为治理国家舍本逐末的缘故。汉灵帝时，州刺史、郡太守贪婪暴虐，如狼似虎，残害人民，无以复加。然而，朝廷还在严格遵守“三互法”的禁令，以防止官吏结党营私。

现在回顾起来，岂不正好是一场笑话，应该深深地引为鉴戒。[236]

五、激励制度不合理，责任不明确

控制常常通过激励制度来鼓励先进，鞭策落后。但是，如果奖惩不公，不但不能起到预期的作用，反而使人们对控制产生不满，有的会消极怠工，有的会公开反对或抵制。

控制要有明确的组织部门和部门岗位的责任要求。在职责不明确，相互之间又缺乏协调的情况下，容易出现推诿、扯皮的情况。因为存在责任和绩效的归属问题，人们不愿接受控制来承担责任，而愿意无控制地分享绩效；人们更倾向于推卸责任，反对和抵制控制。[237]

《资治通鉴·晋纪一》中晋武帝刑赏不明，导致政治混乱。

司隶校尉、上党人李憙，揭发从前的立进县令刘友、前尚书山涛、中山王司马睦、尚书仆射武陔等都有霸占官府稻田的行为，请求免去山涛、司马睦等人的官职，武陔已经死亡，请求将他的谥号降级。晋武帝下诏说："刘友欺凌掠夺百姓，迷惑朝廷官吏，应对其拷问处死，以惩罚邪佞之人。如果山涛等人不再重犯已往的过错，对他们免于追究。李憙一心为公，对官员行使职责，可称为邦国中之司直了。汉光武帝有言：'贵戚尚且缩起手以躲避二鲍。'即指整肃百官群僚，使他们各自谨慎于自己的职责，而宽容的恩典是不应该经常使用的！"司马睦是晋宣帝弟弟的儿子。

司马光对此评论说：政治的根本在于刑与赏，刑赏不分明，政治如何能有所成就！晋武帝赦免山涛而褒奖李憙，在刑与赏两方面都丧失了。如果李憙所言是正确的，那么山涛就不可以赦免；所言为非，李憙就不值得褒奖。褒奖李憙让他说话，他说了却又不采用，结果在下属中结下怨恨，在上则使权威被轻慢，这样又将如何使用李憙？况且四位大臣罪行相同，刘友被处死，而对山涛等人不问罪，避开权贵而施法于轻贱，这能说是治政之道吗？正处于创业之初，却不能树立治理国家的根本，要想把基业传给后世，不是很难的事吗？[238]

《资治通鉴·魏纪四》中诸葛亮赏罚分明，部下都能够追随他报效国家。

蜀汉丞相长史张裔常称赞诸葛亮："他行赏不遗忘疏远的人，处罚不宽恕亲

236 《资治通鉴》编委会．资治通鉴（文白对照）[M]．北京：线装书局，2014：2310~2311．
237 姬定中，葛元月．管理学[M]．二版．北京：科学出版社，2011：337．
238 《资治通鉴》编委会．资治通鉴（文白对照）[M]．北京：线装书局，2014：3238~3239．

近的人，封爵不允许无功者取得，刑责不因为是权贵而免除，这就是贤能者和一般人都能够忘身报国的原因。”

陈寿评曰：诸葛亮当丞相，安抚百姓，显示法度准则，限制官员的职权，遵照法令制度，开诚布公，坦白无私。对尽忠而有益于国家的人，即使是仇人也必加奖赏，对违法而怠慢的人，即使是亲近者也必定处罚；对真心诚意认罪悔改的人，即使罪行较重也必定释放，对花言巧语进行掩饰的人，即使罪行较轻也必定诛杀；再小的善行也予以赞扬，再小的恶行也予以贬责。精熟各种事物，能从根本上治理，要求名义与实际相符，极端厌恶虚伪，最终蜀国上下都对他怀有敬畏爱戴之情。刑罚虽然严苛，但没有怨恨，这是因为他用心公正，而且劝诫分明。可以说他是懂得治国之道的卓越人才，与管仲和萧何并列。[239]

奖惩如果失度，不仅没有得到奖赏的人心里不服，受到奖赏的人也会不以为然。所以，领导在赏罚上必须坚持功过分明，这样才能更好地实施控制。

239 《资治通鉴》编委会．资治通鉴（文白对照）[M]．北京：线装书局，2014：2968.

第九章　《资治通鉴》中的创新

创新是管理者所能利用的一种特殊能力，是一种赋予资源以新的创造财富能力的行为。对组织来说，创新不仅是寻求新技术，而且也包括寻求新原料、新市场、新管理制度。本章从创新的角度展开叙述，重点阐明创新的概念及创新管理的相关理念，并与《资治通鉴》中的创新案例相结合，以飨读者。

第一节　创新概述

一、创新的内涵

“创新”一词最早是由美国经济学家熊彼特于 1912 年在其出版的《经济发展理论》一书中提出的，他认为“创新”就是把生产要素和生产条件重新组合并引入生产体系，即建立一种新的生产函数，目的是为了获取潜在的利润。德鲁克认为创新是组织者特有的工具，是一种赋予资源以新的创造财富的行为。拉尔夫·斯泰西认为：“创新并不是以不同方式重新安排最初就已经给定了的某些固定符号的结果”，创新也不是有某种确定投入产出关系的过程。

当今社会，人们对创新的理解有了新的认识，是以现有的思维模式提出有别于常规或常人思路的见解为导向，利用现有的知识和物质，在特定的环境中，本着理想化需要或为满足社会需求而改进或创造新的事物、方法、元素、路径、环境，并获得一定有益效果的行为。创新是以新思维、新发明和新描述为特征的一种概念化过程，是一切事物向前发展的根本动力。[240]创新主要有为适应国内外环境变化而进行的制度创新、技术创新和管理创新。制度创新是指引入新的体制和机制而实现的创新；技术创新是引入新的技术、工艺、材料，应用于生产和开发新产品、开拓新市场而实现的创新；管理创新是引入新的管理思想、方法、手段、组织方式而实现的创新。

创新涉及内容广泛，包括不同的社会系统，还可能涉及目标、手段和方法，以及技术、经济和管理等。它是由技术创新、组织管理创新和制度创新三个相互支撑的方面组成的。[241]

唐德宗末年，政治腐败，民不聊生，其中为害百姓最深的是宫市和五坊小儿。

宫市是指朝廷向老百姓采购皇宫日用品的地方。唐朝前期，宫市由朝廷官员负责。因皇室每天的需求量很大，老百姓受益不少。到唐德宗时，宫市负责人改由宦官担任，从此宫市逐渐走形，变成了人民的噩梦。

宦官任宫市负责官后，在长安街主要商业区东市、西市内派驻几百人，这些人四处张望哪里有好东西（长安人称为“白望”），跟卖东西的人说自己是宫里派来买东西的。“白望”从来不出示任何证明，老百姓也分不清是真是假，但因为惧怕宦官的权势，没人敢不卖，也没人敢跟这些“白望”讲价，所以“白望”用一百文钱就能买几千文的东西，甚至连钱都不用付。他们把皇宫里的旧衣服染上红色、紫色等冒充新衣服，然后用这些不值钱的东西来换百姓手里的商品。他们不仅向百姓索要商品，连这些商品运进宫的路费都要，宫市变成了宦官对人民赤裸裸抢劫的场所。

曾经有一个农民用驴驮着木柴到市场卖，一个“白望”发现后，用几尺绢就换了农民的木柴。农民虽然不愿意，但也没有办法。可是，“白望”得到木柴后并不满足，还要把驴赶走。这驴是农民的唯一财产，农民痛哭流涕，把刚才“白望”给自己的绢还给了“白望”，请他放过自己。可“白望”不肯，对农民说：“我要的是你的驴。”农民哭着说：“我上有父母，下有妻儿，他们都等着我卖柴后买米下锅，现在你不仅把木柴拿走了，还要赶走驴，这是逼我去死啊。”农民忍无可忍，把这个“白望”痛打了一顿，因此被抓进官府。在舆论的压力下，朝廷才下令把农民释放了。

---

240 赵金先，张立新，姜吉坤．管理学原理[M]．北京：化学工业出版社，2016：394.

241 张麟，刘伟．管理学[M]．徐州：中国矿业大学出版社，2006：1.（电子版）

五坊小儿是指皇宫中专门为皇帝饲养鸟雀的人，他们也借着特殊的身份对老百姓残酷盘剥。这些人以捕捉鸟雀为名在路上张网，谁要是碰了他们拦鸟的网，就诬蔑他们对皇帝不敬，借机勒索钱财。后来发展到他们在老百姓的家门口张网，或者在水井上张网。老百姓回家或者去打井水，他们就对老百姓说："不要惊动了供奉的鸟雀。"结果老百姓家没法回，连水也喝不上，只好掏出自己的血汗钱，求这些人离开。

五坊小儿到饭馆吃饭从来不掏钱，饭店的主人若不知道他们的身份，向他们要饭钱，就会遭到毒打。有时他们还会在饭馆留下一袋蛇来充当自己的饭钱，并且交代饭店主人说："这蛇是我们用来当鸟雀诱饵的，你好好养，别让蛇渴着饿着，否则拿你是问。"饭馆主人只好哀求，他们才肯把蛇拿走。

唐顺宗早在当太子的时候，对宫市、五坊小儿就深恶痛绝。即位后，在大臣王叔文等人的支持下，将这些弊政全部废除。同时，王叔文等人对唐朝的政治进行了大规模的革新，这次革新因为发生在唐朝永贞年间，所以又被称为"永贞革新"。但因为"永贞革新"侵犯了宦官的利益，唐顺宗不久就被迫让位给太子李纯，王叔文被杀害，"永贞革新"最后以失败告终。

二、创新的条件

（一）宽松的管理氛围

创新是行为主体之间相互作用的结果。创新需要一个容易产生创造性灵感的心境，需要一种理想的工作氛围，使行为主体能够更有效地相互作用。

（二）良好的动态管理机制

创新意味着破旧立新。创新过程伴随着差异和不平衡，有效地控制创新带来的差异和不平衡矛盾，有效解决不确定条件下组织的有效管理问题，是组织具有良好的动态管理机制的表现。要在动态中不断地改善和促进组织学习，不断引发和诱导员工的创新意识，为组织创新提供知识和能量。

（三）发挥创新主体的主动性

创新需要创新主体具备相应的知识积累。学习是行为主体不断获得知识的有效途径，创新者要主动学习，组织也要提供学习环境，鼓励员工通过学习实现创新。创新还需要创新者坚持不懈，发挥主观能动性。

（四）放松控制

放松控制主要表现在三个方面：一是要给创新者自由支配的时间，允许他们利用部分工作时间去实现创新设想。IBM 公司、3M 公司和杜邦公司都允许员工利用工作时间的 5% ~ 15% 来探索他们感兴趣的领域，无须得到公司的批准。二是提供资金支持员工创新，在预算内提供创新者一些可以自由支配的资金用于创新。三是尽量减少多层审批，层层审批不仅会拖延时间，而且可能在层层信息传递中导致信息流失，扼杀创新。

（五）激发组织运行中的差异性

组织运行中过分追求稳定性和一致性，可能会扼杀组织的创新能力。在保持相对稳定的情况下，组织要设法激发员工思维和行为方式的多样性和差异性，促进员工保持活力，鼓励他们打破常规，寻求创新，容许他们犯错误和失败。[242]

《资治通鉴·周纪四》中记载，五国伐齐时，田单巧设火牛阵，挽救了齐国。

公元前 279 年，燕昭王去世，燕惠王即位。惠王当太子时就与乐毅有矛盾。五国伐齐时，田单听说燕王与乐毅之间有矛盾，便派人去燕国行使反间计，散布流言说："齐王已经死了，齐国仅有两座城未被攻克。乐毅与燕国新王有矛盾，害怕加祸不敢回国，他现在以攻打齐国为名，实际想率领军队在齐国称王。齐国人没有归附，所以他暂缓进攻即墨，等待时机举行大事。齐国人所怕的，是燕王派别的大将来，那样即墨就被攻破了。"燕惠王本来就疑心乐毅，所以中了齐国的反间计，派骑劫代替乐毅为大将进攻即墨，召乐毅回国。乐毅知道燕王换将居心不良，于是投奔了赵国。从此，燕军将士都愤愤不平，燕军内部不和。

骑劫攻城这段时间，即墨城中人吃饭时，田单下令让他们先在庭院里祭祀祖先，四处飞鸟争吃祭饭，都盘旋落到城中，燕军很是惊讶。田单又让人散布流言说："会有天神派军师下界来帮助我们。"有个士兵说："我可以做神师吗？"说罢起身便走。田单急忙离座追回他，让他面东高坐，奉为神师。士兵说："我犯上欺主了。"田单忙悄声嘱咐："你不要说出去。"便以他为师。每当发布号令，都必称奉神师之命。田单又令人散布流言说："我就怕燕军把齐国俘虏割去鼻子，作为前导，那样即墨城就完了！"燕国人听说，果然这样做了。城中守兵看到投降燕军的人都被割去鼻子，万分痛恨，决心坚守不降，唯恐被俘。田单再使出反

242 张麟，刘伟．管理学[M]．徐州：中国矿业大学出版社，2006：2.（电子版）

间计，说："我怕燕军掘毁我们城外的坟墓，那样齐国人就寒心了。"燕军又中计，把城外坟墓尽行挖毁，焚烧死尸。齐国人从城上远远望见，都痛哭流涕，争相请求出战，怒气倍增。田单知道这时军士已经可以死战，于是带头拿起版、锹和士卒一起筑城，把自己的妻妾编进军队，还分发食品犒劳将士。他下令让披甲士兵都潜伏在城下，只以老弱人员、女子登城守卫，又派人去燕军中约定投降，燕军都欢呼万岁。田单在城内百姓中募集到一千镒金银，让即墨城的富豪送给燕军大将，说："我们马上就投降，请不要抢劫掠夺我们的家族！"燕国将军大喜，立刻应允。燕军戒备更加松懈。田单在城中搜罗到一千余头牛，给牛披上大红绸衣，绘上五彩天龙花纹，在牛角上绑上尖刀，在牛尾绑上灌好油脂的苇草，然后点燃，趁着夜色，从预先凿好的几十个城墙洞中赶牛冲出，牛后面紧随着五千名壮士。牛尾部被火燎烧，都疯狂地奔向燕军大营。燕军大惊失色，看到牛身上都是天龙花纹，碰到的不是死就是伤。加上城中敲锣打鼓齐声呐喊，老弱居民也敲击铜器助威，响声震天动地。燕国士兵万分恐惧，纷纷败逃。齐军趁乱杀死燕军大将骑劫，追杀逃亡的燕军，经过的城邑都叛离燕国，再度回到齐国。田单的军队越来越多，乘胜追击，燕军日日望风而逃，一直逃到黄河边。齐国失去的七十几座城都复归，田单于是前往莒城迎齐襄王返回国都临淄，襄王册封田单为安平君。[243]

三、创新的过程

创新是一个复杂的过程，要受到诸多因素的影响。创新是对旧事物的否定，对新事物的探索过程。创新要获得成功，不仅要掌握特定的创新方法，还必须了解和掌握创新活动的程序，要有科学的管理。本质上，创新是杂乱无章的，但这是相对旧制度、旧秩序而言的，是相对个别创新而言的。就创新的总体来说，它们必然依循一定的步骤、程序和规律。一个成功的创新一般要经历这样几个阶段，即准备阶段、寻找机会、提出构想、迅速行动、坚持不懈。

（一）准备阶段

创新过程需要创新主体具有创新性思维。要想具有创新性思维，必须满足以下四个前提条件。

（1）客观压力。客观压力就是社会存在的需要，以及组织生存与发展的需要等。这些需要越迫切，产生的创新动力就越大，就越能促进人们积极创新。

243 《资治通鉴》编委会．资治通鉴（文白对照）[M]．北京：线装书局，2014：143~144.

（2）主观压力。主观压力主要指创新主体自身的创新愿望和动机。创新主体具有迫切的创新愿望，他们才能积极地、主动地、自觉地参与创新，才能在创新过程中不畏艰险，知难而上，不屈不挠地去争取成功。

（3）强烈的好奇心。创新主体的好奇心是引领人们走向未知领域的一种重要力量。只有具有强烈的好奇心，人们才会关注生活、工作中出现的各种不协调现象，并有兴趣思考产生这些不协调现象的原因，积累发现创新的机会。

（4）知识和经验的积累。创新不是无中生有，而是在已有知识和经验基础上的升华。没有知识和经验的积累，创新只能是空想。知识和经验的积累是人们进行创新的基本条件，不管进行哪种创新或革新，都必须对创新对象有全面深入的了解。

（二）寻找机会

组织的创新，往往是从密切注视、系统分析社会经济组织在运行过程中出现的不协调现象开始的。当原有秩序内部存在或出现某种不协调的现象时，这些不协调会对系统的发展造成某种不利的威胁。创新活动正是从发现和利用旧秩序内部的这些不协调现象开始的。

旧秩序中的不协调既可产生于系统外部，也可存在于系统内部。就组织的外部而言，有可能成为创新契机的变化主要有以下几点。

（1）技术变化。技术变化可能影响组织资源获取、生产设备和技术水平。

（2）人口变化。人口变化可能影响劳动市场的供给和产品销售市场的需求。

（3）宏观经济变化。宏观经济变化可能影响组织的市场和需求者的购买力。

（4）文化与价值观念的转变。文化与价值观念的转变可能会改变消费者的消费偏好或劳动者对工作及其报酬的态度。

在组织系统内部，引发创新的不协调现象主要有以下两点。

（1）生产经营中的瓶颈。生产经营中的瓶颈可能会影响劳动生产率的提高或劳动积极性的发挥。这种瓶颈环节既可能是某种材料，也可能是某种工艺、加工方法或某种分配政策。

（2）组织意外的成功和失败。组织意外的成功和失败往往可以突破组织原先的思维模式，成为组织创新的一个重要源泉。

（三）提出构想

发现组织内外的不协调只是创新活动的开始。敏锐地观察到不协调现象产生以后，要透过现象深究其原因，并据此分析和预测不协调的未来变化趋势，估计它们可能给组织带来的积极或消极后果。然后在此基础上，运用各种创新方法来解决问题，这就要求人们提出创新构想。

创新的思想方法多种多样，如头脑风暴法、特尔菲法、哥顿法、检查提问法等都能实现创新。提出各种解决问题的构想，努力利用机会或将威胁转换为机会，可以采用头脑风暴、特尔菲等方法提出多种解决问题、消除不协调、使系统在更高层次实现平衡的创新构想。

（四）迅速行动

构想只是一种行动方案，是对创新活动的内容、程序、人员安排等所做的总体规划。由于创新活动具有很大的不确定性，有许多问题是无法事先预计的，所以，这种构想可能是不完善的，需要在实施过程中不断调整、修正，而且这种构想只有建立在行动的基础上才有意义。

创新成功的一个重要因素就是迅速行动。一味地追求完善，可能会坐失良机，把创新机会拱手让给竞争对手，或丧失创新的大好时机，导致创新失败。

（五）坚持不懈

构想经过尝试才能完善，而尝试是有风险的。创新的过程是不断尝试、不断失败、不断提高的过程。创新者在开始行动以后，为取得最终的成功，必须坚持不懈地继续下去，决不能半途而废，否则便会前功尽弃。

以上各个阶段，只是大概反映了人们创新的思维过程。在实践中，这些阶段并不是截然分割的、刻板的法定模式，有时需要很长时间寻找机会，可能在较长的一段时间中无明显进展，但在不曾预料的时候会突然出现一个飞跃。[244]

《资治通鉴·周纪三》中，有一则关于赵武灵王成功推行胡服骑射的经典案例。

公元前 307 年，八月，赵武灵王向北进攻中山国，大兵经房子城抵达代地，再向北直至大漠中的无穷，向西攻到黄河，登上黄华山顶。赵武灵王与大臣肥义商议让百姓穿短衣胡服，学骑马与射箭。他说：“愚蠢的人会嘲笑我，但聪明的人是可以理解的。即使天下的人都嘲笑我，我也要这样做，这样一定能把北方胡人的领地和中山国都夺过来！”于是赵武灵王带头改穿胡服。

国中士人有不少人反对这一做法，公子成也假称有病，不来上朝。赵王派人

244 赵金先，张立新，姜吉坤．管理学原理 [M]. 北京：化学工业出版社，2016：398~400.

前去说服公子成：“家事听从父母，国政服从国君，现在我向人民宣传改变服装，而叔父您不穿，我担心天下人会议论我徇私情。治理国家有一定章法，总以有利人民为根本；办理政事有一定常规，执行命令是最重要的。宣传道德要先针对卑贱的下层，而推行法令必须从贵族近臣做起，我希望能借助叔父您的榜样来完成改穿胡服的功业。”公子成拜谢道：“我听说，中国是在圣贤之人教化下，用礼乐仪制使远方国家前来游观，让四方夷族学习效法的地方。现在君王您舍此不顾，去仿效远方外族的服装，是擅改古代习惯、违背人心的举动，我希望您慎重考虑。”使者回报赵王。赵王便亲自登门解释说：“我国东面有齐国、中山国；北面有燕国、东胡；西面是楼烦，与秦、韩两国接壤，如果没有骑马射箭的训练，怎么能守得住呢？先前中山国倚仗齐国的强兵侵犯我们的领土，掠夺我们的人民，又引水围灌鄗城。如果不是老天保佑，鄗城几乎就失守了。此事先王深以为耻，所以我决心改变服装，学习骑射，想以此抵御四面的灾难，一报中山国之仇。叔父您一味依循中国旧俗，厌恶改变服装，已经忘记了鄗城的奇耻大辱，我对您深感失望啊！”公子成幡然醒悟，欣然从命。赵王亲自赐给他胡服，第二天他便穿戴入朝。于是，赵王正式下达改穿胡服的法令，提倡学习骑马射箭。[245]

赵武灵王通过推行胡服骑射，使赵国国力迅速强大，最终实现了预期的结果。赵武灵王目光远大，思想敏锐，善于学习应变，取长补短，是我国历史上一位具有雄才大略的封建君王，是古代屈指可数的军事改革家，为赵国的强盛做出了极大贡献。

四、创新工作的原理

创新是组织的灵魂，是组织者精神的核心，组织可以通过创新来开发新资源，优化现有资源，以追求更大的利润。创新是一种非常活跃的思维运动过程，创新活动有其应该遵循的原理。

（一）实践性原理

实践性原理是指人们在进行创新的过程中必须参与实践，在实践中发展创新能力，更重要的是在实践中检验创新成果的正确性。没有实践，创新发展就失去了动力，就不会有创新思维。因此，实践性原理是创新的根本原则和要求。[246]

《资治通鉴·晋纪六》中，成都王司马颖被孙会、士猗、许超在黄桥打得惨

245 《资治通鉴》编委会．资治通鉴（文白对照）[M]．北京：线装书局，2014：108~109.
246 张麟，刘伟．管理学[M]．徐州：中国矿业大学出版社，2006：5.（电子版）

败，死伤一万多人。于是，司马颖打算退守朝歌。司马颖的伙伴卢志、王彦共同说服司马颖，如果此时撤退，就会一蹶不振，还不如出敌不意，打对方个措手不及。这种出奇制胜的创新性用兵理念，使司马颖获得了胜利。

公元301年，张泓等人攻占阳翟，与齐王司马冏交战，多次打败司马冏。司马冏军队驻扎在颖阴。夏季，四月，张泓乘胜进逼司马冏，司马冏派兵迎战。司马伦的各支军马都没有变化，而孙辅、徐建所率军队夜间出现变乱，他们直接逃回洛阳请罪说："齐王兵势强大，势不可当，张泓等人已全军覆没了！"赵王司马伦大为恐慌，对孙辅等所说的话秘而不宣，急忙召他儿子司马虔及许超回来。这时张泓打败司马冏的战报到了，司马伦才又派司马虔与许超带兵回去。张泓等人率各支兵马渡颍水攻打司马冏的兵营，司马冏出兵打败了配合张泓主力行动的孙髦、司马谭等人的部队，张泓等人也就退却了。孙秀等人却造谣，宣称他们已经击破司马冏的兵营，活捉了司马冏，还让文武百官都来祝贺。

成都王司马颖所部前锋到达黄桥，被孙会、士猗、许超的军队打败，死伤一万多人，士卒们都感到震惊恐惧。司马颖打算撤退到朝歌防守，卢志、王彦说："现在我军失利，敌人刚刚得志，心里轻视我们。如果我们退缩，士气势必沮丧受挫，不能再用。再说打仗怎么能没有胜负？还不如另选精兵，星夜赶路，出敌不意，这就是用兵要出人意外。"司马颖采纳了这个建议。司马伦奖赏黄桥之战的有功之人，士猗、许超与孙会都有了掌握符节发号施令的权力，他们互相都不听从对方，军队政令不统一，又倚仗着初战告捷而轻视司马颖，没有设防备战。司马颖带领所属各支兵马袭击他们，与他们展开激烈战斗。孙会等人惨败，临阵丢下军队，向南仓皇逃窜。司马颖乘胜长驱直入，渡过黄河。[247]

（二）激励性原理

创新的原始动机也许是个人成就感、自我实现的需要，但是如果创新努力不能得到组织或社会的承认，不能得到公正的评价和合理的奖酬，那么继续创新的动力就会渐渐失去。

促进创新的奖酬制度至少要符合以下条件。

一是物质奖励与精神奖励应该相结合。奖励不一定是金钱上的，精神上的奖励也许比物质报酬更能满足驱动人们创新的心理需要。

二是奖励不能视作是"不犯错误的报酬"，而是对特殊贡献甚至是对希望做

247 《资治通鉴》编委会．资治通鉴（文白对照）[M]．北京：线装书局，2014：3461~3462.

出特殊贡献的努力的报酬；奖励的对象不仅包括成功以后的创新者，而且应当包括那些成功以前甚至是没有获得成功的努力者。就组织的发展而言，也许重要的不是创新的结果，而是创新的过程。如果奖酬制度能促进每个成员都积极地去探索和创新，那么必然产生对组织发展有利的结果。

三是奖励制度要既能促进内部竞争，又能保证成员间的合作。内部竞争与合作对创新都是重要的：竞争能激发每个人的创新欲望，从而有利于发现创新机会，产生创新构想；过度竞争则会导致内部各自为政，互相封锁；协作能综合各种不同的知识和能力，使每个创新构想都更加完善，但没有竞争的合作难以区别个人的贡献，因而会削弱个人的创新欲望。[248]

《资治通鉴·齐纪五》中北魏孝文帝励精图治，对官员的考核制度进行了变革。

官员们的政绩每三年考评一次，三次后就根据考评结果对他们进行人事变动。但无论是对他们进行罢免或提升，对于那些应该被罢免的人来说显得太迟了，对于那些应该提升的人来说却来得晚了一些。孝文帝现在决定三年考评一次，考评完就立即处理，这样做的目的就是让那些能力低下的人不要妨碍忠贤者上进，使有才能的人不要总是处在低位。以前三年一考核，考核三次完了再去考评，孝文帝嫌这样太麻烦，干脆三年考评一次，考评完了立即排座次定荣辱。同时，为了保证考评考核的公正性，考核工作还由他亲自主持，丝毫也不马虎。[249]

要成为具有创新能力的组织，创新主体发挥着不可或缺的作用，创新主体要有创新意识、创新能力和基础的管理条件。最高决策者要明快决断，有能力，不能被人蒙蔽，要有见识，知道这份考核报告里面有多少水分，否则这样的考核没有丝毫意义。

第二节 《资治通鉴》中的理念创新

一、理念创新的内容

管理理念的创新重在用新的策略、新的技巧、新的形式打破陈旧范式，敢于

248 张麟，刘伟．管理学[M]．徐州：中国矿业大学出版社，2006：5.（电子版）
249 《资治通鉴》编委会．资治通鉴（文白对照）[M]．北京：线装书局，2014：5971~5972.

标新立异，形成自己的管理特色。管理理念是组织在经营管理过程中最为重要的，因此，一个组织的管理创新首先需要进行的也是管理理念的创新。没有理念创新的管理创新很难发生，也很难持久。管理理念的创新要求组织必须摒弃之前不适宜的经营管理思想，完成一定的转变。

（1）管理绩效的评估标准要从是否遵循长官意志转变为综合效益的完成量。

（2）管理方式要从家长专断型的独裁管理转向基于广泛咨询的、遵循决策程序的科学管理，从事无巨细的越级干预转向注重决策和预算权责明确的层级管理。

（3）管理机制要从对组织员工的形式化约束转向建立互动式自我教育与激励型行为规范。

（4）管理的内容要从管理方式是否需要强化、管理形式是否需要更加严格转向对岗位职责、工作流程、规章制度的科学性和有效性，以及对于资金、人才、时间、物质的使用效率的实质性控制。

（5）管理心态也要从追求一劳永逸转向动态和持续创新。

（6）管理的目的要从单纯完成组织利润目标转向对内维持和谐稳定的一致性，对外增强对环境的适应性和可持续发展的能力。[250]

二、理念创新的运用

《资治通鉴·汉纪九》中，记载了一位叫汲黯的官员的故事。汲黯在位期间不拘小节，施行新政，并最终受到当地百姓的爱戴，受到汉武帝肯定。

东海太守濮阳县人汲黯担任主爵都尉。当初，汲黯担任谒者，因他为人威严而被大家敬畏。东越部族相互攻击，武帝派汲黯前去巡视。他没有达到东越，仅走到吴地就回来了，向武帝报告说："越人自相攻击，本来他们的习俗就是如此，不值得为此折辱天子的使臣。"河内郡失火，火势蔓延，烧毁了一千多家民房，武帝派汲黯前去视察。返回之后，汲黯报告说："平民百姓不慎失火，因为房屋毗连而蔓延燃烧起来，不值得陛下忧虑。我经过河南郡，见到河南郡的贫民遭受洪水干旱灾害磨难的有一万多家，有的甚至到了父子相食的悲惨境地，我谨借出使的机会，用陛下的符节，命令发放河南官仓积粮以救济贫民。我请求归还符节，甘愿领受假托天子命令的惩罚。"武帝很赏识他，赦免了他的罪。汲黯在东海郡时，整肃官吏，治理百姓，喜好清静无为，谨慎地选择郡丞和各曹掾史，然后放

250 张麟，刘伟．管理学[M]．徐州：中国矿业大学出版社，2006：7.（电子版）

手任用，他只关注大事，不苛求细枝末节。汲黯身体多病，躺在内室中不出门；过了一年多，东海郡治理得很好，百姓交口称赞汲黯。武帝听到后，召汲黯入朝，担任主爵都尉，地位与九卿相同。他处理政务主张清静无为，从大的方向引导，从不拘泥法令条文。

汲黯为人性情倨傲，缺少礼数，当面使人难堪，不能容忍别人的过失。当时武帝正招揽文学之士和儒家学者。武帝说："我想要怎样怎样。"汲黯应声回答说："陛下心中藏着许多欲望，表面上却做出施行仁义的样子，怎么可能效法唐尧虞舜那样的治绩呢！"武帝沉默不语，接着勃然大怒，脸色很难看，当即宣布结束朝会，公卿大臣都替汲黯担忧。武帝退朝回到内宫，对左右侍从说："汲黯的愚笨刚直也太过分了！"群臣中有人批评汲黯，汲黯说："天子设立公卿等辅佐大臣，难道是让他们阿谀奉承，使君主陷入不仁不义的境地吗？况且，我既然已经处在公卿的位置上，如果只想顾全自身性命，就会使朝廷蒙受耻辱，那怎么得了！"汲黯身体多病，病假将要接近三个月的限期了，武帝多次特许延长他休病假的时间，延期之后还是没有痊愈。最后病重时，庄助替他请假。武帝说："汲黯这个人怎么样呢？"庄助说："让汲黯任职当官，没有什么超越常人的才能；但要说让他辅佐年幼的君主，他会坚定不移地维护祖先基业。有人以利禄引诱他，他不会前去投靠。君主言辞苛责地驱赶他，他也不会离去。即使有人认为像孟贲、夏育那样勇猛无敌，也无法改变他的耿耿忠心！"武帝说："说得对。古时有所谓的社稷之臣，汲黯就很接近了！"[251]

当今社会，每个人都应该做到与时俱进，不能封闭自己，更不能自以为是。有人说世界唯一不变的就是变化，这说明变化是永恒的，不以个人的意志为转移。世界的变化带来了观念的更新，观念不再是僵死的。今天是对的，明天就可能是错误的；昨天看不惯的，今天可能会成为一种生活方式，所以，对待一切事物要能适变，能应变。尤其是为政者要慎重下结论，决不能固执己见，因循守旧，以严苛的态度来判定新生事物，要让实践和时间来下结论，否则就会像爱因斯坦说的那样，"谁要是把自己标榜为真理和知识领域里的裁判官，他就会被神的笑声覆灭"。

251 《资治通鉴》编委会．资治通鉴（文白对照）[M]．北京：线装书局，2014：676~677.

第三节 《资治通鉴》中的组织创新

一、组织创新的内容

组织创新是组织数量和结构的变化。组织创新主要包括三种类型，即以人为中心的组织创新，以结构为中心的组织创新，以组织过程为中心的组织创新。

（一）以人为中心的组织创新

1. 以人为中心的组织创新的概念

以人为中心的组织创新是指以改变人员的态度及人际间工作关系来达到改进组织绩效目的的创新。

以人为中心的组织创新具体包括敏感性训练、调查反馈、过程咨询、团队建设和组际发展等。[252]

《资治通鉴·周纪一》中记载了组织创新的一则经典案例。

楚悼王平素听说吴起是个人才，吴起到了楚国后便任命他为国相。吴起任国相后，严明法纪号令，裁减一些不重要的闲官，废除了王族中远亲疏戚的特权，用来安抚奖励征战之士，大力增强军队力量，破除合纵连横游说言论。于是楚国向南平定百越，向北抵挡住韩、魏、赵三国的扩张，向西征讨秦国，各诸侯国都害怕楚国的强大，而楚国的王亲贵戚、权臣显要中有很多人怨恨吴起。[253]

2. 以人为中心的组织创新案例

当初，淮阴人韩信家境贫寒，没有好的德行，不能推选去做官，又不会经商做买卖谋生，常常跟着别人吃闲饭，人们大都厌恶他。韩信曾经在城下钓鱼，有位在水边漂洗丝绵的老太太看到他饿了，就拿饭给他吃。韩信非常高兴，对那位老太太说："我一定会重重地报答您老人家。"老太太生气地说："男子汉大丈夫，竟然不能自己养活自己！我不过是可怜你这位公子才给你饭吃，难道是希图有什么报答吗！"淮阴县屠户中的青年中有人侮辱韩信说："你虽然身材高大，好佩

252　张麟，刘伟．管理学[M]．徐州：中国矿业大学出版社，2006：12.（电子版）

253　《资治通鉴》编委会．资治通鉴（文白对照）[M]．北京：线装书局，2014：30.

戴刀剑，内心却是胆小如鼠。”还趁机当众羞辱他说：“韩信你要真的不怕死，就来刺我。若是怕死，就从我的胯下爬过去！”韩信仔细地打量了那位青年一会儿，于是便俯下身子，从他的双腿间钻了过去，匍匐在地。满街市的人都嘲笑韩信，认为他胆小。

项梁渡过淮河北上时，韩信持剑去投奔他，留在项梁部下，但一直默默无闻。项梁失败后，韩信又归属项羽，项羽任他做了郎中。韩信曾多次向项羽献策以求重用，但项羽不予采纳。汉王刘邦进入蜀中，韩信又逃离楚军，归顺了汉王，但仍然不为人所知，做了个接待宾客的小官。后来韩信犯了法，应判处斩刑。与他同案的十三个人都已遭斩首，轮到韩信时，韩信抬头仰望，刚好看见了滕公夏侯婴，便说道：“汉王难道不想得取天下吗？为什么要斩杀壮士啊！”滕公觉得他的话不同凡响，又见他外表威武雄壮，就释放了他，没有处斩。夏侯婴与他交谈后欢喜异常，随即将这个情况奏报给了汉王。汉王于是授给韩信治粟都尉的官职，但还是没看出他有什么不寻常之处。韩信好几次与萧何谈话，萧何感觉他不同于常人。待汉王到达南郑时，众将领和士兵都唱歌思念东归故乡，许多人中途逃跑了。韩信估计萧何等人已经多次向汉王荐举过他，但汉王没有重用他，便也逃亡而去。萧何听说韩信逃走了，没来得及向汉王报告，就亲自去追赶韩信。有人告诉汉王说：“丞相萧何逃跑了。”汉王大发雷霆，仿佛失掉了左右手一般。过了一两天，萧何来拜谒汉王。汉王又怒又喜，骂萧何道：“你为什么逃跑呀？”萧何说：“我不敢逃跑哇，我是去追赶逃跑的人啊。”汉王说：“你追赶的人是谁呀？”萧何道：“是韩信。”汉王又骂道：“将领们逃跑的已是数以十计，你都不去追逃，却对我说去追韩信，这纯粹是撒谎！”萧何说：“那些将领很容易得到，像韩信这样的人，却是天下无双的杰出人才啊。大王您如果只想长久在汉中称王，自然没有用得着韩信的地方；倘若您要争夺天下，除了韩信，就没有可与您图谋大业的人了。只看您作哪种抉择了！”汉王说：“我也是想要东进的，怎么能够忧郁沉闷地老待在这里呀！”萧何道：“如果您决计向东发展，那么能任用韩信，韩信就会留下来，如若不能使用他，他终究还是要逃跑的。”汉王说：“那就看在你的面子上任他作将军吧。”萧何说：“即便是做将军，韩信也不会留下来的。”汉王道：“那就任他为大将军吧。”萧何说：“太好了。”于是汉王准备召见韩信授给他官职。萧何说：“大王您向来傲慢无礼，想要任命大将军，却如同呼喝小孩儿一样，这就是韩信要离开的原因啊。您如果要授给他官职，就请选择吉日，进行斋戒，设置拜将的坛台和广场，准备举行授职的完备仪式，这才行啊。”汉王应允了萧何的请求。众将领闻讯都很欢喜，人人各自以为自己会得到大将军的职务。但等到任命大将军时，竟然是韩信，全军都惊讶不已。

授任韩信的仪式结束后，汉王就座，对韩信说道：“丞相屡次向我称道您，您将拿什么计策来教导我啊？”韩信谦让了一番，乘势问汉王道：“如今向东去争夺天下，您的对手难道不就是项羽吗？”汉王说：“是啊。”韩信道：“大王您自己估量一下，在勇敢、猛悍、仁爱、刚强等方面，与项羽比谁强呢？”汉王沉默了许久，说：“我不如他。”韩信拜了两拜，赞许道：“我韩信也认为大王您在这些方面比不上他。不过我曾经侍奉过项羽，就请让我来谈谈他的为人吧：项羽厉声怒斥呼喝时，上千的人都吓得不敢动一动，却不能任用有德才的将领，这只不过是匹夫之勇罢了。项羽待人恭敬慈爱，言语温和，别人生了病，他会怜惜地流下泪来，把自己吃的东西分给病人；但当任用的人立了功，应该赏封爵位时，他就把刻好的大印捏在手里，把玩的磨去了棱角还舍不得授给人家，这便是人们所说的妇人的仁慈啊。项羽虽然称霸天下，使诸侯臣服，却不占据关中，而是建都彭城；背弃义帝怀王的约定，把自己亲信偏爱的将领分封为王，诸侯愤愤不平；他还驱逐原来的诸侯国国王，而让诸侯国的将相为王，又把义帝迁移逐赶到江南；他的军队所经过的地方，没有不遭残害毁灭的；老百姓都不愿亲近依附他，只不过是迫于他的威势勉强归顺罢了。如此种种，他名义上虽然还是霸王，实际上却已经失去了天下人的心，所以他的强盛是很容易转化为虚弱的。现在大王您如果真的能反其道而行之，任用天下英勇善战的人才，那还有什么对手不能诛灭啊！把天下的城邑封给有功之臣，还有什么人不心悦诚服呢！用正义的军事行动去顺从惦念东归故乡的将士们，还有什么敌人打不垮、击不溃呀！况且分封在秦地的三个王，都是过去秦朝的将领，他们率领秦朝的子弟作战已经有好几年了，战死和逃亡的人多得数也数不清；他们又欺骗自己的部下，投降了诸侯军，结果抵达新安时，遭项羽诈骗被活埋的秦军降兵有二十多万人，唯独章邯、司马欣、董翳得以脱身不死。秦地的父老兄弟们怨恨这三个人，恨得痛彻骨髓。现今项羽倚仗自己的威势，强行把此三人封为王，秦地的百姓没有爱戴他们的。大王您进入武关时，秋毫无犯，废除了秦朝的严刑苛法，与秦地的百姓约法三章，秦地的百姓没有不希望您在关中做王的。按照原来与诸侯的约定，大王您理当在关中称王，这一点关中的百姓都知道。您失掉了应得的王位而去汉中，对此秦地的百姓没有不怨恨的。如今大王您起兵向东，三秦之地只要发布一道征讨的文书就可以平定了。”汉王听后大喜过望，自认为韩信这个人才得到的太晚了，随即就听从韩信的计策，部署众将领所要攻击的目标和任务，留下夏河收取巴蜀两郡，为军队供给粮食。[254]

以上《资治通鉴·汉纪一》中的例子，生动形象地描述了汉王不拘一格降人才，将出身于草莽的韩信收入麾下，加以重用，并最终成就了一番伟业。

（二）以结构为中心的组织创新

一个组织的结构是由其复杂性、正规化和集权化程度决定的。管理者可以对这些结构要素的一个或多个加以变革。

《资治通鉴·秦纪二》中，秦国一统天下是典型的以结构为中心的组织创新案例。

秦王嬴政刚刚兼并六国，统一天下，自认为具备了三皇的德行，功业超过了五帝，于是便改称号为“皇帝”。皇帝出命称“制书”，下令称“诏书”，皇帝自称为“朕”，追尊父亲庄襄王为太上皇，并颁布制书说：“君王死后，依据他生前的行为加定谥号，这是儿子议论父亲，臣子议论君王，实在没意思。从今以后，废除为帝王上谥号的制度。朕为始皇帝，后继者以序数计算，称为二世皇帝、三世皇帝，以至万世，无穷尽地传下去。”

当初，齐威王、齐宣王的时候，邹衍研究创立了金、木、水、火、土终而复始的“五德相运”学说。到了始皇帝合并天下时，齐国人将此说奏报给他。始皇采纳了这套学说，认为周朝是火德，秦取代周，从火不能胜水来推算，秦应是水德，于是开始下令更改岁历，新年朝见皇帝与庆贺典礼都从十月初一开始，以十月初一为元旦；衣服、旗帜、符节等都崇尚用黑色；计数以六为一个单位。

丞相王绾说：“燕、齐、楚三国的故地距都城咸阳过于遥远，不在那里设置侯王，便不能镇抚，因此请分封诸位皇子为侯王。”始皇帝将这一建议交给大臣评议。廷尉李斯说：“周文王、周武王分封子弟族人非常多，他们的后代彼此疏远，相互攻击如同仇敌，周天子也无法加以制止。现在四海之内，仰仗陛下的神灵获得统一，全国都划分为郡和县，对各位皇子及有功之臣，用国家征收的赋税重重给予赏赐，这样即可非常容易地进行控制，使天下人对秦朝廷不怀二心，这才是安定国家的方略，分封诸侯则不适宜。”始皇说：“天下人都吃尽了无休止的战

254 《资治通鉴》编委会．资治通鉴（文白对照）[M]．北京：线装书局，2014：348~351.

争之苦，全是因为有诸侯王存在的缘故。今日依赖祖先的在天之灵，使天下初步平定。假若又重新封侯建国，便是自己招引兵事，培植战乱，似此而想求得宁静、养息，岂不是极困难的事情吗，廷尉的主张是对的。”始皇帝于是下令把全国划分为三十六个郡，每个郡设置郡守、郡尉、监御史。又下令收缴全国民间所藏的兵器，汇集运送到咸阳，熔毁后铸成大钟和钟架，以及十二个铜人。铜人各重千石，放置在宫廷中。始皇帝还统一法制和度量衡，将各地富豪十二万户迁徙到咸阳，置于朝廷的监控下。[255]

秦朝是由战国时代后期的秦国发展起来的统一王朝，是我国历史上第一次出现的多民族统一的中央集权国家。秦始皇完成了兼并六国、完成统一的事业，实现了从分封制到郡县制的转变。他建立的中央集权制度及采取的统一文字、统一度量衡等措施，为后世帝王所采用，为后来我国的大统一奠定了基础。在我国历史发展过程中，秦始皇的历史功绩是不可磨灭的，不能因为后来实行暴政而全盘否定。

（三）以组织过程为中心的组织创新

以组织过程为中心的组织创新，是指把执行某项完整任务并具有充分自主权的专案员或专案小组作为组织的基本组成单元，业务过程改造的起点和终点是顾客或市场，寻求的不是对旧过程的改进，而是对工作方式的彻底改造，放弃由职位、部门等实体组建的各层组织，而代之以“过程”为轴心组建的全新组织。这样，对组织的设计就不是结构组织的问题，而是确确实实地按“过程”来构造组织，称为过程组织。

二、组织创新的运用

《资治通鉴·梁纪十三》中记载了宇文泰出奇兵制胜的故事。

东魏丞相高欢统领二十万兵马从壶口赶往蒲津，又叫高敖曹率领三万人马从河南出发。此时关中地区发生饥荒，西魏丞相宇文泰率领的将士还不到一万人，在恒农吃住了五十多天，听说高欢将要渡过黄河，就带领部队进入关中，于是高敖曹开始包围恒农。高欢的右长史薛琡对高欢说：“西魏敌人连年饥饿，所以这次冒死来到陕州，想要取得仓库中的粮食。现在高敖曹已经包围了陕城，粮食无法再运出去，我们只要在各条道路上布置兵力，不要和他们在旷野作战，待到麦

255 《资治通鉴》编委会．资治通鉴（文白对照）[M]. 北京：线装书局，2014：260~261.

子熟了的时候，他们的百姓很自然地就要饿死，这一下我们还愁元宝炬、宇文泰不投降吗？希望丞相您不要下令渡黄河。”侯景则对高欢说：“我们眼下这一次出兵，规模非常大，万一不能取得胜利，就很难控制局面了。不如分成两支部队，相继前进。如果前面的部队得胜，后面的就全力支持；如果前面的部队失败，后面的就顶替它上去。”高欢没有听从他们的劝告，从蒲津渡过了黄河。

宇文泰到达渭河南岸，向各州征召兵马，可是他们都没有到来。他想要进攻高欢，手下的将领们都认为敌众我寡，无法战胜对方，请求等高欢再次西进时，观察一下动向再作打算。宇文泰对他们说：“高欢如果到了长安，那么人们的心绪就会受到很大干扰。现在他刚刚从远道而来，我们可以出击。”他立即下令在渭河建造浮桥，又叫将士们准备三天的干粮，然后带着他们骑马轻装渡过渭河，辎重物资则让人从渭河南岸沿着渭河往西运送。冬季，十月壬辰（初一），宇文泰到达沙苑，距离东魏的部队仅仅六十里路。各位将领都感到恐惧，唯独宇文深表示祝贺。宇文泰问宇文深为什么要祝贺，宇文深回答说：“高欢镇守安抚河北一带，很得人心，假如他凭借这一点守卫原有的疆土，倒还不容易算计他。但是眼下他率领一支孤军渡过黄河深入我方，这并不是许多人愿意看到的，唯独高欢一人对失去窦泰一事觉得耻辱，不接受劝告，坚持要来进攻，这就是所谓的愤怒之师，只要一次交战即可擒拿，这道理明明白白，为什么不祝贺呢？希望丞相您能够授予我一个符节，让我作为使者去调王罴的部队，让他们在高欢逃跑的路上拦截，不叫一个东魏的人漏网。”听完宇文深的话，宇文泰派须昌县公达奚武去侦察高欢的军队。达奚武带领三名骑兵，穿上跟高欢的将士一样的衣服外出侦察。傍晚，他们在距离敌营几百步的地方下了马，偷听到了对方的军中口令，然后就上马穿越军营，好像是夜间执行警戒任务的，发现有不守军规的士兵，往往上去抽打一顿。通过这种方式，详细了解了敌情之后，达奚武返回己方的营地。

高欢听到宇文泰已经前来的消息，癸巳（初二），指挥兵马准备与宇文泰交战。西魏军队那边，外出侦察的骑兵回来报告说，高欢的部队很快就要到达，宇文泰马上召集各位将领商量对策。开府仪同三司李弼说：“眼下敌众我寡，所以我们不能在平坦的地方布置战阵，此处以东十里地有一个叫渭曲的地方，可以先占据那里，等待高欢的人马。”宇文泰根据李弼的意见，在渭曲背靠河水的东西两面布置了战阵，由李弼指挥右边的方阵，赵贵指挥左边的方阵，同时命令将士们持长兵器隐蔽在芦苇丛中，约定听到鼓声响起之后再出来。大约快到傍晚的时候，东魏的兵马来到了渭曲。都督太安人斛律羌举对高欢说道："宇文泰把全国的部队差不多都带了出来，要和我们决一死战，就好像一条疯狗一样，有时候也能咬人一口。渭曲这个地方芦苇丛深，烂泥淤积，无法用力，我们还不如暂缓与他们相持，先秘密分出精锐部队径直突袭长安，一旦他们的老窝翻倒之后，宇文泰就可以不战而擒。"高欢问道："放火焚烧芦苇丛怎么样？"侯景接上去说道："我们应当活捉宇文泰，把他带到老百姓面前展示，如果他被烧死在人群中，谁会相信他真的完了？"彭乐更是盛气凌人地请求出战，他说："我们人多，敌军人少，一百人抓一个人，还有什么担心打败不了他们？"高欢接受了他的意见。东魏的士兵看到西魏士兵人数少，便争先恐后地冲上前去袭击对方，原来的队列已经乱哄哄不成样子了。等两方的人马刚要接战的时候，西魏丞相宇文泰敲响了战鼓，战士们都奋勇而起，于谨等人的六支部队与敌兵交锋作战，李弼率领裹着铁甲的骑兵横向打击敌军。东魏的部队从中间被切开，成为两部分，于是一败涂地。李弼的弟弟李檦虽然身材瘦小，但勇猛异常，他屡屡跃马冲入敌阵，把自己的身体隐藏在鞍甲之中，敌兵看见了都要叫道："避开这个小孩子！"宇文泰感叹道："胆量、决心大到这种程度，何必还要八尺高的身躯呀！"征虏将军武川人耿令贵杀伤的人数很多，铠甲与衣裳都成了红颜色。宇文泰说道："光看他的铠甲与战袍，就足以使人知道耿令贵的勇敢，何必再数他砍下的头颅呢？"彭乐带着酒意深入到西魏军阵之中，西魏人刺伤了他的腹部，肠子都流了出来，但是他把肠子塞回腹中，继续作战。东魏丞相高欢准备暂且收兵，改日再战，于是派遣张华原带着登记簿穿梭在各个军营之中，清点官兵人数，可是没有答应之声，只好回去向高欢报告："大家都已经跑光，各处军营全空了！"高欢听后还是不肯离去。阜城侯斛律金劝高欢说："人心已经离散，无法再利用了，我们应该尽快赶往河东。"高欢依然坐在马鞍上一动不动，斛律金干脆挥鞭抽打高欢的马，高欢这才迅速离开。夜间开始渡黄河，船距离河岸较远，高欢骑着骆驼挨到船边，这才得以渡过黄河。这一仗，高欢丧失了八万名士兵，丢弃了十八万副盔甲与兵器。西魏丞相宇文泰追赶高欢一直追到了黄河边上，他在被打散的东魏军人中挑选了二万多名士兵，其余的都释放回去。都督李穆对宇文泰说："高欢这下子吓破胆了，我们迅速追赶的话，可以俘虏他。"宇文泰没有听取李穆的意见，带领军队回到了渭河以南，那些被征调的士兵刚到，就让他们在交战的地方每人栽种一棵柳树，以纪念这场战役的胜利。[256]

256 《资治通鉴》编委会．资治通鉴（文白对照）[M]. 北京：线装书局，2014：6742~6745.

第四节 《资治通鉴》中的制度创新

一、制度创新的内涵

制度创新是指引入一项新的制度来代替原来的制度，以适应制度对象的新情况、新特性并推动制度对象的发展。相对技术创新、组织管理创新等，制度创新也许是最根本的。组织制度的核心是组织的所有权问题，涉及为调动组织经营管理者与组织职工的积极性而设计一种有效的体系框架。

制度创新的动力源于新制度实行可能带来的预期收益。如果预期收益大于制度创新引起的阻力和支出增加等创新成本，制度创新的受益人或行为人就会努力推动和实施创新。反之，就会采取维护旧制度的做法。

制度创新存在自主创新和自发创新两种可能。自主创新是指制度的制订者在充分把握制度对象发展进程和阶段的基础上，针对情况主动采取措施，修正和修改制度，使新制度能更好地适应制度对象未来的发展。自发创新是指制度对象提出了革新的要求，如果要求得不到满足，则会出现制度对象自发地组织起来进行大型社会活动。

创新是制度发展的本质和内在要求，是制度存在的特性之一。一方面，制度规定必须随制度对象的发展而演进，时刻反映对象变化的新内容。另一方面，由于制度对对象的规范作用，过时的、不适应对象的制度安排必然对对象形成制约，需要进行变革，这一过程需要制度创新来完成。

二、制度创新理论

制度对社会活动和经济活动的重要制约或推动作用，是随着政治学和经济学的发展不断出现的。在政治学的范畴里，制度的形式、结构和功能是由阶级结构、利益集团的关系和斗争决定的。

在存在国家组织的社会里，政府规定基本的产权结构，制定各种制度（法律），裁决纠纷。由于耗费相对较少的资源就维持了社会正常的运行秩序，因此国家制度的存在实际上扩展了社会生产可能性的边界。加上政府提供国防、警察、司法等服务是需要成本的，政府就获得了向公共秩序的受益者征取费用的权利。在提供公共秩序和安全服务并征税时，政府必然会在增加成本以提高服务质量和降低服务质量以减少成本之间进行权衡，需要在提供满意服务的基础上使成本支出最小化，即寻求动态的最优统治方式，不断进行新制度的尝试。但是制度变革通常会影响到权利关系的分配，这种影响通常是不确定的。由于制度变革多半会提高代理成本或使权力享有人丧失部分或全部权力，所以制度变革往往会遇到原有制度中既得利益者的强大阻力，这也说明制度创新是有风险的。[257]

《资治通鉴·周纪二》中记载了公孙鞅主张通过制度创新富强秦国的案例。

秦孝公在国中下令说："当年我国的国君秦穆公立足于岐山、雍地，励精图治，向东平定了晋国之乱，以黄河划定国界；向西称霸于戎翟等族，占地广达千里；被周王赐与方伯重任，各诸侯国都来祝贺，开辟的基业是多么光大宏伟。只是后来历代国君厉公、躁公、简公及出子造成国内动乱不息，才无力顾及外事。魏、赵、韩三国夺去了先王开创的河西领土，这是无比的耻辱。到献公即位时，平定安抚边境，把都城迁到栎阳，亲往治理，准备向东征讨，收复穆公时的旧地，重修穆公时的政策法令。我想到先辈的未竟之志，常常痛心疾首。现在宾客群臣中谁能献上奇计，让秦国强盛，我就封他为高官，给他封地。"卫国的公孙鞅听到这道命令，于是西行来到秦国。

公孙鞅是卫国宗族旁支后裔，喜好法家刑名之学。他在魏国国相公叔痤手下做事，公叔痤深知他的才干，但还未来得及推荐，就重病不起。魏惠王前来看望公叔痤，问道："您如果不幸去世，国家大事由谁来处置？"公叔痤说："我手下任中庶子之职的公孙鞅年纪虽轻，却有奇才，希望国君把国家交给他来治理！"魏惠王听罢默然不语。公叔痤又说："如果国君您不采纳我的建议重用公孙鞅，那么就杀掉他，不要让他到别的国家去。"魏惠王答应后告辞而去。公叔痤又急忙召见公孙鞅，道歉说："我必须先忠于君上，然后才能照顾属下；所以先建议惠王杀你，现在又告诉你，你赶快逃走吧！"公孙鞅摇头说："国君不能听从你的意见任用我，又怎么能听从你的意见来杀我呢？"公孙鞅到底没有出逃。魏惠王离开公叔痤，果然对左右近臣说："公叔痤病入膏肓，真是太可怜了。他先让我把国家交给公孙鞅去治理，一会儿又劝我杀了他，岂不是糊涂了吗？"公孙鞅

257 张麟，刘伟．管理学[M]．徐州：中国矿业大学出版社，2006：21~22.（电子版）

到了秦国后，托宠臣景监推荐见到秦孝公，陈述了自己富国强兵的计划，孝公大喜过望，从此与他共商国家大事。

公孙鞅想要实行变法改革，秦国的贵族都不赞同。他对秦孝公说：“对下层人，不能和他们商议开创的计划，只能和他们分享成功的利益。讲论至高道德的人，与凡夫俗子没有共同语言，要建成大业也不能去与众人商议。圣贤之人只要能够强国，就不必拘泥于旧传统。”大夫甘龙反驳说：“不对，按照旧章来治理，才能使官员熟悉规矩，百姓安定不乱。”公孙鞅说：“普通人只知道安于旧习，学者往往陷于所知范围不能自拔。这两种人让他们做官守法可以，但不能和他们商讨旧章之外开创大业的事。聪明的人制订法规政策，愚笨的人只会受制于人；贤德的人因时而变，无能的人才死守成法。”秦孝公说：“说得好！”便任命公孙鞅为左庶长要职，负责制定变法的法令。公孙鞅下令将人民编为五家一伍，十家一什，互相监督，犯法连坐。举报奸谋的人与杀敌立功的人获同等赏赐，隐匿不报的人按临阵降敌给以同等处罚。立军功者，可以获得上等爵位；私下斗殴内讧的，以其轻重程度处以大小刑罚。致力于本业，耕田织布，生产粮食布匹多的人，免除他们的赋役。不务正业，因懒惰而贫穷的人，全家收为国家奴隶。王亲国戚没有获得军功的，不能享有宗族的地位。明确由低到高各级官阶等级，分别配给应享有的田地房宅、奴仆侍女、衣饰器物。使有功劳的人获得荣誉，无功劳的人即使富有也不能显耀。[258]

新法推行了一年，秦国各地数以千计的民众来到都城议论新法的弊病，要求停止变法。这时候太子嬴驷故意触犯新法，公孙鞅一针见血地指出：“新法受到阻碍，根源在上层权贵蓄意破坏。太子身为储君，不能对他施加刑罚，但要严惩教导太子的师傅。”随即判处太子傅公子虔劓刑（割鼻子），判处太子师公孙贾黥刑（脸上刺字）。此事对全国上下震动极大，至此，百姓们都相信变法是切实推行了。

在推行新法以后，秦国的变化非常明显，与民生有关的农业和纺织业有了很大的发展，国库越来越丰足。同时，秦国的民风也出现了好的变化。例如，有人在闹市丢了一块金子，很快就能找回来，山贼强盗也消失了，人们更推崇为了国家而战斗。

公元前 340 年，公孙鞅率军大败魏国。秦国封给他商於十五邑土地，称他为商君或商鞅。公孙鞅变法使秦国强大起来，但得罪了很多贵族，也伤害了很多平民，

258 《资治通鉴》编委会．资治通鉴（文白对照）[M]．北京：线装书局，2014：42~46.

招致了极大的怨恨。公元前338年，秦孝公去世，他的儿子秦惠文王继立。秦惠文王继位后，贵族们联合起来诬陷公孙鞅“谋反”，最后把他车裂，诛杀了他的家族。但新法并未废除，仍然实施。

春秋战国是我国从奴隶制向封建制转型的社会大变革时期。在那个动荡的年代，公孙鞅作为新兴地主阶级的代表人物，敢于蔑视传统势力和旧习俗，积极投身这场封建制改革运动，在秦孝公的全力支持下放开手脚，大刀阔斧地上演了轰轰烈烈的变革大戏，使封建制度在秦国取得巨大成功，在历史上留下了浓重的一笔。

制度惯性和思维惯性也是对现代组织制度创新形成阻力的重要原因。在现存制度没有受到致命的挑战之前，或者现存制度中的人没有认识到问题的严重性之前，现存制度不会发生变化，这就是制度惯性。变革总带着不确定性和风险，人们害怕丧失既得利益，因而排斥变革。成员思维不同步有可能使决策最终趋于否定变革，平均主义、轻视市场、忽视创新也许本身就是变革的抵消力量。[259]

从我国改革开放的经验来看，经济发展的过程也就是不断进行制度创新的过程。可以说，制度创新是我国三十多年经济发展的主要推动力量。数量经济学研究成果表明，我国三十年的经济增长除归功于资本和劳动力投入的增加外，制度创新对释放生产潜力也是一个重要的原因。据估计，经济增长中约有20%~30%的部分应归功于制度创新带来的经济体制效率改进；另外，由于制度改进，才使等量的资本和劳动力投入比制度创新前发挥更大的作用，创造更多的价值。这些都证明制度创新对推进经济增长和社会进步具有重大意义。[260]

《资治通鉴·齐纪三》中北魏孝文帝拓跋宏的一系列制度改革，推动了北魏王朝政治和经济的发展，促进了鲜卑族同汉族的融合，使得鲜卑族进一步汉化。

公元495年，五月甲午（二十六日），北魏皇太子在太庙举行加冠礼。北魏孝文帝想要改变北方的风俗，为此特意召见文武群臣，问他们：“各位爱臣希望朕远追商周呢，还是想让朕连汉、晋都比不上呢？”咸阳王拓跋禧回答道：“群臣们都盼望陛下能超过前王。”孝文帝接着又问道：“那么应当改变风俗习惯呢，还是因循守旧呢？”拓跋禧再次回答道：“愿意移风易俗，圣政日新。”孝文帝又问：“只是愿意自身实行，还是希望传之子孙后代呢？”拓跋禧回答说：“愿意传之于百世万年。”于是孝文帝说道：“那么，朕一定下令开始进行改革，你们一定

259 张麟，刘伟．管理学[M]．徐州：中国矿业大学出版社，2006：24.（电子版）
260 赵金先，张立新，姜吉坤．管理学原理[M]．北京：化学工业出版社，2016：398.

不得有违。”拓跋禧回答：“上令而下从，有谁敢违抗呢？”孝文帝又说：“名不正，言不顺，则礼乐不能兴。现今朕想要禁止使用鲜卑语，全部改用汉语。年龄在三十岁以上的人，由于习惯已久，可以宽许他们不必一下子就改换过来。但是，年龄在三十岁以下的人，凡是在朝廷中任职者，不能允许他们仍然还讲过去的语言；如果有谁故意不改，一定降免其官职，所以各位应当严加自警。对此，各位王公卿士同意不同意呢？”拓跋禧回答：“无不遵从圣旨。”孝文帝接着讲道：“朕曾经与李冲谈过这件事，李冲说：‘四方之人，言语不同，故不知应该以谁为是；做皇帝的人说的，就是标准。’李冲此话，其罪行应当处死。”因此看着李冲又说道：“你有负于社稷，应当命令御史把你牵下去。”李冲摘下帽子磕头谢罪。孝文帝又指责出巡时留守洛阳的官员们：“昨天，朕望见妇女们还穿着夹领小袖衣服，你们为什么不遵行朕前面发布的诏令呢？”这些官员们都磕头谢罪不已。孝文帝继续讲道：“如果朕讲得不对，你们可以当庭争辩，为什么上朝则顺从朕旨，退朝后就不听从呢？”六月己亥（初二），孝文帝下令：“在朝廷中不得讲鲜卑语，违背者免去所任官职。”[261]

261 《资治通鉴》编委会．资治通鉴（文白对照）[M]. 北京：线装书局，2014：6017~6018.